《铁路安全管理条例》释义

本书编委会　编

人民交通出版社
China Communications Press

内容提要

为贯彻好、实施好《铁路安全管理条例》，加强条例的学习和宣传，国务院法制办和国家铁路局参与立法的同志和有关专家共同编写了《〈铁路安全管理条例〉释义》一书。本书对条例逐条细化分解，对立法背景、立法依据、条文沿革作出了详细的阐释，对条文中涉及的各类标准以及行为规范、操作规程等进行了明确的说明，对铁路安全的重点问题进行了延伸和扩展，对实践中的疑难问题给出了权威的答案。

本书是研读《铁路安全管理条例》不可或缺的辅助资料，适合铁路干部职工，铁路建设、设备制造领域的专业人士学习参考。

图书在版编目(CIP)数据

《铁路安全管理条例》释义 / 本书编委会编. —北京：人民交通出版社，2013.11

ISBN 978-7-114-10981-2

Ⅰ.①铁…　Ⅱ.①铁…　Ⅲ.①铁路运输－交通运输安全－条例－注释－中国　Ⅳ.①D922.145

中国版本图书馆 CIP 数据核字(2013)第 258288 号

书　　名：《铁路安全管理条例》释义
著 作 者：本书编委会
责任编辑：李　斌　夏　韡
出版发行：人民交通出版社
地　　址：(100011)北京市朝阳区安定门外外馆斜街 3 号
网　　址：http://www.ccpress.com.cn
销售电话：(010)59757973
总 经 销：人民交通出版社发行部
印　　刷：北京市密东印刷有限公司
开　　本：720×960　1/16
印　　张：16
字　　数：238 千
版　　次：2013 年 11 月　第 1 版
印　　次：2013 年 11 月　第 1 次印刷
书　　号：ISBN 978-7-114-10981-2
定　　价：36.00 元

前言

2013 年 8 月 17 日，国务院总理李克强签署国务院第 639 号令，公布了《铁路安全管理条例》，自 2014 年 1 月 1 日起施行。新条例是对 2004 年国务院发布的《铁路运输安全保护条例》的全面修订，从原来的七章、一百零三条调整为八章、一百零八条，主要根据近年来我国铁路建设和运营快速发展的新形势、新要求，在法规层面把设备质量安全管理和建设质量安全管理等方面的主要制度确立起来，调整完善了有关铁路行业监督管理体制和运输安全管理的相关内容，进一步充实了保障高速铁路安全的规定。新条例涵盖了铁路建设质量安全、铁路专用设备质量安全、铁路线路安全、铁路运营安全等铁路安全生产的主要领域和重要管理制度，是铁路安全管理的综合性法规，对全面推进铁路安全管理的法治化，更好地保护公民的人身安全和财产安全，促进铁路科学发展、安全发展具有重大意义。

为了准确地反映立法宗旨和条例设定的重要制度，贯彻落实好条例的各项规定，国务院法制办和国家铁路局参与立法的同志和有关专家共同编写了《〈铁路安全管理条例〉释义》一书。国务院法制办副主任袁曙宏同志和交通运输部副部长、国家铁路局局长陆东福同志任编委会顾问，国务院法制办张建华、马森述和国家铁路局陈兰华、赵果情、严贺祥同志任编委会主任委员，主持编写工作。宋桂玉、张群、褚飞跃、苏全利、王平等同志担任编委。本书由赵果情、马森述、王平同志负责统稿。国务院法制办梅秀兵、李盛、张雷同志，国家铁路局曾会欣、冯双洲、顾娟、许晨、王朔、郭四海、胡文君、范宝莲、刘朝晖、杨南翔、胡跃进、赵恩江、李德胜、周磊、董建民、米隆、孙杰民、崔珑等同志以及参与条例修订工作的有关铁路专家参加本书的编写，一并表示感谢。

由于编者水平有限，书中难免有不妥之处，敬请读者批评指正。

本书编委会

2013年10月

第一部分 《铁路安全管理条例》

第二部分 《铁路安全管理条例》释义

第三部分　相关法律、法规和文件汇编

第一部分

《铁路安全管理条例》

中华人民共和国国务院令

第 639 号

《铁路安全管理条例》已经2013年7月24日国务院第18次常务会议通过,现予公布,自2014年1月1日起施行。

总　理　李克强

2013年8月17日

第一章　总　　则

第一条　为了加强铁路安全管理，保障铁路运输安全和畅通，保护人身安全和财产安全，制定本条例。

第二条　铁路安全管理坚持安全第一、预防为主、综合治理的方针。

第三条　国务院铁路行业监督管理部门负责全国铁路安全监督管理工作，国务院铁路行业监督管理部门设立的铁路监督管理机构负责辖区内的铁路安全监督管理工作。国务院铁路行业监督管理部门和铁路监督管理机构统称铁路监管部门。

国务院有关部门依照法律和国务院规定的职责，负责铁路安全管理的有关工作。

第四条　铁路沿线地方各级人民政府和县级以上地方人民政府有关部门应当按照各自职责，加强保障铁路安全的教育，落实护路联防责任制，防范和制止危害铁路安全的行为，协调和处理保障铁路安全的有关事项，做好保障铁路安全的有关工作。

第五条　从事铁路建设、运输、设备制造维修的单位应当加强安全管理，建立健全安全生产管理制度，落实企业安全生产主体责任，设置安全管理机构或者配备安全管理人员，执行保障生产安全和产品质量安全的国家标准、行业标准，加强对从业人员的安全教育培训，保证安全生产所必需的资金投入。

铁路建设、运输、设备制造维修单位的工作人员应当严格执行规章制度，实行标准化作业，保证铁路安全。

第六条　铁路监管部门、铁路运输企业等单位应当按照国家有关规定制定突发事件应急预案，并组织应急演练。

第七条　禁止扰乱铁路建设、运输秩序。禁止损坏或者非法占用铁路设施设备、铁路标志和铁路用地。

任何单位或者个人发现损坏或者非法占用铁路设施设备、铁路标志、铁路用地以及其他影响铁路安全的行为，有权报告铁路运输企业，或者向铁路监管部门、公安机关或者其他有关部门举报。接到报告的铁路运输企业、接到举报的部门应当根据各自职责及时处理。

对维护铁路安全作出突出贡献的单位或者个人，按照国家有关规定给予表彰奖励。

第二章　铁路建设质量安全

第八条　铁路建设工程的勘察、设计、施工、监理以及建设物资、设备的采购，应当依法进行招标。

第九条　从事铁路建设工程勘察、设计、施工、监理活动的单位应当依法取得相应资质，并在其资质等级许可的范围内从事铁路工程建设活动。

第十条　铁路建设单位应当选择具备相应资质等级的勘察、设计、施工、监理单位进行工程建设，并对建设工程的质量安全进行监督检查，制作检查记录留存备查。

第十一条　铁路建设工程的勘察、设计、施工、监理应当遵守法律、行政法规关于建设工程质量和安全管理的规定，执行国家标准、行业标准和技术规范。

铁路建设工程的勘察、设计、施工单位依法对勘察、设计、施工的质量负责，监理单位依法对施工质量承担监理责任。

高速铁路和地质构造复杂的铁路建设工程实行工程地质勘察监理制度。

第十二条　铁路建设工程的安全设施应当与主体工程同时设计、同时施工、同时投入使用。安全设施投资应当纳入建设项目概算。

第十三条　铁路建设工程使用的材料、构件、设备等产品，应当符合有关产品质量的强制性国家标准、行业标准。

第十四条　铁路建设工程的建设工期，应当根据工程地质条件、技术复杂程度等因素，按照国家标准、行业标准和技术规范合理确定、调整。

任何单位和个人不得违反前款规定要求铁路建设、设计、施工单位压缩建设工期。

第十五条　铁路建设工程竣工，应当按照国家有关规定组织验收，并由铁路运输企业进行运营安全评估。经验收、评估合格，符合运营安全要求的，方可投入运营。

第十六条　在铁路线路及其邻近区域进行铁路建设工程施工，应当执行铁路营业线施工安全管理规定。铁路建设单位应当会同相关铁路运输企业和工程设计、施工单位制定安全施工方案,按照方案进行施工。施工完毕应当及时清理现场,不得影响铁路运营安全。

第十七条　新建、改建设计开行时速120公里以上列车的铁路或者设计运输量达到国务院铁路行业监督管理部门规定的较大运输量标准的铁路,需要与道路交叉的,应当设置立体交叉设施。

新建、改建高速公路、一级公路或者城市道路中的快速路,需要与铁路交叉的,应当设置立体交叉设施,并优先选择下穿铁路的方案。

已建成的属于前两款规定情形的铁路、道路为平面交叉的,应当逐步改造为立体交叉。

新建、改建高速铁路需要与普通铁路、道路、渡槽、管线等设施交叉的,应当优先选择高速铁路上跨方案。

第十八条　设置铁路与道路立体交叉设施及其附属安全设施所需费用的承担,按照下列原则确定:

(一)新建、改建铁路与既有道路交叉的,由铁路方承担建设费用;道路方要求超过既有道路建设标准建设所增加的费用,由道路方承担;

(二)新建、改建道路与既有铁路交叉的,由道路方承担建设费用;铁路方要求超过既有铁路线路建设标准建设所增加的费用,由铁路方承担;

(三)同步建设的铁路和道路需要设置立体交叉设施以及既有铁路道口改造为立体交叉的,由铁路方和道路方按照公平合理的原则分担建设费用。

第十九条　铁路与道路立体交叉设施及其附属安全设施竣工验收合格后,应当按照国家有关规定移交有关单位管理、维护。

第二十条　专用铁路、铁路专用线需要与公用铁路网接轨的,应当符合国家有关铁路建设、运输的安全管理规定。

第三章　铁路专用设备质量安全

第二十一条　设计、制造、维修或者进口新型铁路机车车辆,应当符合国家标准、行业标准,并分别向国务院铁路行业监督管理部门申请领取型号合格证、制造许可证、维修许可证或者进口许可证,具体办法由国务院铁路行业监督管理部门制定。

铁路机车车辆的制造、维修、使用单位应当遵守有关产品质量的法律、行政法规以及国家其他有关规定，确保投入使用的机车车辆符合安全运营要求。

第二十二条　生产铁路道岔及其转辙设备、铁路信号控制软件和控制设备、铁路通信设备、铁路牵引供电设备的企业，应当符合下列条件并经国务院铁路行业监督管理部门依法审查批准：

（一）有按照国家标准、行业标准检测、检验合格的专业生产设备；

（二）有相应的专业技术人员；

（三）有完善的产品质量保证体系和安全管理制度；

（四）法律、行政法规规定的其他条件。

第二十三条　铁路机车车辆以外的直接影响铁路运输安全的铁路专用设备，依法应当进行产品认证的，经认证合格方可出厂、销售、进口、使用。

第二十四条　用于危险化学品和放射性物品运输的铁路罐车、专用车辆以及其他容器的生产和检测、检验，依照有关法律、行政法规的规定执行。

第二十五条　用于铁路运输的安全检测、监控、防护设施设备，集装箱和集装化用具等运输器具，专用装卸机械、索具、篷布、装载加固材料或者装置，以及运输包装、货物装载加固等，应当符合国家标准、行业标准和技术规范。

第二十六条　铁路机车车辆以及其他铁路专用设备存在缺陷，即由于设计、制造、标识等原因导致同一批次、型号或者类别的铁路专用设备普遍存在不符合保障人身、财产安全的国家标准、行业标准的情形或者其他危及人身、财产安全的不合理危险的，应当立即停止生产、销售、进口、使用；设备制造者应当召回缺陷产品，采取措施消除缺陷。具体办法由国务院铁路行业监督管理部门制定。

第四章　铁路线路安全

第二十七条　铁路线路两侧应当设立铁路线路安全保护区。铁路线路安全保护区的范围，从铁路线路路堤坡脚、路堑坡顶或者铁路桥梁（含铁路、道路两用桥，下同）外侧起向外的距离分别为：

（一）城市市区高速铁路为 10 米，其他铁路为 8 米；

（二）城市郊区居民居住区高速铁路为12米，其他铁路为10米；

（三）村镇居民居住区高速铁路为15米，其他铁路为12米；

（四）其他地区高速铁路为20米，其他铁路为15米。

前款规定距离不能满足铁路运输安全保护需要的，由铁路建设单位或者铁路运输企业提出方案，铁路监督管理机构或者县级以上地方人民政府依照本条第三款规定程序划定。

在铁路用地范围内划定铁路线路安全保护区的，由铁路监督管理机构组织铁路建设单位或者铁路运输企业划定并公告。在铁路用地范围外划定铁路线路安全保护区的，由县级以上地方人民政府根据保障铁路运输安全和节约用地的原则，组织有关铁路监督管理机构、县级以上地方人民政府国土资源等部门划定并公告。

铁路线路安全保护区与公路建筑控制区、河道管理范围、水利工程管理和保护范围、航道保护范围或者石油、电力以及其他重要设施保护区重叠的，由县级以上地方人民政府组织有关部门依照法律、行政法规的规定协商划定并公告。

新建、改建铁路的铁路线路安全保护区范围，应当自铁路建设工程初步设计批准之日起30日内，由县级以上地方人民政府依照本条例的规定划定并公告。铁路建设单位或者铁路运输企业应当根据工程竣工资料进行勘界，绘制铁路线路安全保护区平面图，并根据平面图设立标桩。

第二十八条　设计开行时速120公里以上列车的铁路应当实行全封闭管理。铁路建设单位或者铁路运输企业应当按照国务院铁路行业监督管理部门的规定在铁路用地范围内设置封闭设施和警示标志。

第二十九条　禁止在铁路线路安全保护区内烧荒、放养牲畜、种植影响铁路线路安全和行车瞭望的树木等植物。

禁止向铁路线路安全保护区排污、倾倒垃圾以及其他危害铁路安全的物质。

第三十条　在铁路线路安全保护区内建造建筑物、构筑物等设施，取土、挖砂、挖沟、采空作业或者堆放、悬挂物品，应当征得铁路运输企业同意并签订安全协议，遵守保证铁路安全的国家标准、行业标准和施工安全规范，采取措施防止影响铁路运输安全。铁路运输企业应当派员对施工现场实行安全监督。

第三十一条 铁路线路安全保护区内既有的建筑物、构筑物危及铁路运输安全的，应当采取必要的安全防护措施；采取安全防护措施后仍不能保证安全的，依照有关法律的规定拆除。

拆除铁路线路安全保护区内的建筑物、构筑物，清理铁路线路安全保护区内的植物，或者对他人在铁路线路安全保护区内已依法取得的采矿权等合法权利予以限制，给他人造成损失的，应当依法给予补偿或者采取必要的补救措施。但是，拆除非法建设的建筑物、构筑物的除外。

第三十二条 在铁路线路安全保护区及其邻近区域建造或者设置的建筑物、构筑物、设备等，不得进入国家规定的铁路建筑限界。

第三十三条 在铁路线路两侧建造、设立生产、加工、储存或者销售易燃、易爆或者放射性物品等危险物品的场所、仓库，应当符合国家标准、行业标准规定的安全防护距离。

第三十四条 在铁路线路两侧从事采矿、采石或者爆破作业，应当遵守有关采矿和民用爆破的法律法规，符合国家标准、行业标准和铁路安全保护要求。

在铁路线路路堤坡脚、路堑坡顶、铁路桥梁外侧起向外各1000米范围内，以及在铁路隧道上方中心线两侧各1000米范围内，确需从事露天采矿、采石或者爆破作业的，应当与铁路运输企业协商一致，依照有关法律法规的规定报县级以上地方人民政府有关部门批准，采取安全防护措施后方可进行。

第三十五条 高速铁路线路路堤坡脚、路堑坡顶或者铁路桥梁外侧起向外各200米范围内禁止抽取地下水。

在前款规定范围外，高速铁路线路经过的区域属于地面沉降区域，抽取地下水危及高速铁路安全的，应当设置地下水禁止开采区或者限制开采区，具体范围由铁路监督管理机构会同县级以上地方人民政府水行政主管部门提出方案，报省、自治区、直辖市人民政府批准并公告。

第三十六条 在电气化铁路附近从事排放粉尘、烟尘及腐蚀性气体的生产活动，超过国家规定的排放标准，危及铁路运输安全的，由县级以上地方人民政府有关部门依法责令整改，消除安全隐患。

第三十七条 任何单位和个人不得擅自在铁路桥梁跨越处河道上下游各1000米范围内围垦造田、拦河筑坝、架设浮桥或者修建其他影响铁路桥梁安全的设施。

因特殊原因确需在前款规定的范围内进行围垦造田、拦河筑坝、架设浮桥等活动的,应当进行安全论证,负责审批的机关在批准前应当征求有关铁路运输企业的意见。

第三十八条 禁止在铁路桥梁跨越处河道上下游的下列范围内采砂、淘金:

(一)跨河桥长500米以上的铁路桥梁,河道上游500米,下游3000米;

(二)跨河桥长100米以上不足500米的铁路桥梁,河道上游500米,下游2000米;

(三)跨河桥长不足100米的铁路桥梁,河道上游500米,下游1000米。

有关部门依法在铁路桥梁跨越处河道上下游划定的禁采范围大于前款规定的禁采范围的,按照划定的禁采范围执行。

县级以上地方人民政府水行政主管部门、国土资源主管部门应当按照各自职责划定禁采区域、设置禁采标志,制止非法采砂、淘金行为。

第三十九条 在铁路桥梁跨越处河道上下游各500米范围内进行疏浚作业,应当进行安全技术评价,有关河道、航道管理部门应当征求铁路运输企业的意见,确认安全或者采取安全技术措施后,方可批准进行疏浚作业。但是,依法进行河道、航道日常养护、疏浚作业的除外。

第四十条 铁路、道路两用桥由所在地铁路运输企业和道路管理部门或者道路经营企业定期检查、共同维护,保证桥梁处于安全的技术状态。

铁路、道路两用桥的墩、梁等共用部分的检测、维修由铁路运输企业和道路管理部门或者道路经营企业共同负责,所需费用按照公平合理的原则分担。

第四十一条 铁路的重要桥梁和隧道按照国家有关规定由中国人民武装警察部队负责守卫。

第四十二条 船舶通过铁路桥梁应当符合桥梁的通航净空高度并遵守航行规则。

桥区航标中的桥梁航标、桥柱标、桥梁水尺标由铁路运输企业负责设置、维护,水面航标由铁路运输企业负责设置,航道管理部门负责维护。

第四十三条 下穿铁路桥梁、涵洞的道路应当按照国家标准设置车辆通过限高、限宽标志和限高防护架。城市道路的限高、限宽标志由当地人民政府指定的部门设置并维护,公路的限高、限宽标志由公路管理部门设置并维护。限高防护架在铁路桥梁、涵洞、道路建设时设置,由铁路运输企业负责维护。

机动车通过下穿铁路桥梁、涵洞的道路,应当遵守限高、限宽规定。

下穿铁路涵洞的管理单位负责涵洞的日常管理、维护,防止淤塞、积水。

第四十四条 铁路线路安全保护区内的道路和铁路线路路堑上的道路、跨越铁路线路的道路桥梁,应当按照国家有关规定设置防止车辆以及其他物体进入、坠入铁路线路的安全防护设施和警示标志,并由道路管理部门或者道路经营企业维护、管理。

第四十五条 架设、铺设铁路信号和通信线路、杆塔应当符合国家标准、行业标准和铁路安全防护要求。铁路运输企业、为铁路运输提供服务的电信企业应当加强对铁路信号和通信线路、杆塔的维护和管理。

第四十六条 设置或者拓宽铁路道口、铁路人行过道,应当征得铁路运输企业的同意。

第四十七条 铁路与道路交叉的无人看守道口应当按照国家标准设置警示标志;有人看守道口应当设置移动栏杆、列车接近报警装置、警示灯、警示标志、铁路道口路段标线等安全防护设施。

道口移动栏杆、列车接近报警装置、警示灯等安全防护设施由铁路运输企业设置、维护;警示标志、铁路道口路段标线由铁路道口所在地的道路管理部门设置、维护。

第四十八条 机动车或者非机动车在铁路道口内发生故障或者装载物掉落的,应当立即将故障车辆或者掉落的装载物移至铁路道口停止线以外或者铁路线路最外侧钢轨 5 米以外的安全地点。无法立即移至安全地点的,应当立即报告铁路道口看守人员;在无人看守道口,应当立即在道口两端采取措施拦停列车,并就近通知铁路车站或者公安机关。

第四十九条 履带车辆等可能损坏铁路设施设备的车辆、物体通过铁路道口,应当提前通知铁路道口管理单位,在其协助、指导下通过,并采取相应的安全防护措施。

第五十条　在下列地点，铁路运输企业应当按照国家标准、行业标准设置易于识别的警示、保护标志：

（一）铁路桥梁、隧道的两端；

（二）铁路信号、通信光（电）缆的埋设、铺设地点；

（三）电气化铁路接触网、自动闭塞供电线路和电力贯通线路等电力设施附近易发生危险的地点。

第五十一条　禁止毁坏铁路线路、站台等设施设备和铁路路基、护坡、排水沟、防护林木、护坡草坪、铁路线路封闭网及其他铁路防护设施。

第五十二条　禁止实施下列危及铁路通信、信号设施安全的行为：

（一）在埋有地下光（电）缆设施的地面上方进行钻探，堆放重物、垃圾，焚烧物品，倾倒腐蚀性物质；

（二）在地下光（电）缆两侧各1米的范围内建造、搭建建筑物、构筑物等设施；

（三）在地下光（电）缆两侧各1米的范围内挖砂、取土；

（四）在过河光（电）缆两侧各100米的范围内挖砂、抛锚或者进行其他危及光（电）缆安全的作业。

第五十三条　禁止实施下列危害电气化铁路设施的行为：

（一）向电气化铁路接触网抛掷物品；

（二）在铁路电力线路导线两侧各500米的范围内升放风筝、气球等低空飘浮物体；

（三）攀登铁路电力线路杆塔或者在杆塔上架设、安装其他设施设备；

（四）在铁路电力线路杆塔、拉线周围20米范围内取土、打桩、钻探或者倾倒有害化学物品；

（五）触碰电气化铁路接触网。

第五十四条　县级以上各级人民政府及其有关部门、铁路运输企业应当依照地质灾害防治法律法规的规定，加强铁路沿线地质灾害的预防、治理和应急处理等工作。

第五十五条　铁路运输企业应当对铁路线路、铁路防护设施和警示标志进行经常性巡查和维护；对巡查中发现的安全问题应当立即处理，不能立即处理的应当及时报告铁路监督管理机构。巡查和处理情况应当记录留存。

第五章　铁路运营安全

第五十六条　铁路运输企业应当依照法律、行政法规和国务院铁路行业监督管理部门的规定，制定铁路运输安全管理制度，完善相关作业程序，保障铁路旅客和货物运输安全。

第五十七条　铁路机车车辆的驾驶人员应当参加国务院铁路行业监督管理部门组织的考试，考试合格方可上岗。具体办法由国务院铁路行业监督管理部门制定。

第五十八条　铁路运输企业应当加强铁路专业技术岗位和主要行车工种岗位从业人员的业务培训和安全培训，提高从业人员的业务技能和安全意识。

第五十九条　铁路运输企业应当加强运输过程中的安全防护，使用的运输工具、装载加固设备以及其他专用设施设备应当符合国家标准、行业标准和安全要求。

第六十条　铁路运输企业应当建立健全铁路设施设备的检查防护制度，加强对铁路设施设备的日常维护检修，确保铁路设施设备性能完好和安全运行。

铁路运输企业的从业人员应当按照操作规程使用、管理铁路设施设备。

第六十一条　在法定假日和传统节日等铁路运输高峰期或者恶劣气象条件下，铁路运输企业应当采取必要的安全应急管理措施，加强铁路运输安全检查，确保运输安全。

第六十二条　铁路运输企业应当在列车、车站等场所公告旅客、列车工作人员以及其他进站人员遵守的安全管理规定。

第六十三条　公安机关应当按照职责分工，维护车站、列车等铁路场所和铁路沿线的治安秩序。

第六十四条　铁路运输企业应当按照国务院铁路行业监督管理部门的规定实施火车票实名购买、查验制度。

实施火车票实名购买、查验制度的，旅客应当凭有效身份证件购票乘车;对车票所记载身份信息与所持身份证件或者真实身份不符的持票人,铁路运输企业有权拒绝其进站乘车。

铁路运输企业应当采取有效措施为旅客实名购票、乘车提供便利,并加强对旅客身份信息的保护。铁路运输企业工作人员不得窃取、泄露旅客身份信息。

第六十五条 铁路运输企业应当依照法律、行政法规和国务院铁路行业监督管理部门的规定,对旅客及其随身携带、托运的行李物品进行安全检查。

从事安全检查的工作人员应当佩戴安全检查标志,依法履行安全检查职责,并有权拒绝不接受安全检查的旅客进站乘车和托运行李物品。

第六十六条 旅客应当接受并配合铁路运输企业在车站、列车实施的安全检查,不得违法携带、夹带管制器具,不得违法携带、托运烟花爆竹、枪支弹药等危险物品或者其他违禁物品。

禁止或者限制携带的物品种类及其数量由国务院铁路行业监督管理部门会同公安机关规定,并在车站、列车等场所公布。

第六十七条 铁路运输托运人托运货物、行李、包裹,不得有下列行为:

(一)匿报、谎报货物品名、性质、重量;

(二)在普通货物中夹带危险货物,或者在危险货物中夹带禁止配装的货物;

(三)装车、装箱超过规定重量。

第六十八条 铁路运输企业应当对承运的货物进行安全检查,并不得有下列行为:

(一)在非危险货物办理站办理危险货物承运手续;

(二)承运未接受安全检查的货物;

(三)承运不符合安全规定、可能危害铁路运输安全的货物。

第六十九条 运输危险货物应当依照法律法规和国家其他有关规定使用专用的设施设备,托运人应当配备必要的押运人员和应急处理器材、设备以及防护用品,并使危险货物始终处于押运人员的监管之下;危险货物发生被盗、丢失、泄漏等情况,应当按照国家有关规定及时报告。

第七十条 办理危险货物运输业务的工作人员和装卸人员、押运人员,应当掌握危险货物的性质、危害特性、包装容器的使用特性和发生意外的应急措施。

第七十一条 铁路运输企业和托运人应当按照操作规程包装、装卸、运输危险货物,防止危险货物泄漏、爆炸。

第七十二条 铁路运输企业和托运人应当依照法律法规和国家其他有关规定包装、装载、押运特殊药品,防止特殊药品在运输过程中被盗、被劫或者发生丢失。

第七十三条 铁路管理信息系统及其设施的建设和使用,应当符合法律法规和国家其他有关规定的安全技术要求。

铁路运输企业应当建立网络与信息安全应急保障体系,并配备相应的专业技术人员负责网络和信息系统的安全管理工作。

第七十四条 禁止使用无线电台(站)以及其他仪器、装置干扰铁路运营指挥调度无线电频率的正常使用。

铁路运营指挥调度无线电频率受到干扰的,铁路运输企业应当立即采取排查措施并报告无线电管理机构、铁路监管部门;无线电管理机构、铁路监管部门应当依法排除干扰。

第七十五条 电力企业应当依法保障铁路运输所需电力的持续供应,并保证供电质量。

铁路运输企业应当加强用电安全管理,合理配置供电电源和应急自备电源。

遇有特殊情况影响铁路电力供应的,电力企业和铁路运输企业应当按照各自职责及时组织抢修,尽快恢复正常供电。

第七十六条 铁路运输企业应当加强铁路运营食品安全管理,遵守有关食品安全管理的法律法规和国家其他有关规定,保证食品安全。

第七十七条 禁止实施下列危害铁路安全的行为:

(一)非法拦截列车、阻断铁路运输;

(二)扰乱铁路运输指挥调度机构以及车站、列车的正常秩序;

(三)在铁路线路上放置、遗弃障碍物;

(四)击打列车;

(五)擅自移动铁路线路上的机车车辆,或者擅自开启列车车门、违规操纵列车紧急制动设备；

（六）拆盗、损毁或者擅自移动铁路设施设备、机车车辆配件、标桩、防护设施和安全标志；

（七）在铁路线路上行走、坐卧或者在未设道口、人行过道的铁路线路上通过；

（八）擅自进入铁路线路封闭区域或者在未设置行人通道的铁路桥梁、隧道通行；

（九）擅自开启、关闭列车的货车阀、盖或者破坏施封状态；

（十）擅自开启列车中的集装箱箱门，破坏箱体、阀、盖或者施封状态；

（十一）擅自松动、拆解、移动列车中的货物装载加固材料、装置和设备；

（十二）钻车、扒车、跳车；

（十三）从列车上抛扔杂物；

（十四）在动车组列车上吸烟或者在其他列车的禁烟区域吸烟；

（十五）强行登乘或者以拒绝下车等方式强占列车；

（十六）冲击、堵塞、占用进出站通道或者候车区、站台。

第六章　监督检查

第七十八条　铁路监管部门应当对从事铁路建设、运输、设备制造维修的企业执行本条例的情况实施监督检查，依法查处违反本条例规定的行为，依法组织或者参与铁路安全事故的调查处理。

铁路监管部门应当建立企业违法行为记录和公告制度，对违反本条例被依法追究法律责任的从事铁路建设、运输、设备制造维修的企业予以公布。

第七十九条　铁路监管部门应当加强对铁路运输高峰期和恶劣气象条件下运输安全的监督管理，加强对铁路运输的关键环节、重要设施设备的安全状况以及铁路运输突发事件应急预案的建立和落实情况的监督检查。

第八十条　铁路监管部门和县级以上人民政府安全生产监督管理部门应当建立信息通报制度和运输安全生产协调机制。发现重大安全隐患，铁路运输企业难以自行排除的，应当及时向铁路监管部门和有关地方人民政府报告。地方人民政府获悉铁路沿线有危及铁路运输安全的重要情况，应当及时通报有关的铁路运输企业和铁路监管部门。

第八十一条 铁路监管部门发现安全隐患,应当责令有关单位立即排除。重大安全隐患排除前或者排除过程中无法保证安全的,应当责令从危险区域内撤出人员、设备,停止作业;重大安全隐患排除后方可恢复作业。

第八十二条 实施铁路安全监督检查的人员执行监督检查任务时,应当佩戴标志或者出示证件。任何单位和个人不得阻碍、干扰安全监督检查人员依法履行安全检查职责。

第七章 法律责任

第八十三条 铁路建设单位和铁路建设的勘察、设计、施工、监理单位违反本条例关于铁路建设质量安全管理的规定的,由铁路监管部门依照有关工程建设、招标投标管理的法律、行政法规的规定处罚。

第八十四条 铁路建设单位未对高速铁路和地质构造复杂的铁路建设工程实行工程地质勘察监理,或者在铁路线路及其邻近区域进行铁路建设工程施工不执行铁路营业线施工安全管理规定,影响铁路运营安全的,由铁路监管部门责令改正,处10万元以上50万元以下的罚款。

第八十五条 依法应当进行产品认证的铁路专用设备未经认证合格,擅自出厂、销售、进口、使用的,依照《中华人民共和国认证认可条例》的规定处罚。

第八十六条 铁路机车车辆以及其他专用设备制造者未按规定召回缺陷产品,采取措施消除缺陷的,由国务院铁路行业监督管理部门责令改正;拒不改正的,处缺陷产品货值金额1%以上10%以下的罚款;情节严重的,由国务院铁路行业监督管理部门吊销相应的许可证件。

第八十七条 有下列情形之一的,由铁路监督管理机构责令改正,处2万元以上10万元以下的罚款:

(一)用于铁路运输的安全检测、监控、防护设施设备,集装箱和集装化用具等运输器具、专用装卸机械、索具、篷布、装载加固材料或者装置、运输包装、货物装载加固等,不符合国家标准、行业标准和技术规范;

(二)不按照国家有关规定和标准设置、维护铁路封闭设施、安全防护设施;

（三）架设、铺设铁路信号和通信线路、杆塔不符合国家标准、行业标准和铁路安全防护要求，或者未对铁路信号和通信线路、杆塔进行维护和管理；

（四）运输危险货物不依照法律法规和国家其他有关规定使用专用的设施设备。

第八十八条 在铁路线路安全保护区内烧荒、放养牲畜、种植影响铁路线路安全和行车瞭望的树木等植物，或者向铁路线路安全保护区排污、倾倒垃圾以及其他危害铁路安全的物质的，由铁路监督管理机构责令改正，对单位可以处5万元以下的罚款，对个人可以处2000元以下的罚款。

第八十九条 未经铁路运输企业同意或者未签订安全协议，在铁路线路安全保护区内建造建筑物、构筑物等设施，取土、挖砂、挖沟、采空作业或者堆放、悬挂物品，或者违反保证铁路安全的国家标准、行业标准和施工安全规范，影响铁路运输安全的，由铁路监督管理机构责令改正，可以处10万元以下的罚款。

铁路运输企业未派员对铁路线路安全保护区内施工现场进行安全监督的，由铁路监督管理机构责令改正，可以处3万元以下的罚款。

第九十条 在铁路线路安全保护区及其邻近区域建造或者设置的建筑物、构筑物、设备等进入国家规定的铁路建筑限界，或者在铁路线路两侧建造、设立生产、加工、储存或者销售易燃、易爆或者放射性物品等危险物品的场所、仓库不符合国家标准、行业标准规定的安全防护距离的，由铁路监督管理机构责令改正，对单位处5万元以上20万元以下的罚款，对个人处1万元以上5万元以下的罚款。

第九十一条 有下列行为之一的，分别由铁路沿线所在地县级以上地方人民政府水行政主管部门、国土资源主管部门或者无线电管理机构等依照有关水资源管理、矿产资源管理、无线电管理等法律、行政法规的规定处罚：

（一）未经批准在铁路线路两侧各1000米范围内从事露天采矿、采石或者爆破作业；

（二）在地下水禁止开采区或者限制开采区抽取地下水；

（三）在铁路桥梁跨越处河道上下游各1000米范围内围垦造田、拦河筑坝、架设浮桥或者修建其他影响铁路桥梁安全的设施；

（四）在铁路桥梁跨越处河道上下游禁止采砂、淘金的范围内采砂、淘金；

（五）干扰铁路运营指挥调度无线电频率正常使用。

第九十二条　铁路运输企业、道路管理部门或者道路经营企业未履行铁路、道路两用桥检查、维护职责的，由铁路监督管理机构或者上级道路管理部门责令改正；拒不改正的，由铁路监督管理机构或者上级道路管理部门指定其他单位进行养护和维修，养护和维修费用由拒不履行义务的铁路运输企业、道路管理部门或者道路经营企业承担。

第九十三条　机动车通过下穿铁路桥梁、涵洞的道路未遵守限高、限宽规定的，由公安机关依照道路交通安全管理法律、行政法规的规定处罚。

第九十四条　违反本条例第四十八条、第四十九条关于铁路道口安全管理的规定的，由铁路监督管理机构责令改正，处1000元以上5000元以下的罚款。

第九十五条　违反本条例第五十一条、第五十二条、第五十三条、第七十七条规定的，由公安机关责令改正，对单位处1万元以上5万元以下的罚款，对个人处500元以上2000元以下的罚款。

第九十六条　铁路运输托运人托运货物、行李、包裹时匿报、谎报货物品名、性质、重量，或者装车、装箱超过规定重量的，由铁路监督管理机构责令改正，可以处2000元以下的罚款；情节较重的，处2000元以上2万元以下的罚款；将危险化学品谎报或者匿报为普通货物托运的，处10万元以上20万元以下的罚款。

铁路运输托运人在普通货物中夹带危险货物，或者在危险货物中夹带禁止配装的货物的，由铁路监督管理机构责令改正，处3万元以上20万元以下的罚款。

第九十七条　铁路运输托运人运输危险货物未配备必要的应急处理器材、设备、防护用品，或者未按照操作规程包装、装卸、运输危险货物的，由铁路监督管理机构责令改正，处1万元以上5万元以下的罚款。

第九十八条　铁路运输托运人运输危险货物不按照规定配备必要的押运人员，或者发生危险货物被盗、丢失、泄漏等情况不按照规定及时报告的，由公安机关责令改正，处1万元以上5万元以下的罚款。

第九十九条　旅客违法携带、夹带管制器具或者违法携带、托运烟花爆竹、枪支弹药等危险物品或者其他违禁物品的，由公安机关依法给予治安管理处罚。

第一百条　铁路运输企业有下列情形之一的，由铁路监管部门责令改正，处2万元以上10万元以下的罚款：

(一)在非危险货物办理站办理危险货物承运手续；

(二)承运未接受安全检查的货物；

(三)承运不符合安全规定、可能危害铁路运输安全的货物；

(四)未按照操作规程包装、装卸、运输危险货物。

第一百零一条　铁路监管部门及其工作人员应当严格按照本条例规定的处罚种类和幅度，根据违法行为的性质和具体情节行使行政处罚权，具体办法由国务院铁路行业监督管理部门制定。

第一百零二条　铁路运输企业工作人员窃取、泄露旅客身份信息的，由公安机关依法处罚。

第一百零三条　从事铁路建设、运输、设备制造维修的单位违反本条例规定，对直接负责的主管人员和其他直接责任人员依法给予处分。

第一百零四条　铁路监管部门及其工作人员不依照本条例规定履行职责的，对负有责任的领导人员和直接责任人员依法给予处分。

第一百零五条　违反本条例规定，给铁路运输企业或者其他单位、个人财产造成损失的，依法承担民事责任。

违反本条例规定，构成违反治安管理行为的，由公安机关依法给予治安管理处罚；构成犯罪的，依法追究刑事责任。

第八章　附　　则

第一百零六条　专用铁路、铁路专用线的安全管理参照本条例的规定执行。

第一百零七条　本条例所称高速铁路，是指设计开行时速250公里以上(含预留)，并且初期运营时速200公里以上的客运列车专线铁路。

第一百零八条　本条例自2014年1月1日起施行。2004年12月27日国务院公布的《铁路运输安全保护条例》同时废止。

附件

国务院法制办、国家铁路局负责人就《铁路安全管理条例》答记者问

2013年8月17日,国务院总理李克强签署国务院令,公布《铁路安全管理条例》,自2014年1月1日起施行。日前,国务院法制办、国家铁路局负责人就《铁路安全管理条例》的有关问题回答了记者的提问。

问:为什么要制定出台《铁路安全管理条例》?

答:铁路是我国国民经济和社会发展的重要基础设施,国家高度重视铁路安全工作。早在1989年,国务院就制定公布了《铁路运输安全保护条例》,2004年又对该条例进行了全面修订,对于保障铁路运输安全发挥了重要作用。但是,随着近年来我国铁路建设和运营的快速发展,《铁路运输安全保护条例》已不能完全适应保障铁路安全的新形势、新要求,需要修改完善,主要表现在以下三个方面:一是铁路建设质量安全是保障铁路运输安全的基础,但《铁路运输安全保护条例》缺乏对铁路建设的规定,需要补充;二是近年来高速铁路的发展对铁路安全提出了更高要求,需要在立法中作出有针对性的规定;三是根据铁路政企分开和国务院深入推进行政审批制度改革的精神,需要对《铁路运输安全保护条例》中不适应改革要求的规定进行调整。《铁路安全管理条例》即是在总结《铁路运输安全保护条例》实施经验基础上起草制定的。新条例涵盖了铁路建设质量安全、铁路专用设备质量安全、铁路线路安全、铁路运营安全等铁路安全生产的主要领域和重要管理制度,是铁路安全管理的综合性法规。新条例的贯彻实施,必将有力地推进铁路安全管理,更好地保障公众生命财产安全,促进铁路安全发展。

问:今年3月,全国人大通过《国务院机构改革和职能转变方案》,实行铁路政企分开,组建国家铁路局和中国铁路总公司,不再保留铁道部。请问《铁路安全管理条例》对于铁路安全管理体制是如何规定的?

答:《国务院机构改革和职能转变方案》和 2013 年《国务院关于组建中国铁路总公司有关问题的批复》规定:将铁道部拟订铁路发展规划和政策的行政职责划入交通运输部;组建国家铁路局,由交通运输部管理,承担铁道部的其他行政职责,负责拟订铁路技术标准,监督管理铁路安全生产、运输服务质量和铁路工程质量等;交通运输部、国家铁路局依法对中国铁路总公司进行行业监管。据此,条例规定:国务院铁路行业监督管理部门负责全国铁路安全监督管理工作,国务院铁路行业监督管理部门设立的铁路监督管理机构负责辖区内的铁路安全监督管理工作。国务院有关部门依照法律和国务院规定的职责,负责铁路安全管理的有关工作。

问:转变政府职能、减少行政审批是本次机构改革的一大亮点,请问条例在这方面有哪些突破?

答:首先,《铁路安全管理条例》取消了《铁路运输安全保护条例》中设定的部分行政许可项目,如:设置或者拓宽铁路道口、人行过道审批,铁路运输管理信息系统认定,铁路危险货物承运人资质许可,铁路危险货物托运人资质许可,超限、超长、超重、集重货物承运审批等。

在取消上述行政审批项目的同时,条例对加强企业安全管理提出了明确要求,进一步强化了铁路运输企业的安全生产主体责任。对在铁路线路安全保护区内从事建造建筑物、构筑物、取土挖砂等活动,以及在铁路线路两侧 1000 米范围内从事露天采矿、采石或者爆破作业的,还规定要与铁路运输企业协商一致并采取安全防护措施;在铁路桥梁跨越处河道上下游各 1000 米范围内进行围垦造田、拦河筑坝、架设浮桥,以及各 500 米范围内进行疏浚作业等活动的,有关部门在审批前应当征求铁路运输企业的意见。在铁路运营安全方面,条例进一步补充完善了要求铁路运输企业保障旅客和货物运输安全的相关规定。

问:铁路建设质量是铁路运输安全的基础和前提,请问条例在保障铁路建设质量安全方面作了哪些规定?

答:作为铁路安全管理的综合性法规,条例在总结铁路建设实践经验的基础上,针对保障铁路建设质量安全的关键环节和主要问题,设专章对铁路建设质量安全作了规定：一是规定铁路建设工程的勘察、设计、施工、监理以及建设物资、设备的采购，应当依法进行招标；二是明确铁路建设各参与方的质量安全责任，规定铁路建设工程的勘察、设计、施工、监理应当遵守法律、行政法规关于建设工程质量和安全管理的规定，执行国家标准、行业标准和技术规范，并对勘察、设计、施工的质量负责，建设单位应当对建设工程的质量安全进行监督检查，制作检查记录留存备查；三是要求铁路建设工程的安全设施应当与主体工程同时设计、同时施工、同时投入使用；四是规定铁路建设工程使用的材料、构件、设备等产品，应当符合有关产品质量的强制性国家标准、行业标准；五是明确规定铁路建设工程的建设工期应当根据工程地质条件、技术复杂程度等因素，按照有关规定合理确定、调整，任何单位和个人不得违反规定要求铁路建设、设计、施工单位压缩建设工期；六是严格竣工验收制度，规定铁路建设工程竣工经验收、评估合格，符合运营安全要求的，方可投入运营。

问：近年来我国高速铁路发展较快，在为广大人民群众带来出行便捷的同时也提出了如何加强高速铁路安全管理的问题。请问条例在保障高速铁路安全方面规定了哪些制度措施？

答：高速铁路技术密集，运行速度快，对安全保障有更严格的要求，一方面要严格执行铁路安全保护的一般规定，另一方面也要针对高速铁路安全保护的特殊需要建立完善专门的安全管理制度。《铁路安全管理条例》进一步充实了保障高速铁路安全的规定：一是根据高速铁路建设对工程地质条件的严格要求，规定对高速铁路建设实行工程地质勘察监理制度，以保证工程地质勘察质量；二是为确保高速铁路运行安全和沿线社会公众人身安全，经研究论证明确了高速铁路线路安全保护区的范围，并要求设计开行时速120公里以上列车的铁路实行全封闭管理；三是针对地下水开采造成的地面沉降危及高速铁路运行安全的突出问题，明确规定高速铁路线路两侧各200米范围内禁止抽取地下水，在此范围外的地面沉降区域，抽取地下水危及高速铁路安全的，应当设置地下水禁止开采区或者限制开采区。在这里，还要特别提醒旅客朋友们不要在动车组列车上吸烟，吸烟所产生的烟雾会直接危及列车正常运行，并造成安全隐患，条例对此有明确的禁止性规定。

问:正如前面介绍,《铁路安全管理条例》是在《铁路运输安全保护条例》的基础上修改形成的,请问新条例在完善铁路运输安全保障措施方面还作了哪些规定?

答:《铁路安全管理条例》总结实践经验,适应铁路运输和建设发展对立法的迫切需求,并针对存在的问题,进一步补充完善了对有关保障铁路运输安全的规定:一是增加规定对存在安全性缺陷的铁路机车车辆及其他专用设备实行召回制度,由设备制造者负责召回缺陷产品并消除缺陷;二是适应电气化铁路发展对用电安全保障的需要,增加了对铁路运输用电保障以及防止超标准排放大气污染物危及电力接触网安全的规定;三是增加了禁止干扰铁路运营指挥调度无线电频率正常使用,保障铁路无线电指挥调度系统安全畅通的相关规定;四是增加了实施火车票实名购买、查验制度的有关规定;五是增加了危及铁路安全的禁止性规定,如禁止违规操纵列车紧急制动设备,禁止擅自进入铁路线路封闭区域,禁止强行登乘或者以拒绝下车方式强占列车等;六是增加了对铁路监管部门的职责规定,要求铁路监管部门对从事铁路建设、运输、设备制造维修的企业执行本条例的情况实施监督检查,建立企业违法行为记录和公告制度等。

现在,距离2014年1月1日正式实施《铁路安全管理条例》还有4个月的时间。贯彻实施好条例还有大量准备工作要做。铁路行业监督管理部门、铁路监督管理机构及各有关部门、地方人民政府,铁路运输、建设、设备制造维修等各相关企业都要抓紧部署落实有关条例学习、宣传和贯彻实施的各项措施。要把宣传贯彻条例和当前正在深入开展的安全生产大检查活动紧密结合起来,通过宣传贯彻条例,建立健全铁路监督管理的各项制度和保障安全的各项措施。抓紧整改解决安全管理存在的突出问题和薄弱环节,形成安全管理的长效机制,更好地推动铁路科学发展、安全发展,为稳增长、调结构、促改革提供有力的安全保障。

第二部分

《铁路安全管理条例》释义

第一章

总 则

总则是一部法律、法规的纲领性、概括性的规定。总则中规定的条款为其他各章的具体规范奠定基础。其他各章的内容必须体现总则确定的基本原则和主要精神。

《铁路安全管理条例》总则共七条,分别规定了铁路安全管理条例的立法目的,铁路安全管理工作方针,铁路安全监督管理主体和有关地方政府的基本职责,铁路建设、运输、设备制造维修单位的安全生产主体责任及其他相关单位和个人维护铁路安全的职责和义务等内容。

第一条　为了加强铁路安全管理,保障铁路运输安全和畅通,保护人身安全和财产安全,制定本条例。

【释义】 本条是关于《铁路安全管理条例》立法目的的规定。

立法目的又称立法宗旨,是制定一部法律、法规的主要意图。本条例是对2004年国务院发布的《铁路运输安全保护条例》的全面修订。原条例发布后近十年,我国铁路快速发展,为社会经济发展作出了突出贡献。但铁路发展中也存在一些不协调、不和谐、不可持续的问题,特别是在保障高速铁路安全运营、规范铁路建设管理等方面,亟需完善相关法规制度建设,为促进铁路科学发展提供安全保障。2011年《国务院关于坚持科学发展安全发展促进安全生产形势持续稳定好转的意见》和2012年1月国务院第187次常务会议,明确提出抓紧完善铁路安全立法的要求,修订《铁路运输安全保护条例》列入了国务院2012年一档立法计划。2013年3月14日全国人大十二届一次会议审议通过《国务院机构改革和职能转变方案》后，为适应铁路政企分开、加强安全监管的改革要求，国务院法制办又组织对条例草案作了进一步的调整完善，于 2013 年 7 月 24 日通过国务院第 18 次常务会议审议，8 月 17 日李克强总理签署第 639 号国务院令予以发布，自 2014 年 1 月 1 日起施行。

本次修改条例将原《铁路运输安全保护条例》修改为《铁路安全管理条例》，从原来的共七章、一百零三条调整为共八章、一百零八条，从原来的"铁路运输安全"扩展到铁路建设质量安全、专用设备质量安全、线路安全、运营安全等各个方面，内容更加全面，安全管理制度更加完善，规定更具有针对性和可操作性，对促进铁路行业安全发展、科学发展具有十分重要的意义。

本条例的立法目的主要体现在三个方面：一是加强铁路安全管理，二是保障铁路运输安全和畅通，三是保护人身安全和财产安全。

1. 关于加强铁路安全管理。本条例作为一部国务院行政法规，其立法目的首先是着力于解决铁路安全工作中，通过行政权力规范铁路建设质量安全、铁路专用设备质量安全、铁路线路安全、铁路运营安全等工作。

在社会主义市场经济条件下，政府职能主要是经济调节、市场监管、社会管理和公共服务。铁路安全直接关系人民群众的生命财产安全，关系经济发展和社会稳定。保护铁路安全，就是保护社会公共利益，是政府履行其公共服务职能的重要内容。政府只有加强对铁路安全的监督管理，及时发现和解决那些影响安全稳定的突出问题，保证人民群众出行安全，进一步巩固安全和谐的社会环境。因此，党中央国务院高度重视铁路安全工作，中央领导同志多次对铁路安全工作作出重要指示，要求铁路部门始终不渝地贯彻落实安全第一的方针，强化安全基础，确保大动脉安全畅通。

近年来，有些地方、部门、单位和个人为了追求本地方、本部门、本单位局部利益和个人利益，不顾大局，在铁路沿线从事一些非法活动，对铁路安全造成了极大威胁。比如，在铁路桥梁跨越的河道上下游疯狂采砂，致使铁路桥梁垮塌；在铁路沿线盗窃、拆卸铁路运输设备器材，或设置障碍物，造成行车事故；在铁路干线上非法拦截列车，严重影响了运输大动脉的畅通；在铁路工程建设或一些专用设备产品生产中不按国家规定办事，质量把关不严，造成铁路安全的重大隐患，甚至导致铁路事故发生；特别是在高速铁路沿线和高速列车上,发生了一些直接危及高速铁路运行安全的情况。解决这些影响铁路安全的突出问题,仅仅依靠铁路企业自身的力量是不够的,必须依靠法制,依靠各级政府、各有关部门,加大监管力度,加强行政执法,依法制裁各种危及铁路安全的行为。本条例开宗明义“加强铁路安全管理”,就是要强调政府对于铁路安全的监督管理职责,通过贯彻实施本条例,进一步完善铁路安全监督管理体制,确保政府监管到位。

另一方面,“加强铁路安全管理”,也是对铁路运输企业、铁路工程参建单位、铁路专用设备制造维修企业提出的要求。各类相关企业是安全生产的责任主体。企业安全生产制度是否健全,安全投入是否到位,人员素质是否适应,设备管理是否严格,是否遵守国家安全标准,安全责任是否落实,对铁路安全的持续稳定起着基础性、决定性作用。因此,强化企业的安全生产主体责任,是保护铁路安全的重要基础,也是本条例立法的主要目的之一。

2. 关于保障铁路运输安全和畅通。保障铁路运输安全和畅通,是制定本条例的直接目的。我国铁路作为国家重要基础设施,国民经济的大动脉,大众化交通工具,承担着十分繁重的客货运输任务,在经济社会发展中具有特殊重要的地位和作用。随着国民经济及铁路的发展,铁路安全环境发生了很大变化,安全管理面临许多需要解决的新问题。

一是,铁路运输需求持续增长,运输能力仍不适应,对运输安全保障提出了更高要求。2012 年,全国铁路完成旅客发送量 18.93 亿人,完成货物发送量 38.92 亿吨,铁路旅客发送量、货物发送量分别比 2002 年增长 79.3%、90.6%。虽然我国铁路完成的旅客周转量、货物发送量、货物周转量、换算周转量居世界第一,但总体运输能力不足的问题仍然比较突出,特别是主要干线和高峰期运输仍不能满足需求。在大运量、快速度、高密度的运输条件下,任何一个管理细节上的失误或疏忽,都可能酿成严重的安全事故。必须加大各方面的安全保护力度,才能确保运输安全和畅通。

二是,铁路列车速度不断提高,对运输安全保障提出了新的课题。目前我国投入运营的高速铁路总里程已超过国外近五十年建成的高速铁路里程之和。今后一个时期,还将有一大批新建高速铁路和其他新线路投产运营。到 2015 年,铁路营业里程达到 12 万公里左右,其中高速铁路 1.8 万公里。在铁路网规模快速扩充、高速铁路大量投产运营的情况下,保障铁路运输安全面临更严峻的挑战,安全管理的要求更高。比如,高速铁路对线路安全条件要求更高,必须在线路两侧设置必要的安全保护区和安全防护设施;高速列车穿越人口密集的城市、城区或跨越公路,必须设置立体交叉;高速铁路都是电气化铁路,在用电及电力设施安全保障上必须有更严格的规定等。这些都需要在法规制度层面制定更加有效的安全保护措施和安全监管措施。

三是,运输安全管理的外部环境与管理对象的变化,对铁路安全管理提出了许多新的任务。随着我国城市化进程的加快,铁路沿线环境发生了很大变化。过去的广袤田野,现在变成了密集的城市;过去冷清的铁路道口,现在变成了拥堵的交通要道。铁路政企分开改革后,安全管理的对象也发生了很大变化,不仅有国家铁路,还有大量的合资铁路、地方铁路;同时铁路勘察设计、建筑施工、机车车辆及其他设备制造维修等各类企业也属于铁路安全管理的对象。这些新的变化,使铁路运输安全保障面临全新的开放环境,铁路安全管理的内涵进一步扩大,必须通过立法,规范相关各方保护铁路运输安全的责任和义务。本条例正是针对铁路运输安全管理的这些新情况、新问题,明确提出了"保障铁路运输安全和畅通"这一立法宗旨,并从这一宗旨出发,为适应这些新情况、解决这些新问题,设定了一系列重要的安全保护制度。

3. 关于保护人身安全和财产安全。这是制定条例的出发点和落脚点。铁路既是国民经济的大动脉,又是大众化交通工具,与人民生活息息相关。铁路安全事关公众人身安全、财产安全,属于公共安全的范畴。只有不断加强铁路安全管理,才能有效减少事故的发生,保护旅客、货主及社会公众的人身安全和财产安全。这正是国务院要求制定专门法规来规范铁路安全管理的最根本的目的。

第二条　铁路安全管理坚持安全第一、预防为主、综合治理的方针。

【释义】　本条是关于铁路安全管理应当遵循的基本原则的规定。

"安全第一、预防为主、综合治理"是我国安全生产工作的总方针,铁路安全管理工作属于安全生产工作的重要组成部分,应当遵守这一指导方针。

坚持“安全第一”,就是要求在铁路运输活动中要始终把保证旅客、货主以及广大人民群众的生命财产安全放在第一位。“预防为主”,强调的是在安全生产活动中要防范于未然,将各种不安全的因素消灭在萌芽状态。“综合治理”就是要充分调动各方面因素,发挥政府、企业、群众组织、有关单位和个人的积极性,共同维护铁路安全。

《安全生产法》从法律上确立了“安全第一、预防为主”的方针,要求在生产经营活动中将安全放在第一位,采取一切可能的措施保障安全,防止一切可能防止的事故。执行“安全第一、预防为主”的方针,是一项法定的义务和责任,是要长期坚持的基本方针。2013 年 6 月 6 日,中共中央总书记习近平对安全生产作出重要批示,“人命关天,发展决不能以牺牲人的生命为代价。这必须作为一条不可逾越的红线”。保障广大人民群众的生命财产安全,是践行“三个代表”重要思想,贯彻落实科学发展观,实现中国梦,立党为公、执政为民的重要体现。各级政府及有关企业一定要从人民的根本利益出发,牢固树立“安全第一、预防为主”的思想。无数次血的教训证明,什么时候重视安全生产,注意贯彻“安全第一、预防为主”的原则,什么时候就能搞好生产经营;反之,如果忽视这一问题,甚至以牺牲安全来换取经济效益,其后果往往是适得其反,将付出惨重的代价。

把“综合治理”充实到安全生产方针当中,始于党的十六届五中全会通过的《中共中央关于制定“十一五”规划的建议》。其中明确要求:“保障人民群众生命财产安全。坚持安全第一、预防为主、综合治理,落实安全生产责任制,强化企业安全生产责任,健全安全生产监管体制,严格安全执法,加强安全生产设施建设。”结合我国铁路实际,更需要通过综合治理,来解决新形势下安全管理的一些突出问题。加强铁路安全综合治理,一方面要综合运用经济手段、法律手段和必要的行政手段,从发展规划、行业管理、安全投入、科技进步、经济政策、教育培训、安全立法、激励约束、企业管理、监管体制、社会监督以及追究事故责任、查处违法违纪等方面着手,建立铁路安全管理的长效机制;另一方面,要充分发挥铁路监督管理机构、铁路公安和其他相关执法部门、铁路沿线各级地方人民政府、相关单位、铁路企业等各方面的作用,综合治理整顿危及铁路安全的突出问题,共同维护铁路安全。

第三条　国务院铁路行业监督管理部门负责全国铁路安全监督管理工作，国务院铁路行业监督管理部门设立的铁路监督管理机构负责辖区内的铁路安全监督管理工作。国务院铁路行业监督管理部门和铁路监督管理机构统称铁路监管部门。

国务院有关部门依照法律和国务院规定的职责，负责铁路安全管理的有关工作。

【释义】　本条是关于铁路安全监督管理体制的规定。

本条第一款明确规定"国务院铁路行业监督管理部门负责全国铁路安全监督管理工作"，这既符合2013年铁路政企分开的改革精神，又体现了铁路这一特殊重要行业的安全管理规律。

按照《国家铁路局主要职责内设机构和人员编制规定》（国办发〔2013〕21号）规定，国家铁路局的主要职责包含：一是起草铁路监督管理的法律法规、规章草案，参与研究铁路发展规划、政策和体制改革工作，组织拟定铁路技术标准并监督实施。二是负责铁路安全生产监督管理，制定铁路运输安全、工程质量安全和设备质量安全监督管理办法并组织实施，组织实施依法设定的行政许可。组织或参与铁路生产安全事故调查处理。三是负责拟定规范铁路运输和工程建设市场秩序政策措施并组织实施，监督铁路运输服务质量和铁路企业承担国家规定的公益性运输任务情况等。《国务院关于组建中国铁路总公司有关问题的批复》（国函〔2013〕47号）明确要求："交通运输部、国家铁路局依法对公司进行行业监管"。根据新的机构设置和职能分工，这次将原条例中"国务院铁路主管部门"修改为"国务院铁路行业监督管理部门"。鉴于条例主要是规范铁路安全管理事项的，这里的"国务院铁路行业监督管理部门"主要指国家铁路局。交通运输部依据法律法规和国务院对交通运输部的"三定"规定，履行相关职责。

本条第一款还规定："国务院铁路行业监督管理部门设立的铁路监督管理机构负责辖区内的铁路安全监督管理工作。"按照《国家铁路局主要职责内设机构和人员编制规定》（国办发〔2013〕21号），"国家铁路局设立沈阳、上海、广州、成都、武汉、西安、兰州7个地区铁路监督管理局，负责辖区内铁路监督管理工作。"地区铁路监督管理局作为国家铁路局设立的一级监督管理机构，具有独立的法人资格和行为能力，对自己作出的决定和行为独立承担法律责任。

此外，依据我国《行政处罚法》、《行政许可法》、《行政强制法》等法律规定，还有两种组织可以实施行政处罚。一是法律、法规授权的具有管理公共事务职能的组织可以在法定授权范围内实施行政处罚。二是行政机关依据法律、法规或规章的规定，可以在其法定权限内委托符合条件的组织实施行政处罚，这里的“符合条件”有三个条件，首先是依法成立的管理公共事务的事业组织；其次是具有熟悉有关法律、法规、规章和业务的工作人员；再次是对违法行为需要进行技术检查或者技术鉴定的，应当有条件组织进行相应的技术检查或者技术鉴定。也就是说，符合上述要求的组织，可以依据法律、法规或者规章履行相关的铁路安全行政处罚职责。此外，《建设工程安全生产管理条例》规定，建设行政主管部门和其他有关部门可以将施工现场的监督检查委托给建设工程安全监督机构具体实施；《建设工程质量管理条例》还规定，建设工程质量监督管理，可以由建设行政主管部门或者其他有关部门委托的建设工程质量监督机构具体实施。

考虑到铁路安全监督管理工作的实际情况，条例将国务院铁路行业监督管理部门和铁路监督管理机构统称为“铁路监管部门”，既便于从实际出发来确定这两级机构的具体监管事项，又符合立法简洁、清晰的技术要求。

本条第二款规定：“国务院有关部门依照法律和国务院规定的职责，负责铁路安全管理的有关工作。”铁路安全管理涉及社会多领域，除了铁路监管部门之外，在国务院层面上，还涉及交通运输、安全监管、发展改革、国土资源、质量监督、水利、建设、公安等有关部门的行政职责。但要一一列举，容易挂一漏万，因此从立法技术上作了综合表述。具体的部门职责分工，一是依据国务院对各部门的职责规定，即通常所说的“三定”规定；二是依据相关法律规定，如《安全生产法》、《治安管理处罚法》、《公路法》、《航道法》、《道路交通安全法》、《建筑法》、《招标投标法》、《产品质量法》、《特种设备安全法》等。

第四条　铁路沿线地方各级人民政府和县级以上地方人民政府有关部门应当按照各自职责，加强保障铁路安全的教育，落

实护路联防责任制,防范和制止危害铁路安全的行为,协调和处理保障铁路安全的有关事项,做好保障铁路安全的有关工作。

【释义】 本条是关于铁路沿线地方人民政府以及县级以上地方人民政府有关部门保障铁路安全的职责规定。

本条规定的地方各级人民政府,主要是指乡(镇)级人民政府、县级人民政府、设区的市级人民政府、省(自治区、直辖市)人民政府。县级以上地方人民政府有关部门主要指县级人民政府、设区的市级人民政府、省(自治区、直辖市)人民政府的安全生产监督管理部门、公安机关、国土资源部门、交通部门、水利部门、建设部门等与铁路安全管理相关的部门。根据本条规定,铁路沿线地方各级人民政府以及县级以上地方人民政府有关部门保障铁路安全的职责主要有三个方面:

1. 加强保障铁路安全的教育。特别是对铁路沿线相关单位和个人,要加强铁路安全普法宣传教育,使社会公众了解掌握相关规定,自觉履行保障安全的法定义务。

2. 落实护路联防责任制,防范和制止危害铁路安全的行为。铁路护路联防责任制是落实安全综合治理方针、解决铁路沿线安全保障方面存在的突出社会问题,维护铁路治安持续稳定的一项重要制度。在铁路沿线地方政府的高度重视和大力支持下,各级铁路护路联防领导小组组织协调公安等执法部门、铁路监管部门和铁路沿线基层组织,深入排查铁路沿线的治安问题,开展专项整治和集中治理,严厉打击盗窃铁路运输物资、拆盗铁路器材、破坏铁路设施等危害铁路安全的违法行为,创建安全文明铁道线,建立和完善护路联防的长效机制,取得了显著成效。

3. 协调和处理保障铁路安全的有关事项,做好保障铁路安全的有关工作。比如,组织做好铁路线路安全保护区、高速铁路线路所在地地下水禁采区和限采区、铁路桥梁两侧禁止采砂和淘金区域等的划定工作,组织开展铁路沿线地质灾害的预防、治理和应急处理工作,与铁路监管部门建立信息通报制度和运输安全协调机制等。

第五条 从事铁路建设、运输、设备制造维修的单位应当加

强安全管理,建立健全安全生产管理制度,落实企业安全生产主体责任,设置安全管理机构或者配备安全管理人员,执行保障生产安全和产品质量安全的国家标准、行业标准,加强对从业人员的安全教育培训,保证安全生产所必需的资金投入。

铁路建设、运输、设备制造维修单位的工作人员应当严格执行规章制度,实行标准化作业,保证铁路安全。

【释义】 本条是对从事铁路建设、运输、设备制造维修的单位及其工作人员安全生产责任的总体要求。

铁路建设、运输、设备制造维修单位是铁路安全管理的基础,承担铁路安全生产的主体责任。按照《安全生产法》的规定,“生产经营单位必须遵守本法和其他有关安全生产的法律、法规,加强安全生产管理,建立、健全安全生产责任制度,完善安全生产条件,确保安全生产”。本条例依据法律规定,结合铁路安全管理实际,进一步作了五个方面的规定:

1. 要求铁路建设、运输、设备制造维修单位加强铁路安全管理,建立健全安全生产管理制度,落实企业安全生产主体责任。这是一个总体性的要求,重点强调了安全生产管理制度的建设和落实,强调了企业是安全生产的主体。

2. 要求铁路建设、运输、设备制造维修单位设置安全管理机构或者配备安全管理人员。这是落实各项安全生产制度和措施的重要组织保证。《安全生产法》第十九条规定:“除矿山、建筑施工单位和危险物品的生产、经营、储存单位以外的其他生产经营单位,从业人员超过三百人的,应当设置安全生产管理机构或者配备专职安全生产管理人员;从业人员在三百人以下的,应当配备专职或者兼职的安全生产管理人员,或者委托具有国家规定的相关专业技术资格的工程技术人员提供安全生产管理服务”。铁路建设、运输、设备制造维修企业大多专业性、技术性比较强,企业规模也比较大,更需要设置安全管理机构、配备安全管理人员,以强化单位内部的安全管理基础,更好地研究解决企业安全管理中存在的问题,监督企业落实各项安全规定。

3. 要求铁路建设、运输、设备制造维修单位执行保障生产安全和产品质量安全的国家标准和铁路行业标准,加强对从业人员的安全教育培训。《安全生产法》第十条明确规定:“国务院有关部门应当按照保障安全生产的要求,依法及时制定有关的国家标准或者行业标准,并根据科技进步和经济发展适时修订。生产经营单位必须执行依法制定的保障安全生产的国家标准或者行业标准。”保障生产安全和产品质量安全的国家标准、行业标准是在长期生产工作经验中总结出来并经科学论证的一套行之有效的规则,是安全生产的重要制度保障。本条例中有大量条款,要求各类单位执行国家标准和铁路行业标准。同时,各有关单位应当保证从业人员具备必要的安全生产知识,熟悉有关的安全生产规章制度和安全操作规程,掌握本岗位的安全操作技能,为安全生产经营活动夯实基础。

4. 铁路建设、运输、设备制造维修单位应当保证铁路运输安全所必需的资金投入。这是做好安全生产的重要物质基础和保障。没有必要的资金投入,无论怎样强调安全生产,也只能是停留在口头上,无法真正落到实处。良好的硬件设施是搞好安全生产的重要保证。安全方面投入不足,硬件设施简陋,无疑是安全生产事故多发的一个重要原因。《安全生产法》第十八条对有关安全投入的问题也作了明确而严格的规定:“生产经营单位应当具备的安全生产条件所必需的资金投入,由生产经营单位的决策机构、主要负责人或者个人经营的投资人予以保证,并对由于安全生产所必需的资金投入不足导致的后果承担责任”。这些规定,是做好铁路安全生产工作所必须遵循的。无数惨痛的教训都证明,企业一旦发生重大安全事故,其有形的、无形的损失远远高于未雨绸缪的先期投入。对一个企业来说,要实现长久的生产安全,必须积极、有效和科学的投入。如果平时肯在安全上花钱,注意把保证安全生产投入作为加强安全生产的重要基础性工作,就能防微杜渐,不仅可杜绝安全生产事故的发生,还能确保企业获得良好的经济和社会效益,实现可持续发展。

5. 要求铁路建设、运输、设备制造维修单位的工作人员严格执行规章制度,实行标准化作业,保证铁路安全。这里的规章制度是一个广义的概念,既包括国家法律法规、部门规章及规范性文件,以及相关的国家标准、行业标准,也包括企业内部的规定、规则、办法、规程、标准等。这里的标准化作业,就是对在作业系统调查分析的基础上,将现行作业方法的每一操作程序和每一动作进行分解，以科学技术、规章制度和实践经验为依据，以安全、质量效益为目标，对作业过程进行改善，从而形成一种优化作业程序，逐步达到安全、准确、高效、省力的作业效果。严格执行规章制度和实行标准化作业是统一的，其共同的目标就是为了保证铁路的安全。

第六条　铁路监管部门、铁路运输企业等单位应当按照国家有关规定制定突发事件应急预案，并组织应急演练。

【释义】　本条是关于突发事件应急预案制度的规定。

"预则立，不预则废"。应急预案就是针对可能发生的危及铁路运输安全和畅通的一些突发事件，事先制定的应急处置处理方案、计划、措施等，包括对事件的分类、分级，处理主体、原则、程序、措施，应急技术手段、队伍组织、信息沟通等一整套制度体系。建立应急预案制度的目的是为提高应对突发事件的综合指挥能力、应急响应速度和应急救援协调水平，确保科学、迅速、有效处置各类重大突发危机事件，最大限度降低突发事件造成的损失，最大限度地保障人民群众的生命财产安全。

依据《突发事件应对法》第三条规定，突发事件"是指突然发生，造成或者可能造成严重社会危害，需要采取应急处置措施予以应对的自然灾害、事故灾难、公共卫生事件和社会治安事件。"该法还明确规定：国务院有关部门根据各自的职责和国务院相关应急预案，制定国家突发事件部门应急预案；公共交通工具、公共场所和其他人员密集场所的经营单位或者管理单位应当制定具体应急预案。在2004年的《铁路运输安全保护条例》中，应急预案的制定主体仅限于国务院铁路主管部门和铁路管理机构。考虑到铁路运输企业是安全生产经营活动的责任主体，此次修订明确了其应急预案制定主体的地位。铁路运输企业与铁路监管部门都应当按照国家有关规定和工作职责，分别制定相关突发事件应急预案。

应急预案制定后，铁路监管部门和铁路运输企业等单位还应当积极组织应急演练，将应急预案落到实处。

第七条　禁止扰乱铁路建设、运输秩序。禁止损坏或者非法占用铁路设施设备、铁路标志和铁路用地。

任何单位或者个人发现损坏或者非法占用铁路设施设备、铁路标志、铁路用地以及其他影响铁路安全的行为,有权报告铁路运输企业,或者向铁路监管部门、公安机关或者其他有关部门举报。接到报告的铁路运输企业、接到举报的部门应当根据各自职责及时处理。

对维护铁路安全作出突出贡献的单位或者个人,按照国家有关规定给予表彰奖励。

【释义】 本条是关于社会公众保护铁路建设和运输安全的责任、义务以及表彰奖励的规定。

本条分为三款。第一款属于禁止性规定。包括扰乱铁路建设、扰乱运输秩序、损坏或者非法占用铁路设施设备、铁路标志以及铁路用地的行为,都列为禁止性行为,任何单位或者个人违反这些规定,都要承担相应的法律责任。

第二款是对违反条例的行为的报告、举报及其处理规定。按照本条款的规定,任何单位和个人,一旦发现损坏或者非法占用铁路运输设施、设备、铁路标志、铁路用地以及其他影响铁路运输安全的行为,一是有义务向铁路运输企业报告。铁路运输企业处于安全生产的第一线,是安全生产责任主体,发现问题及时通知报告运输企业,可以更迅速、更有效地排除事故隐患。二是有权向铁路监管部门、公安机关或者其他有关部门举报。这里的"其他有关部门",指的是有权处理的部门,包括条例中涉及到的其他行政机关,也包括符合法定条件的其他具有管理公共事务职能的组织。

第三款是关于表彰奖励的规定。为了调动社会各方面的积极性,充分发挥公民、法人及其他组织对于保护铁路运输安全的作用,本条规定,对维护铁路运输安全做出突出贡献的单位或者个人,按照国家有关规定给予表彰奖励。目的是形成全社会都来关心、保护铁路运输设施、设备、铁路标志以及铁路用地的氛围,形成齐抓共管的良好局面。表彰奖励的具体形式和表彰奖励的主体,应当按国家有关规定执行。

第二章

铁路建设质量安全

为规范铁路建设行为，加强对建设过程与环节的监管，保证铁路建设工程质量安全，促进铁路建设事业的健康发展，本条例新设“铁路建设质量安全”一章，共计十三条，对铁路建设工程及建设物资设备采购招标，铁路建设工程参建单位资质，铁路建设单位和建设工程勘察、设计、施工、监理等单位应遵守的行为规范，铁路建设工程安全设施“三同时”制度，铁路建设工程使用的材料、构件、设备等产品应当遵守的标准，铁路建设工期确定问题，铁路建设工程竣工验收和运营安全评估问题，铁路营业线施工安全管理，立体交叉设置及费用分担，立体交叉设施及附属设施竣工后的移交和管理维护问题以及专用铁路、铁路专用线接轨问题等相关内容作了规定。

第八条　铁路建设工程的勘察、设计、施工、监理以及建设物资、设备的采购，应当依法进行招标。

【释义】　本条是关于铁路建设工程及建设物资设备采购招标的原则性规定。

我国1999年颁布《招标投标法》，2011年国务院颁布了《招标投标法实施条例》。招标投标制度在发挥市场资源配置作用、深化投资体制改革、完善社会主义市场经济体制方面均发挥了不可或缺的重要作用，对于促进公平竞争、保证工程质量、节约采购资金、预防和惩治腐败，起到了积极的效果。

按照《招标投标法》第三条规定，在中华人民共和国境内进行下列工程建设项目，包括项目的勘察、设计、施工、监理以及与工程建设有关的重要设备、材料等的采购，必须进行招标：一是大型基础设施、公用事业等关系社会公共利益、公众安全的项目；二是全部或者部分使用国有资金投资或者国家融资的项目；三是使用国际组织或者外国政府贷款、援助资金的项目。

铁路是国家重要基础设施。铁路建设项目的资金来源，大多包含中央政府和地方政府的投资，相关的勘察、设计、施工、监理以及与工程建设有关的重要设备、材料等的采购，应当进行招标。本条例依照《招标投标法》的规定，重申铁路建设工程的勘察、设计、施工、监理以及建设物资设备的采购，都应当依法进行招标。这里所说的"依法"，主要依据《招标投标法》和《招标投标法实施条例》等法律法规；同时铁路建设项目的招标工作，还应遵守国家有关部门规章和铁路行业监管部门的规定。

第九条　从事铁路建设工程勘察、设计、施工、监理活动的单位应当依法取得相应资质，并在其资质等级许可的范围内从事铁路工程建设活动。

【释义】　本条是对铁路建设工程参建单位资质的原则要求。

依据《建筑法》第十三条规定，从事建筑活动的建筑施工企业、勘察单位、设计单位和工程监理单位，按照其拥有的注册资本、专业技术人员、技术装备和已完成的建筑工程业绩等资质条件，划分为不同的资质等级，经资质审查合格，取得相应等级的资质证书后，方可在其资质等级许可范围内从事建筑活动。

铁路建设工程质量直接影响铁路运输安全。特别是高速铁路建设技术含量高，质量安全要求高，涉及专业多，工程结构及外部条件复杂，系统性强，工程量大，投资大，为保证铁路工程质量，保证建设安全，做好投资控制，拟参与铁路建设的施工、勘察、设计和工程监理单位具备规定资质条件的，应按照程序申请并取得相应资质，在其资质等级许可范围内从事铁路建设活动。

参建单位不得超越资质许可范围承担铁路建设工作，未取得相应资质的单位，不得参与铁路建设活动。根据《建筑法》、《建筑工程质量管理条例》等法律法规的规定，违反这一规定的单位将受到罚款、没收违法所得、降低资质等级以及吊销资质证书等处罚。

第十条　铁路建设单位应当选择具备相应资质等级的勘察、设计、施工、监理单位进行工程建设，并对建设工程的质量安全进行监督检查，制作检查记录留存备查。

【释义】　本条是对铁路建设单位提出的要求，主要有三个方面：

1. 建设单位应按照《建筑法》、《招标投标法》及本条例的规定，根据建设项目实际情况设定合理的资质等级要求，并通过招标择优选择符合资质要求、具备良好信用的参建单位。

2. 建设单位应在建设全过程中认真履行管理责任。建设单位承担着建设项目管理的主体责任，应当对工程的质量安全进行严格管理，加强对勘察、设计、施工、监理等工作的督促检查。比如，要根据勘察设计合同督促勘察设计企业提高勘察设计质量，做好现场配合工作，及时处理和解决好变更设计等工作；依据施工合同督促施工企业建立质量安全管理与保证体系、配备相应管理人员、建立健全管理制度、确保质量安全投入、落实质量安全措施；根据监理合同督促监理机构履行合同，投入足够监理力量和设备，严格执行监理规范，做好现场质量安全控制工作。要通过不定期检查以及委托第三方试验检测等多种手段，对铁路工程施工现场工作实施监督。

3. 建设单位对铁路工程施工现场工作实施监督检查，应制作检查记录，并按照铁路工程资料管理和归档的规定留存备查。在实际的工作中，建设单位检查多，记录、记载少，一些问题没有实行闭合管理，没有有效地履行建设单位的管理责任。条例明确检查记录的留存备查制度，对强化监管效果、落实建设单位责任具有重要意义。

建设单位在执行相关规定时还应当注意：要在招标时合理设置资质等级要求，既要满足工程建设安全质量等建设要求，又不能利用资质等级排斥潜在投标人；对建设工程检查时发现的问题应实行闭环管理，实行质量问题可追溯性，落实工程质量终身负责制。

第十一条　铁路建设工程的勘察、设计、施工、监理应当遵

守法律、行政法规关于建设工程质量管理和安全管理的规定，执行国家标准、行业标准和技术规范。

铁路建设工程的勘察、设计、施工单位依法对勘察、设计、施工的质量负责，监理单位依法对施工质量承担监理责任。

高速铁路和地质构造复杂的铁路建设工程实行工程地质勘察监理制度。

【释义】 本条是对铁路建设工程勘察、设计、施工、监理等方面的质量安全管理要求。

铁路建设工作环节多、参与单位多，影响工程质量和安全生产的因素多。同时，铁路工程呈线形分布，具有点多线长的特点，且建设过程涉及征地、复垦、环保、水保、航道、道路、文物、节能等诸多方面。特别是对直接参与铁路工程建设的勘察、设计、施工、监理等单位，必须明确管理要求和责任。

本条共三款，主要包含了以下几方面的内容：

1. 依法合规是对铁路参建单位的基本要求。依法，就是要严格遵守法律、行政法规关于建设工程质量管理和安全管理的规定；合规，这里主要是指严格执行相关国家标准、行业标准和技术规范。按照《标准化法》等有关法律法规规定，标准可分为强制性标准和推荐性标准。必须严格执行强制性标准，根据实际情况采用推荐性标准。

具体来说，勘察设计单位要健全质量保证体系，加强对勘察、设计过程的质量控制，确保勘察、设计工作质量。从项目立项开始，切实提高勘察设计质量，按照有关勘察设计规范和标准要求，在保证工程本体设计质量的同时，保证环保水保工程设计质量、附属工程设计质量、征地拆迁设计质量和工程概算编制质量，为工程依法有序实施创造条件、奠定基础。

施工单位要健全质量保证体系和安全生产管理制度，严格执行法律法规、规范标准，严格按照设计文件组织施工，根据 PDCA 质量管理方法，在开工准备阶段充分调查的基础上，依据标准规范编制施工作业指导书，明确人、机、料、法等要素配置和场地布置，并通过首件认可对作业指导书进行调整完善，严格按标准作业，并进行检查和完善。

工程监理单位要按照相关法规和规范要求，配置监理人员，编制监理大纲和监理实施细则，切实做好隐蔽工程检查，切实做好工程施工旁站监理、试验抽样检测、现场巡视等工作。

2. 勘察、设计、施工、监理单位及其人员，要按照法律法规规定对工程质量承担责任。本条第二款明确了铁路建设勘察质量、设计质量、施工质量以及施工监理质量的责任主体，有利于各铁路参建单位落实工程质量安全管理责任，有利于建立完善铁路建设工程质量责任追究制度。

3. 高速铁路和地质构造复杂的铁路建设工程实行工程地质勘察监理制度。依据《建筑法》和《建设工程质量管理条例》，目前我国实行的"工程监理"，主要是"依照法律、法规以及有关技术标准、设计文件和建设工程承包合同，代表建设单位对施工质量实施监督，并对施工质量承担监理责任。"

地质勘察监理的主要任务是依照批准的勘察大纲对地质勘察工作进行监理，督促勘察单位运用先进的综合勘察技术，确保各阶段勘察工作达到深度，并组织对勘察资料和勘察报告进行验收，对实际完成的勘察工作量进行审核，确保地质勘察工作符合相关规程、规范和勘察合同要求。考虑到勘察工作质量是设计质量、工程质量、运输安全的源头，在加强管理的同时，考虑到高速铁路、地质构造复杂铁路的勘察工作质量对保证工程质量、运输安全具有决定性的作用，本条例规定"高速铁路、地质构造复杂的铁路建设实行工程地质勘察监理"，以防止建设期间发生重大质量问题，防止运营过程中因地质变化，危及行车安全，危及人民群众生命财产安全或引起轨道不平顺难以通过维修方式修复等事件。

第十二条　铁路建设工程的安全设施应当与主体工程同时设计、同时施工、同时投入使用。安全设施投资应当纳入建设项目概算。

【释义】　本条是关于铁路建设工程安全设施"三同时"的规定。

铁路建设工程的安全设施，作为工程项目的一部分，应与主体工程同步设计、施工和验收。建设工程项目完成后，安全设施不完善或根本没有配建安全设施，可能导致项目投产后不具备安全运输条件。因此，根据《安全生产法》的规定，本条要求铁路建设工程的安全设施，应当与主体工程同时设计、同时施工、同时投入使用。本条包括四层含义：

1. 铁路工程设计单位，在编制建设项目初步设计文件时，必须同时进行安全设施设计，保证安全设施设计符合有关规定和运输安全需要。

2. 铁路工程施工单位在组织施工时，必须同时施工安全设施工程，不得先施工完成主体工程并投产、后施工安全设施工程或者有意减掉安全设施工程。

3. 项目投产或者主体工程投入使用时，必须同时投入使用安全设施工程。安全设施工程没有投入生产或者使用的，整个项目不得投产使用。

4. 安全设施投资必须纳入设计概算，并在可行性研究阶段和初步设计阶段予以解决。

综上所述，在建设项目可行性研究、初步设计、施工图设计以及竣工验收各阶段都必须严格落实安全设施"三同时"制度。

第十三条　铁路建设工程使用的材料、构件、设备等产品，应当符合有关产品质量的强制性国家标准、行业标准。

【释义】　本条是关于铁路建设工程使用材料、构件、设备等产品的强制性标准要求。

工程质量安全事故大多与使用了不合格的材料、构件和设备有关，一些不合格的材料给工程结构留下永久隐患，一些不合格的工程材料直接导致工程质量事故，所以铁路建设过程中必须加强对建筑材料、构件、设备等产品的质量管理。产品质量管理的基本依据，就是相关国家标准、行业标准。尤其是强制性标准，无论是产品的生产企业还是使用单位，都必须执行。从铁路建设工程来看，执行本条规定，应当做到以下几方面：

1. 设计单位在设计文件中选用的建筑材料、建筑构配件和设备，应当注明规格、型号、性能等技术指标，其质量要求必须符合强制性国家标准、行业标准。

2. 建设单位与参建单位签订有关合同，涉及有关建筑材料、构件、设备的，应当明确其符合强制性国家标准、行业标准。

3. 施工单位必须按照工程设计要求、施工技术标准和合同约定，采购材料、构件、设备，并按照标准化管理方式对建筑材料、建筑构配件、设备进行管理，按照国家和行业标准，生产配送商品混凝土，制作和配送构配件，杜绝不合格物资设备进入施工现场。

除了铁路建设工程使用的材料、构件、设备等产品应当执行强制性国家标准、行业标准以外，铁路建设单位及勘察、设计、施工单位，还必须执行其他方面的工程建设强制性标准。这在《建筑法》、《建设工程质量管理条例》等相关法律法规中都有明确规定。

第十四条　铁路建设工程的建设工期，应当根据工程地质条件、技术复杂程度等因素，按照国家标准、行业标准和技术规范合理确定、调整。

任何单位和个人不得违反前款规定要求铁路建设、设计、施工单位压缩建设工期。

【释义】　本条是关于确定、调整铁路建设工期的规定。

铁路建设工期、成本、质量、安全等是一个系统工程的不同要素，它们之间存在明显的相互影响关系。合理的建设工期，是保障工程质量安全的重要条件。本条例从我国铁路建设管理的实际出发，针对实践中急需解决的一些问题，对建设工期问题专门作了规定。全面、准确执行这一规定，有以下几方面要求：

1. 勘察设计单位应认真开展现场调查，结合工程地质条件、工程技术复杂程度等实际，按照规定和标准，编制施工组织设计，针对工程质量、施工安全、节约投资等方面的要求，提出合理的建设工期，并据此确定工程概算。

2. 建设单位应充分参与前期工作，对现场进行调查，在初步设计文件初审时同时审查施工组织设计中的工期，以及与施工组织配套的工程概算；在初步设计批复后，按照批准初步设计细化指导性施工组织设计，并将其纳入施工招标文件。

3. 审查部门应在调查的基础上，根据工程地质、工程难易程度，合理确定工期和工程概算。

4. 建设工期一经确定，不得随意调整。确需调整工期的，应当按国家规定程序履行相关手续，调整内容要符合国家标准、行业标准和技术规范。任何单位和个人都不得违反规定擅自要求压缩建设工期。

第十五条　铁路建设工程竣工，应当按照国家有关规定组织验收，并由铁路运输企业进行运营安全评估。经验收、评估合格，符合运营安全要求的，方可投入运营。

【释义】　本条是关于铁路建设工程竣工验收和运营安全评估的规定。

竣工验收和运营安全评估是保证投入运营铁路安全的重要环节。竣工验收是在项目完成后，对设计、施工及生产准备工作进行的检查，全面考核建设是否符合设计文件，工程质量是否符合质量标准的过程。运营安全评估是指铁路运输企业对新建或改建铁路的安全管理机构、规章制度、人员配备及培训、设备设施运用及养护维修、路外安全、治安防范、应急预案等运营准备工作进行检查的过程。竣工验收和运营安全评估是保证铁路开通后运营安全的重要保障手段。

本条的规定主要有三个方面的含义：

1. 强调建设工程竣工后，必须按照国家规定组织竣工验收。这里的"国家规定"既包括法律法规中的工程验收管理规定，也包括国家有关部门对工程竣工验收方面的规定。之所以这里对国家规定只作了一个原则性要求，没有作具体规定，一是考虑到本条例重点是规范铁路安全管理，国家对工程竣工验收另有规定的，执行其规定即可，不宜过多重复；二是考虑到铁路建设工程大多属于政府投资项目，对这类工程项目的竣工验收制度，应当适用有关政府投资项目管理的专门法规。目前我国正在研究制定《政府投资条例》，本条例仅做衔接性规定，更有利于行政法规之间的协调配套。

2. 强调铁路投入运营前，铁路运输企业要组织运营安全评估。在铁路政企分开改革前，铁路投入运营前的安全评估，基本上都是由铁道部组织进行的。铁路政企分开改革后，条例把这项职责赋予了铁路运输企业。

3. 强调未经竣工验收和运营安全评估的，不得投入运营。这是一项禁止性规定，两项要求缺一不可，包括初步验收、运营安全评估，只要其中一项未合格，都不得投入运营。

第十六条　在铁路线路及其邻近区域进行铁路建设工程施工,应当执行铁路营业线施工安全管理规定。铁路建设单位应当会同相关铁路运输企业和工程设计、施工单位制定安全施工方案,按照方案进行施工。施工完毕应当及时清理现场,不得影响铁路运营安全。

【释义】　本条是关于铁路营业线施工安全管理的规定。

铁路营业线施工,包括在营业线本线和本线邻近区域,从事各种影响营业线设备稳定、使用和行车安全的施工作业。邻近区域施工,包括在营业线两侧一定范围内从事铁路既有线改造工程或其他影响或可能影响铁路营业线设备稳定、使用和行车安全的施工作业。

铁路营业线施工是铁路建设和运输组织的重要组成部分,既要坚持确保运输畅通、安全,也要兼顾施工顺利推进,加强施工计划管理,加强施工组织和施工期间的运输组织,按计划、有组织地进行各项施工。针对现阶段我国铁路营业线施工较多、需要加强安全管理的实际,本条规定了三个方面的内容:

1. 强调营业线施工要遵守营业线施工安全管理规定。这里所指的“施工”,既涵盖了营业线自身的维修、改造,也包括营业线邻近区域的影响营业线运输安全的其他工程施工。

2. 强调了安全施工方案的执行。要求铁路建设单位会同相关铁路运输企业和工程设计、施工单位制定安全施工方案,按照方案进行施工。

3. 关于施工现场的清理。近年来,因施工现场清理不及时、不彻底,留下行车安全隐患或者引发事故的情况时有发生,因此把“施工完毕应当及时清理现场,不得影响铁路运营安全”作为保障铁路安全的强制性义务十分必要。

第十七条　新建、改建设计开行时速120公里以上列车的铁路或者设计运输量达到国务院铁路行业监督管理部门规定的较大运输量标准的铁路,需要与道路交叉的,应当设置立体交叉设施。

新建、改建高速公路、一级公路或者城市道路中的快速路，需要与铁路交叉的，应当设置立体交叉设施，并优先选择下穿铁路的方案。

已建成的属于前两款规定情形的铁路、道路为平面交叉的，应当逐步改造为立体交叉。

新建、改建高速铁路需要与普通铁路、道路、渡槽、管线等设施交叉的，应当优先选择高速铁路上跨方案。

【释义】 本条是关于立体交叉设置的规定。

立体交叉是铁路与道路不在同一水平面上相交，即修建立交桥、涵。这是避免铁路与道路互相干扰，防止铁路列车与其他车辆相撞的最好形式。随着列车速度的不断提高，给道口管理带来巨大的安全压力，原有的平交道口也需改为立体交叉。立体交叉的形式有上跨、下穿等，各种交叉形式的适用条件不尽相同，工程投资差别也很大，设计时应区别不同情况，根据铁路与道路的性质、等级、运输量、安全要求以及经济效益和社会效益等因素确定。本条从既能保证安全又现实可行的原则出发，分别针对不同情况，对立体交叉的设置条件做了规定。

本条第一款是关于新建改建铁路与道路交叉的情况。新建、改建设计开行时速120公里以上列车的铁路或者设计运输量达到国务院铁路行业监督管理部门规定的较大运输量标准的铁路，需要与道路交叉的，应当设置立体交叉。这里既要考虑列车速度指标，又要考虑运量指标。

第二款是关于新建、改建高速公路、一级公路或者城市道路中的快速路与铁路交叉的情况。一是需要与铁路交叉的，应当设置立体交叉设施，这是明确的强制性规定；二是要求优先选择下穿铁路的方式，充分体现了保护铁路安全的立法意图，也反映了实事求是的立法态度。

第三款是对既有平交道口改立交的规定。我国铁路平交道口较多是历史遗留的问题。随着经济的发展，道路上行驶的机动车数量大幅度增长，特别是在一级公路、二级公路、城市市区道路上，机动车速度较快，与铁路交叉的平交道口处，事故频率较高。各级人民政府和铁路部门对道口安全非常重视，通过采取严防死守等各种严厉措施，近年来道口交通事故呈逐年下降的趋势。但要从根本上解决问题,还需设置立体交叉。

国家现行标准《城市道路工程设计规范》CJJ37—2012 规定:快速路应中央分隔、全部控制出入、控制出入口间距及形式,应实现交通连续通行,单向设置不应少于两条车道,并应设有配套的交通安全与管理设施。铁路与这些道路交叉如果采用平面交叉,当道口处于开放状态时,汽车通过道口需要限速行使,严重影响道路的交通功能;当道口处于关闭状态时,会造成严重的交通堵塞。考虑到铁路既有平交道口数量较大,要求在短时间内全部改为立体交叉,花费巨大,对周围群众生产生活影响也较大,难以实现。因此,对于属于前两款规定情形、但已建成的铁路平交道口,条例规定"应当逐步改造为立体交叉"。具体改造计划和时间进度,可根据实际情况,由有关部门商定。

第四款是关于其他设施与高速铁路交叉的情况。高速铁路运量大、速度快,对安全环境的要求高,为充分保障乘坐高速列车的旅客安全,减少其他设施对高速铁路安全的影响,条例明确新建、改建高速铁路需要与普通铁路、道路、渡槽、管线等设施交叉的,应当优先采用高速铁路上跨方案。

第十八条　设置铁路与道路立体交叉设施及其附属安全设施所需费用的承担,按照下列原则确定:

(一)新建、改建铁路与既有道路交叉的,由铁路方承担建设费用;道路方要求超过既有的道路建设标准建设而增加的费用,由道路方承担;

(二)新建、改建道路与既有铁路交叉的,由道路方承担建设费用;铁路方要求超过既有铁路线路建设标准建设而增加的费用,由铁路方承担;

(三)同步建设的铁路和道路需要设置立体交叉设施以及既有铁路道口改造为立体交叉的,由铁路方和道路方按照公平合理的原则分担建设费用。

【释义】　本条是关于设置立体交叉的费用分担原则。

为了从根本上解决道口的安全问题,近年来铁路部门投入了大量的资金,对道口进行拆、并以及平交改立交,大幅度减少了道口,特别是提速线路的道口。在实践中,由于道口平改立的投资规模大,资金落实到位困难较多,影响了平改立的实施进度。设置立体交叉设施,也往往因资金分担问题上的推诿、扯皮,制约了工程建设。本条例针对立交设置及平改立存在的问题,以建设的先后作为确定费用承担的一般原则,分三种情况作出了规定:一是,新建、改建铁路与既有道路交叉的,由铁路方承担建设费用。二是,新建、改建的道路与既有铁路交叉的,由道路方承担建设费用。在以上两种情况中,对超过既有建设标准的,由提出要求的单位承担超过部分的建设费用。三是,同步建设的铁路和道路需要设置立体交叉设施的,以及既有铁路与道路平交道口改造为立体交叉的,由铁路方和道路方按照公平合理的原则分担建设费用。

本条所称"铁路方"指的是铁路企业或铁路建设单位,"道路方"指的是道路管理部门或道路建设单位。为便于统一称谓,归纳为铁路方、道路方。

第十九条　铁路与道路立体交叉设施及其附属安全设施竣工验收合格后,应当按照国家有关规定移交有关单位管理、维护。

【释义】　本条是关于立体交叉设施及附属设施竣工后的移交和管理维护的规定。

据统计,截至2012年,时速200公里及以上客运专线和高速铁路"公跨铁"立交桥共计为816座,其中已移交地方政府管理267座,未移交的549座。造成立体交叉设施及附属安全设施移交困难的原因,主要有两个方面:一是接收和管理维护的主体不明确;二是移交后的管理维护费用没有落实。为此,本条例专门作出了规定,包括四层含义:

1. 明确移交的设施包括立体交叉设施及其附属安全设施。

2. 移交的设施必须经竣工验收合格,未经竣工验收合格,不得移交。

3. 应当按照"有关国家规定"移交。这里的"有关国家规定"包括法律法规及国家有关部门制定和发布的相关文件、标准、规范。

4. 移交有关单位后,有关单位要负责管理、维护这些设施。这就明确了公铁立体交叉设施及其附属安全设施移交后的管理与维护责任。

第二十条　专用铁路、铁路专用线需要与公用铁路网接轨的，应当符合国家有关铁路建设、运输的安全管理规定。

【释义】 本条是对专用铁路、铁路专用线接轨的安全管理规定。

依据《铁路法》第二条规定，专用铁路，是指由企业或者其他单位管理，专为本企业或单位内部提供运输服务的铁路；铁路专用线，是指由企业或者其他单位管理的与国家铁路或者其他铁路线路接轨的岔线。专用铁路和铁路专用线一般都是由企业或其他单位修建的，主要为内部服务之用。不同的是，专用铁路一般都自备动力、自备运输工具，形成一套较为完备的运输生产体系，而铁路专用线的配套相对简单，其运输动力使用的是与其相接轨的铁路的动力。

在2013年铁路政企分开改革前，根据《国务院对确需保留的行政审批项目设定行政许可的决定》（国务院令第412号），专用铁路、铁路专用线与国家公用铁路网接轨，由铁道部实施行政审批。铁路政企分开后，根据转变职能、简政放权的改革精神，对原铁道部的行政审批事项进行全面清理，按照能由企业自主决定的，交由企业管理；能通过专业技术机构审查把关的，交由专门机构管理；能通过技术标准规范的，通过制定完善相关标准，监督实施的原则，进一步减少铁路行政审批事项。2013年5月，《国务院关于取消和下放一批行政审批项目等事项的决定》（国发〔2013〕19号）明确取消"企业专用线与国铁接轨审批"。

该项行政许可的取消，并不意味着专用铁路、铁路专用线与公用铁路网接轨可以任意进行。由于铁路运输的联动性，有必要从加强安全管理的角度，对相关企业和单位提出要求。本条规定了专用铁路、铁路专用线与公用铁路网接轨应满足的基本要求，即符合国家有关铁路建设、运输的安全管理规定。包括本条例对铁路建设工程质量安全、竣工验收、运输安全管理等方面的相关规定，以及国家有关部门、铁路行业监督管理部门制定的安全管理相关规定，都应当遵守。

第三章

铁路专用设备质量安全

铁路专用设备质量安全是铁路安全的重要组成部分，是铁路运营安全的基础。广义的铁路专用设备，包括机车车辆、供电设备、工务设备、通信信号设备、客货运输设备、安全监控设备、养护维修设备等。本条例所称“铁路专用设备”比较具体，包括铁路机车车辆，铁路道岔及其转辙设备，铁路信号控制软件和控制设备，铁路通信设备，铁路牵引供电设备，铁路运输安全检测、监控、防护设施设备，铁路集装箱和集装化用具等运输器具，专用装卸机械、索具、篷布、装载加固材料或者装置，用于危险化学品和放射性物品运输的铁路罐车、专用车辆及其他容器等。铁路专用设备种类繁多，技术专业性强，简单适用一般产品的管理，难以满足保障铁路安全的要求，有必要针对其特点，加强规范管理。为此，修订后的本条例新增加了“铁路专用设备质量安全”这一章，主要规定了铁路专用设备的行政许可制度、认证制度、相关标准要求以及缺陷产品召回制度。

第二十一条　设计、制造、维修或者进口新型铁路机车车辆，应当符合国家标准、行业标准，并分别向国务院铁路行业监督管理部门申请领取型号合格证、制造许可证、维修许可证或者进口许可证，具体办法由国务院铁路行业监督管理部门制定。

铁路机车车辆的制造、维修、使用单位应当遵守有关产品质量的法律、行政法规以及国家其他有关规定，确保投入使用的机车车辆符合安全运营要求。

【释义】 本条主要是国务院铁路行业监督管理部门对设计、制造、维修或者进口新型铁路机车车辆实施行政许可的规定,并明确了铁路机车车辆制造、维修、使用单位的安全主体责任。

我国2004年发布的《行政许可法》第二条规定,行政许可是指“行政机关根据公民、法人或者其他组织的申请,经依法审查,准予其从事特定活动的行为。”依据该法规定,“直接关系公共安全、人身健康、生命财产安全的重要设备、设施、产品、物品,需要按照技术标准、技术规范,通过检验、检测、检疫等方式进行审定的事项”,可以由法律或行政法规设定行政许可。铁路机车车辆是铁路运输的关键设备,机车车辆的设计、制造、维修质量直接关系公共安全、人身健康和生命财产安全。对铁路机车车辆实行行政许可制度,符合社会公众利益。原《铁路运输安全保护条例》设定了这项许可,这次修订后仍然保留了这一制度。

本条例所称“铁路机车车辆”,涵盖了直接承担铁路公共客货运输任务和检测试验任务的铁路机车、动车组、客车、货车等移动设备,以及在铁路上运行并承担铁路施工、维修、救援等作业的铁路轨道车、救援起重机、铺轨机和架桥机(组)车辆、接触网作业车、大型养路机械等自轮运转设备。这里的机车车辆是指整车。需要申请许可的机车车辆具体类型,由实施这项许可的国务院铁路行业监督管理部门制定目录并公布。

本条第一款规定,设计、制造、维修或者进口新型铁路机车车辆实行行政许可制度,包括四层含义:

1. 许可事项,包括设计、制造、维修或者进口新型铁路机车车辆,申请人需要分别申请领取型号合格证、制造许可证、维修许可证或者进口许可证。

2. 许可实施主体,即国务院铁路行业监督管理部门。依据本条例第三条规定,铁路监管部门包括国务院铁路行业监督管理部门和铁路监督管理机构。显然,不是所有的铁路监管部门都有权实施这项许可。考虑到机车车辆的重要性和这项许可审查的专业性,本条明确规定许可实施主体为国务院铁路行业监督管理部门。

3. 授权国务院铁路行业监督管理部门制定具体许可实施办法。依据《行政许可法》第四条规定,“设定和实施行政许可,应当依照法定的权限、范围、条件和程序。”具体到铁路机车车辆,需要针对设计、制造、维修或者进口新型铁路机车车辆的不同特点及要求，分别规定具体的许可条件、申请材料、审查方式、批准程序等，不宜在本条例中一一列出。因此本条特别授权国务院铁路行业监督管理部门另行制定办法，这样更便于细化落实实施办法，使之更具有针对性和可操作性。

4. 设计、制造、维修或者进口新型铁路机车车辆，应当符合国家标准、行业标准。不仅国内设计、制造、维修铁路机车车辆要符合上述标准，进口新型铁路机车车辆，也要符合我国相关标准；不仅企业在生产活动中要严格执行相关标准，国务院铁路行业监督管理部门在审查许可事项时，也应当遵循相关国家标准和行业标准。

本条第二款是对铁路机车车辆的制造、维修、使用单位落实安全生产主体责任的具体要求。

原《铁路运输安全保护条例》规定："按照国家有关规定生产、维修或者进口的铁路机车车辆，在投入使用前，应当经国务院铁路主管部门验收合格"。这次修订条例，根据铁路体制改革后的新形势和新要求，取消了上述规定。这主要是出于以下两个方面的考虑：第一，按照《产品质量法》规定，产品的生产者、销售者依法承担产品质量责任。在对铁路机车车辆实施行政许可的基础上，再对出厂的产品实行政府验收，对企业管得过多，不符合减少政府干预、充分发挥市场机制作用的改革精神，不利于落实企业的质量责任。第二，铁路政企分开后，中国铁路总公司作为承担国铁客货运输任务的大型国有企业，也是铁路机车车辆的使用大户，完全有能力根据需要实行驻厂验收、到货抽验、驻厂监造等多种方式，从用户角度进行质量验收把关，还可以通过招标采购合同约定产品质量责任，条件成熟时也可以委托第三方机构进行质量验收。在财政部批复的中国铁路总公司《组建方案》和《公司章程》中明确规定："中国铁路总公司负责铁路运输装备的购置、验收及调配、处置，承担设备运用维护管理责任。"需要注意的是，本条例在取消铁路机车车辆政府验收制度的同时，又特别增加了本条第三款，要求铁路机车车辆的制造、维修及使用单位，遵守有关产品质量的法律、行政法规以及国家其他有关规定，确保投入使用的机车车辆符合安全运营要求，进一步明确了机车车辆设备质量的主体责任。这里的"国家其他有关规定"，包括国务院铁路行业监督管理部门、国务院产品质量监督管理部门、国家标准化部门等有关部门制定的规章、规范性文件,以及发布的国家标准、行业标准等。

第二十二条　生产铁路道岔及其转辙设备、铁路信号控制软件和控制设备、铁路通信设备、铁路牵引供电设备的企业,应当符合下列条件并经国务院铁路行业监督管理部门依法审查批准:

(一)有按照国家标准、行业标准检测、检验合格的专业生产设备;

(二)有相应的专业技术人员;

(三)有完善的产品质量保证体系和安全管理制度;

(四)法律、行政法规规定的其他条件。

【释义】 本条是对铁路基础设施重要产品生产企业实行资格许可制度的规定。

铁路道岔是使机车车辆从一股轨道转入或跨越另一股轨道的设备;其转辙设备是道岔引导机车车辆由一股轨道转入另一股轨道的转向设备,包括牵引转向的设备。铁路信号控制软件是指控制信号显示或参与控制列车运行的专用信号软件;其控制设备是指控制信号显示或参与控制列车运行的硬件设施设备。铁路通信设备是指挥列车运行、组织铁路运输生产和铁路业务联络而迅速、准确地传输各种信息的通信系统的总称。铁路牵引供电设备是指为列车运行提供动力电能的供电设备。上述四类产品主要用于铁路基础设施,是保证铁路运输畅通的重要设备,其产品质量直接影响铁路行车安全。

本条规定保留了原《铁路运输安全保护条例》设定的这一许可事项,但作了一些调整。主要包括以下几方面含义。

1. 许可事项。与铁路机车车辆许可制度不同,本条规定的许可事项主要不是针对具体产品,而是针对企业,是对企业是否具备生产某类产品的资质条件的审查批准。所涉及的企业,主要是生产铁路道岔及其转辙设备、铁路信号控制软件和控制设备、铁路通信设备、铁路牵引供电设备的企业。

2. 许可条件。由于是企业资质条件,从技术和管理角度具有相近性,本条对生产上述四类产品的企业,规定了四项条件:(1)有按照国家标准、行业标准检测、检验合格的专业生产设备。由于上述四类设施设备的质量要求高,技术性能强,需要用专业的生产设备才能生产出符合安全标准的产品。(2)有相应的专业技术人员。这里所称"相应的专业技术人员",是针对产品不同的技术要求,配备具有相应专业水准的各类技术人员。这些人员既包括专业技术工程师,也包括各类技术工人。(3)有完善的产品质量保证体系和安全管理制度。完善的产品质量保证体系和安全管理制度,是保证企业生产的产品符合安全标准的前提和保障。只有建立了完善的产品质量保证体系和安全管理制度,才能确保产品生产的各个环节相互协调一致,最大限度地保障产品的安全性和可靠性。(4)法律、行政法规规定的其他条件。

3. 许可实施主体。即国务院铁路行业监督管理部门。

第二十三条　铁路机车车辆以外的直接影响铁路运输安全的铁路专用设备,依法应当进行产品认证的,经认证合格方可出厂、销售、进口、使用。

【释义】　本条是对铁路产品认证制度的规定。

产品认证是指由具备法定资质的认证机构证明产品符合相关技术规范、相关技术规范的强制性要求或者标准的合格评定活动。依据2003年施行的《中华人民共和国认证认可条例》(国务院令第390号),我国实行在国务院认证认可监督管理部门统一管理、监督和综合协调下,各有关方面共同实施的工作机制,建立了认证认可部际联席会议制度。

根据《中华人民共和国认证认可条例》规定,国家对必须经过认证的产品(即国家强制性认证产品),统一产品目录,统一技术规范的强制性要求、标准和合格评定程序,统一标志,统一收费标准。国家认证认可监督管理委员会(以下简称"国家认监委")统一负责产品认证制度的管理。凡列入强制性产品认证目录的产品,必须经国家认监委指定的认证机构认证合格,取得相关证书并标注认证标志后,方可出厂、销售、进口、使用。根据中国入世承诺和体现国民待遇的原则,国家对强制性产品认证使用统一的标志,国家强制性认证标志名称为"中国强制认证",英文名称为"China Compulsory

Certification”,英文缩写为“CCC”。

该条例同时规定,国家根据经济和社会发展的需要,推行产品认证。认证基本规范、认证规则由国务院认证认可监督管理部门制定;涉及国务院有关部门职责的,国务院认证认可监督管理部门应当会同国务院有关部门制定。任何法人、组织和个人可以自愿委托依法设立的认证机构进行产品认证。国家统一推行的产品自愿性认证(简称为“国推自愿认证”)是指由国家推行、统一规范管理的产品认证活动,国家认监委按照“统一的认证标准、实施规则和认证程序”建立相应的产品认证制度,国家认监委和有关主管部门共同监督管理,由具有资质的认证机构实施产品认证项目。目前,实行国推自愿认证的产品有节能环保型汽车认证、有机产品、电子信息产品污染控制、低碳产品、铁路产品等,对国推自愿认证的产品,有关部门采取了导向性和规范性的配套措施,如出台鼓励和支持产品认证的政策,在规范行政管理中采信认证结果等。

本条规定包含以下三方面含义:

1. 实行产品认证制度管理的铁路专用设备不包括铁路机车车辆整车。依据本条例第二十一条规定,设计、制造、维修或者进口新型铁路机车车辆,应当符合国家标准、行业标准,并分别向国务院铁路行业监督管理部门申请行政许可,获得批准即可从事相关活动。

2. 机车车辆以外的直接影响铁路运输安全的铁路专用设备,依法实行产品认证制度管理。这里讲的“依法”,目前主要是指《产品质量法》和《认证认可条例》。

3. 依法应当进行产品认证而未依法进行认证、或者经认证不合格的产品,不得出厂、销售、进口和使用。这里包括对产品的生产制造商以及销售、进口产品和使用产品的一方都作出了禁止性规定。

第二十四条　用于危险化学品和放射性物品运输的铁路罐车、专用车辆及其他容器的生产和检测、检验,依照有关法律、行政法规的规定执行。

【释义】　本条是对运输危险化学品和放射性物品的铁路车辆和其他容

器的生产以及检验、检测的原则性规定。

危险化学品，是指具有毒害、腐蚀、爆炸、燃烧、助燃等性质，对人体、设施、环境具有危害的剧毒化学品和其他化学品。危险化学品的目录，由国务院安全生产监督管理部门会同国务院工业和信息化、公安、环境保护、卫生、质量监督检验检疫、交通运输、铁路、民用航空、农业主管或监管部门，根据化学品危险特性的鉴别和分类标准确定、公布，并适时调整。放射性物品，是指含有放射性元素，并且其活度和比活度均高于国家规定的豁免值的物品。根据放射性物品的特性及其对人体健康和环境的潜在危害程度，将放射性物品分为一类、二类和三类。一类放射性物品，是指Ⅰ类放射源、高水平放射性废物、乏燃料等释放到环境后对人体健康和环境产生重大辐射影响的放射性物品。二类放射性物品，是指Ⅱ类和Ⅲ类放射源、中等水平放射性废物等释放到环境后对人体健康和环境产生一般辐射影响的放射性物品。三类放射性物品，是指Ⅳ类和Ⅴ类放射源、低水平放射性废物、放射性药品等释放到环境后对人体健康和环境产生较小辐射影响的放射性物品。放射性物品的具体分类和名录，由国务院核安全监管部门会同国务院公安、卫生、海关、交通运输、铁路、民航、核工业行业主管部门制定。

危险化学品和放射性物品，很多都是工业生产中不可或缺、无可替代的重要原材料或者添加剂、催化剂，但若发生安全事故，因其天然的危险属性，又会严重危及公众生命财产安全、污染生态环境。鉴于危险化学品和放射性物品的特殊性，国家制定了专门的法律法规，对上述两类物品的生产储存、经营使用、包装运输等方面作出了明确、详细的规定。如《危险化学品安全管理条例》第四十五条规定："运输危险化学品，应当根据危险化学品的危险特性采取相应的安全防护措施，并配备必要的防护用品和应急救援器材。用于运输危险化学品的槽罐以及其他容器应当封口严密，能够防止危险化学品在运输过程中因温度、湿度或者压力的变化发生渗漏、洒漏；槽罐以及其他容器的溢流和泄压装置应当设置准确、起闭灵活。"《放射性物品运输安全管理条例》第二章、第三章专门对放射性物品运输容器的设计、制造与使用作出了详尽、详细的规定；第四章则规定了放射性物品运输中的各项具体环节。

由于相关法律、行政法规对危险化学品和放射性物品的运输已经作出专门规定，故本条例不再重复，而是明确了用于危险化学品和放射性物品运输的铁路罐车、专用车辆及其他容器的生产和检测、检验，依照有关法律、行政法规的规定执行。

需要特别指出的是，除危险化学品、放射性物品外，其他危险货物如民用爆炸物品、易制毒化学品等的专用车辆、运输容器的生产和检测、检验也适用于本条规定。

第二十五条　用于铁路运输的安全检测、监控、防护设施设备，集装箱和集装化用具等运输器具，专用装卸机械、索具、篷布、装载加固材料或者装置，以及运输包装、货物装载加固等，应当符合国家标准、行业标准和技术规范。

【释义】 本条是关于其他用于铁路运输的专用设备的安全管理要求的规定。

用于铁路运输的安全检测、监控、防护设施设备，主要包括高速铁路沿线设置的雨、雪、大风、地震、异物侵限等监测系统，铁路车辆轴温智能探测系统、车辆故障轨边图像监测系统、车辆运行品质轨边动态监测系统、车辆滚动轴承故障轨边声学诊断系统、客车运行安全监控系统等车辆安全防范系统，货运计量安全检测监控系统，列车尾部安全防护装置，限高防护架，道口移动栏杆、列车接近报警装置、警示灯，封闭设置，以及法律、行政法规规定适用于本条例的其他铁路安全设施设备。集装化用具是指将货物组装成集装货件的容器或器具，常见的集装化用具有集装袋、集装架、集装网、托盘等。专用装卸机械主要是指为铁路货运进行装卸作业所使用的物料搬运机械，如门吊、叉车、装载机等。索具主要是指为了实现物体挪移系结在起重机械与被起重物体之间的受力工具，以及为了稳定空间结构的受力构件，如安全钩、衔接双环扣等。篷布是指铁路货车的辅助用具，用于苫盖敞车装运的怕湿和易燃货物，以及其他需要苫盖篷布运输的货物；装载加固材料或者装置，是指铁路运输中用于装载和加固货物，保证货物合理装载和在运输全过程中始终保持货物在车辆上的初始装载位置不发生变化的材料或者装置。常见的装载加固材料主要有镀锌铁线、钢丝绳、支柱、垫木、三角挡等；

常见的装载加固装置主要有货物转向架、车钩缓冲停止器、钢支架、钢座架等。运输包装是以运输储存为主要目的的包装,它具有保障产品安全、方便储运装卸的特点,铁路运输包装应能满足铁路货物运输安全条件的要求。货物装载加固是指根据货物自身特性和规格,将其科学合理地放置在适当的货车上(内);对运输过程中可能发生位置变化的货物,采用捆绑、衬垫、掩挡等措施加以约束,使其保持与货车的相对位置。

本条所涉及的这类产品及作业要求具有多样性,涉及生产厂家比较多,市场化程度也比较高,能够较好地运用市场机制,通过优胜劣汰来促使企业严格质量把关。政府没有必要再对这类产品设置行政许可,主要应通过制定技术标准和技术规范来进行管理。本条所称“国家标准、行业标准和技术规范”,主要包括上述设施设备生产和使用过程中应当遵循的国家、行业的技术标准。

运输包装、货物装载加固符合国家标准、行业标准和技术规范,是指在对运输货物进行包装或装载加固时,一定要按照国家标准、行业标准和技术规范的要求进行,符合安全标准,严守操作规程,避免因运输包装及货物装载加固作业不符合标准和要求,而使货物在运输过程中发生松动,从而导致货物的丢失或事故的发生。

第二十六条　铁路机车车辆以及其他铁路专用设备存在缺陷,即由于设计、制造、标识等原因导致同一批次、型号或者类别的铁路专用设备普遍存在不符合保障人身、财产安全的国家标准、行业标准的情形或者其他危及人身、财产安全的不合理危险的,应当立即停止生产、销售、进口、使用;设备制造者应当召回缺陷产品,采取措施消除缺陷。具体办法由国务院铁路行业监督管理部门制定。

【释义】　本条是关于铁路机车车辆和其他铁路专用设备实行缺陷产品召回制度的规定。

召回,是指产品的生产者、销售者依照法定程序,对其生产或者销售的缺陷产品以换货、退货、修理、更换零部件等方式,及时消除缺陷产品危害、使之符合相关标准的行为。召回制度,是基于风险管理理论,在传统的补偿性法律责任和惩罚性法律责任之外,确立的预防性法律责任,其始于美国汽车业。20 世纪中叶,汽车工业发展迅猛,汽车消费在美国逐渐普及,汽车安全事故及其人身伤亡日趋严重。在消费者组织等社会力量的推动下,美国国会于 1966 年通过了《国家交通及机动车安全法》,规定了产品召回制度。此后,食品、医疗等领域的产品召回制度相继建立,并扩展到其他国家。召回制度作为对传统法律责任体系的充实和深化,在保护消费者权益、保障社会公共秩序、维护公众生命健康安全等方面,发挥着重要作用。我国的产品召回制度建立较晚。2004 年 3 月,国家质检总局等四部门联合发布了《缺陷汽车产品召回管理规定》,从而揭开了在我国建立召回制度的序幕。其后,国家质检总局、国家药监局等部门发布的数个部门规章中,都有产品召回相关内容。以法律形式明确规定召回制度的当属 2009 年颁布的《食品安全法》,该法第五十三条第一款明确规定"国家建立食品召回制度"。2009 年 12 月,全国人大常委会通过的《侵权责任法》第四十六条亦明确提到产品召回制度,规定:"产品投入流通后发现存在缺陷的,生产者、销售者应当及时采取警示、召回等补救措施。未及时采取补救措施或者补救措施不力造成损害的,应当承担侵权责任。"

铁路机车车辆以及其他铁路专用设备的安全状态对铁路运营安全有重大影响。倘有缺陷,若不及时消除,将危及铁路安全,有可能造成恶劣后果。因此,本条例根据相关法律,规定对铁路机车车辆以及其他铁路专用设备的缺陷产品实行召回制度。主要包含以下三个方面的含义:

1. 对召回的适用,即如何界定"需召回的缺陷产品"。在实践中,缺陷产品产生的原因多种多样,有些是由于设计不当,有些是由于品质控制不够严格,有些是在运输过程中遭到损坏,等等。一般而言,只有共性缺陷方适用召回制度。按照本条的规定,"由于设计、制造、标识等原因导致同一批次、型号或者类别的铁路专用设备普遍存在不符合保障人身、财产安全的国家标准、行业标准的情形或者其他危及人身、财产安全的不合理危险的"铁路机车车辆及其他铁路专用设备,适用召回制度。其中,既强调了导致产品缺陷的原因(设计、制造、标识等),也强调了缺陷产品的范围(同一批次、型号或者类别的产品,存在普遍性的危险),还强调了缺陷产品可能导致的后果

(不符合保障安全的相关标准或者危及人身、财产安全)。

2. 对召回设备及其主体的要求。本条规定,铁路机车车辆以及其他铁路专用设备存在缺陷,符合召回条件的,应当立即停止生产、销售、进口、使用;设备制造商应当立即召回缺陷产品,同时采取相应措施消除缺陷。

3. 对召回具体办法作出的授权性规定。在铁路专用设备领域实行召回制度是一项创新,没有现成的规则。铁路专用设备种类繁多、特性各异,需要根据实际情况研究确定缺陷产品召回及消除缺陷的具体方式。因此,本条规定要求国务院铁路行业监督管理部门制定召回具体办法。

第四章

铁路线路安全

铁路线路作为铁路基础设施，是保障铁路安全和畅通最基本的前提条件。对铁路线路，有狭义和广义的两种解释。狭义的铁路线路是指铁路钢轨道床、路基、边坡，侧沟及其他排水设备、防护设备等。广义的铁路线路，既包括铁路钢轨道床、路基、边坡、侧沟及其他排水设备、防护设备等，也包括铁路桥梁、隧道、场站等。本章标题是指广义的“铁路线路”。

本章共二十九条，重点对铁路线路安全保护区的范围、划定程序及其保护，铁路建筑限界的保护，铁路线路两侧建造、设立危险场所，铁路线路两侧从事危险作业，高速铁路线路两侧禁采或限采地下水，电气化铁路附近从事排放粉尘、烟尘的生产活动，铁路桥梁（含道路、铁路两用桥）、隧道的安全保护，影响线路安全的施工行为的限制，铁路信号和通信线路、杆塔的安全防护，设置或者拓宽铁路道口和铁路人行过道的规定、通行规则、安全防护设施和警示标志设立等的条件和规定，为保护铁路线路安全而明令禁止的行为，铁路运输企业保护铁路线路安全的义务等相关内容做了规定。

第二十七条　铁路线路两侧应当设立铁路线路安全保护区。铁路线路安全保护区的范围，从铁路线路路堤坡脚、路堑坡顶或者铁路桥梁（含铁路、道路两用桥，下同）外侧起向外的距离分别为：

（一）城市市区高速铁路为 10 米，其他铁路为 8 米；

（二）城市郊区居民居住区高速铁路为 12 米，其他铁路为

10米；

（三）村镇居民居住区高速铁路为15米，其他铁路为12米；

（四）其他地区高速铁路为20米，其他铁路为15米。

前款规定距离不能满足铁路运输安全保护需要的，由铁路建设单位或者铁路运输企业提出方案，铁路监督管理机构或者县级以上地方人民政府依照本条第三款规定程序划定。

在铁路用地范围内划定铁路线路安全保护区的，由铁路监督管理机构组织铁路建设单位或者铁路运输企业划定并公告。在铁路用地范围外划定铁路线路安全保护区的，由县级以上地方人民政府根据保障铁路运输安全和节约用地的原则，组织有关铁路监督管理机构、县级以上地方人民政府国土资源等部门划定并公告。

铁路线路安全保护区与公路建筑控制区、河道管理范围、水利工程管理和保护范围、航道保护范围或者石油、电力以及其他重要设施保护区重叠的，由县级以上地方人民政府组织有关部门依照法律、行政法规的规定协商划定并公告。

新建、改建铁路的铁路线路安全保护区范围，应当自铁路建设工程初步设计批准之日起30日内，由县级以上地方人民政府依照本条例的规定划定并公告。铁路建设单位或者铁路运输企业应当根据工程竣工资料进行勘界，绘制铁路线路安全保护区平面图，并根据平面图设立标桩。

【释义】 本条是关于铁路线路安全保护区范围、保护区划定原则及程序的规定。

原《铁路运输安全保护条例》本着维护铁路运输安全和节约用地，方便沿线群众生产生活的原则，参照我国相关行业的做法和经验，设定了铁路线路安全保护区，对保障铁路安全畅通，保护铁路沿线社会公众生命和财产安全，发挥了重要作用。近十年来，随着高速铁路的快速发展，对铁路沿线安全环境提出了更高要求,原条例设定的铁路线路安全保护区范围及相关管理制度已不能很好适应新形势发展需要。为此,修订后的《铁路安全管理条例》,对铁路线路安全保护区的相关制度作了进一步的调整完善。

本条共五款。第一款是关于铁路线路安全保护区的范围规定。

与原《铁路运输安全保护条例》相比,修订后的本条在原有基础上,主要是新增加了高速铁路安全保护区的规定。高速铁路速度快、对安全环境要求高,对周边人群的生产生活保障条件也相对较高。同等条件下,对普通铁路的安全保护距离,不能很好适应高速铁路的要求。为此,本条适当扩大了高速铁路的安全保护区范围:(一)城市市区高速铁路为10米,其他铁路为8米;(二)城市郊区居民居住区高速铁路为12米,其他铁路为10米;(三)村镇居民居住区高速铁路为15米,其他铁路为12米;(四)其他地区高速铁路不少于20米,其他铁路为15米。

上述安全保护区的起算基点,是从铁路线路路堤坡脚、路堑坡顶或者铁路桥梁(含道路、铁路两用桥)外侧起向外,两侧分别的距离。其中,路堤坡脚是指路基边坡与地面相接的部分。路堑坡顶是指路堑坡坡面与地面相接的部分。

需要指出的是,铁路线路安全保护区的概念不同于铁路用地的概念。铁路用地的取得有两种方式,一种是依据《土地管理法》,通过划拨方式取得的铁路建设用地;另一种是以出让等有偿使用方式取得的铁路用地,这两种方式取得的土地通称为铁路用地,均具有产权属性。铁路线路安全保护区不涉及土地权属问题,只是为了保障铁路运输安全而设定的一个特定区域。在此区域内,禁止从事危及铁路运输安全的行为,但并不改变用地的权属关系。

在实际划界时,线路安全保护区的边界与铁路用地的边界可能出现不一致的情况。铁路用地边界可能大于安全保护区边界,也可能等于或小于铁路线路安全保护区边界。铁路用地边界大于铁路线路安全保护区边界的,铁路线路安全保护区在铁路用地地界之内;反之,铁路线路安全保护区可能超出铁路用地地界。但无论是在铁路用地地界内还是地界外,本条所列禁止性规定都同样适用。这样,对土地使用权人所享有的土地使用权就有一定的限制。这是为了确保铁路运输安全和旅客、社会公众安全所必需付出的代价，也是作为相关土地使用权人对社会安全应尽的义务。

本条第二款是在第一款规定不能满足铁路运输安全保护需要的情况下，扩大铁路线路安全保护区范围的程序规定。第一款准确限定了安全保护区的范围，但在特殊路段、特殊情况下，规定的距离不能满足铁路运输安全保护的需要，要适当扩大安全保护区的范围。条例规定，此时需由铁路建设单位或者铁路运输企业先提出方案，再由铁路监督管理机构或者县级以上地方人民政府依照本条第三款程序划定。

本条第三款、第四款规定了铁路线路安全保护区的划定权限。

鉴于铁路线路安全保护区在实际划定时可能遇到的各种复杂情况，本条对不同情况下的划定程序和权限作出了具体规定。

一是，在铁路用地能满足铁路线路安全保护要求的情况下，由铁路监督管理机构组织铁路建设单位或者铁路运输企业划定并公告。这样规定是因为在铁路征地时，地方政府已对铁路用地进行了审批，对铁路建设用地及安全保护的需要已经审核同意。所以，在地方政府已经批准的铁路用地范围内设立铁路线路安全保护区，可以不再由地方人民政府进行审批，提高工作效率。

二是，在铁路用地范围外划定线路安全保护区的，由县级以上地方人民政府组织有关铁路监督管理机构、县级以上地方人民政府国土资源等部门划定并公告，即划定主体为县级以上地方人民政府，包括省、市（设区的市）、县三级地方人民政府。县级以上地方人民政府划定后，还应当依法履行公告义务，以保障公民的知情权。在铁路线路安全保护区内，本条例规定了相关管理制度，明令禁止一系列可能危害铁路线路和运输安全的行为。县级以上地方人民政府只有及时履行公告义务，使人民群众知悉铁路线路安全保护区的范围，才能保障安全保护区内相关制度和禁止性规定的切实执行。

三是，在铁路线路安全保护区的范围可能与公路建筑控制区、河道管理范围、水利工程管理和保护范围、航道保护范围或者石油、电力以及其他重要设施保护区重叠的情况下，本条规定由县级以上地方人民政府组织有关部门划定并公告，同时要求依照法律、行政法规的规定进行协商。这里的有关部门，包括但不限于铁路监督管理机构、交通运输部门、河道管理部门、水利管理部门、航道管理部门、石油电力以及其他相关企业等。有关部门依照法律、行政法规的规定进行协商、达成一致意见后，最终划定并公告的主体仍为县级以上地方人民政府。

本条还规定，县级以上地方人民政府组织划定铁路线路安全保护区，应当遵循“保障铁路运输安全和节约用地”的原则。因为，铁路线路安全保护区的划定，毕竟限制了一部分土地权属人的土地使用权限，是为了保护铁路线路和运输安全而不得不采取的手段。如果无限制地加大安全保护区的范围，会影响铁路沿线土地使用人的权益。也就是说，在划定工作中，既要满足保障铁路运输安全的需要，也要符合节约用地的原则，正确处理保障运输安全与节约用地的矛盾。

本条第五款是对线路安全保护区划定程序的规定。新建、改建铁路的线路安全保护区的范围，应当自铁路建设工程初步设计批准之日起 30 日内，由县级以上地方人民政府组织划定并公告，这里的划定范围是指铁路用地范围外。

铁路建设单位或者铁路运输企业在地方人民政府划定并公告后，应当根据工程竣工资料进行勘界，绘制铁路线路安全保护区平面图并据此设立标桩。这一款的规定是对原铁路线路安全保护区制度的重要补充完善，进一步明确了安全保护区划定的时点、时限，明确了地方政府、铁路建设单位、铁路运输企业各自的责任，对于落实安全保护区制度，具有重要意义。

此外，根据《立法法》第八十四条，法律、行政法规、地方性法规、自治条例和单行条例、规章不涉及既往的规定，本条例实施前按原《条例》划定的铁路安全保护区范围，应维持原有的划定范围，可不再重新划定，新划定安全保护区才按照新《条例》执行。

第二十八条　设计开行时速 120 公里以上列车的铁路应当实行全封闭管理。铁路建设单位或者铁路运输企业应当按照国务院铁路行业监督管理部门的规定在铁路用地范围内设置封闭设施和警示标志。

【释义】　本条是对设计开行时速 120 公里以上列车的铁路实行全封闭管理、保障广大人民群众人身安全的规定。

在铁路既有线提速之前,行人穿越铁路造成的人身伤亡事故较少,主要是因为列车速度较低(一般均低于时速 100 公里),多数情况下行人发现来车紧急撤离铁道,具有一定的可能性。随着列车运行速度的提高,情况发生了很大变化,行人穿越铁路,发现来车往往来不及撤离铁道,发生伤亡事故的概率大大增加。为保障广大人民群众人身安全,条例总结实践经验,新增加了"设计开行时速 120 公里以上列车的铁路应当实行全封闭管理"的规定,并对铁路建设单位、铁路运输企业提出了管理要求。

贯彻落实本条规定还应当注意以下事项:新线设计要按照本条要求将时速 120 公里以上铁路的全封闭设施纳入设计范围;铁路建设单位、铁路运输企业要对其封闭设施进行全面验收,确保达标,并按照国务院铁路行业监督管理部门的规定,在铁路用地范围内设置封闭设施和警示标志;铁路运输企业要保持封闭设施的状态完好,及时修补漏洞,保持标志齐全。

第二十九条　禁止在铁路线路安全保护区内烧荒、放养牲畜、种植影响铁路线路安全和行车瞭望的树木等植物。

禁止向铁路线路安全保护区排污、倾倒垃圾以及其他危害铁路安全的物质。

【释义】　本条是对在铁路线路安全保护区内从事生产活动及污染物排放行为的限制性规定。

本条第一款是对在铁路线路安全保护区内从事生产或与生产相关活动的限制性规定,主要包括以下三类行为:

1. 禁止在铁路线路安全保护区内烧荒。这首先是因为线路两侧烧荒容易引发火灾,直接威胁铁路行车安全;其次,烧荒产生的高温容易破坏埋设在线路两侧或者在线路上空的铁路通信、信号线路的保护设备,直接导致线路短路,影响铁路调度指挥系统;再次,烧荒引起的烟雾还会直接影响机车驾驶人员瞭望。

2. 禁止在铁路线路安全保护区内放养牲畜。由于列车运行速度较快,制动距离和制动时间都比较长;一旦发现紧急情况,列车在短时间、短距离内不可能停车。目前,因铁路沿线居民放养的牲畜窜上线路,发生相撞的行车事故屡见不鲜，轻则使人民群众的财产受损，重则可能导致列车颠覆的重、特大事故发生。因此，规定禁止在铁路线路安全保护区内放养牲畜，是为了防止牲畜窜上线路，危及行车安全所必须采取的措施。

3. 禁止种植影响铁路线路安全和行车瞭望的树木等植物。铁路线路两侧的防护林木和护坡草坪是为了保证线路的稳定，防止雨水冲刷和风沙等灾害而特意栽培的。铁路线路曲线和道口是铁路行车的重要区段。为了保证行车安全，必须保证司机能清楚地看到曲线及道口前方一定距离内的物体。如果树木过于高大而影响司机瞭望，则可能造成行车事故。原《铁路运输安全保护条例》中，对在铁路线路安全保护区内修建建筑物和种植树木作了严格的规定，不仅限于在铁路曲线和道口附近，而且对安全保护区内影响铁路线路安全和行车瞭望的树木及其他植物的种植行为都予以禁止，加大了对铁路行车安全的保护力度。经实践检验，该款规定切实有效地解决了树木等植物影响铁路线路安全和行车瞭望的问题。

本条第二款是对向铁路线路安全保护区排污、倾倒垃圾及其他危害铁路安全的物质的禁止性规定。

向保护区内排污、倾倒垃圾以及其他危害铁路安全的物质，不仅破坏铁路沿线的环境卫生，而且容易腐蚀铁路线路、信号通信设施，造成路基病害等，成为干扰铁路行车的因素之一，因此有必要对这些行为予以禁止。这里所称"排污"，既包括固体废弃物，也包括液体废弃物；所称"倾倒垃圾及其他危害铁路安全的物质"，既包括铁路沿线生产、生活产生的垃圾及其他危害铁路安全的物质，也包括从列车上向外倾倒垃圾。

本条所列的各项禁止性规定，不包括必要的铁路施工、作业、抢险活动。

第三十条　在铁路线路安全保护区内建造建筑物、构筑物等设施，取土、挖砂、挖沟、采空作业以及堆放、悬挂物品，应当征得铁路运输企业同意并签订安全协议，遵守保证铁路安全的国家标准、行业标准和施工安全规范，采取措施防止影响铁路运输安全。铁路运输企业应当派员对施工现场实行安全监督。

【释义】　本条是规范在铁路线路安全保护区内进行相关生产活动的规

定，主要包括以下两层含义。

1. 明确了在铁路线路安全保护区内进行哪些生产活动需要规范。本条例明确了如下四类：

一是，在铁路线路安全保护区内建造建筑物、构筑物。建筑物、构筑物的建造过程本身即会对行车产生一定的干扰，影响运输安全与通畅；打桩或深挖地基等必要程序难免对路基产生影响；建筑物、构筑物的突出部分可能会造成行车障碍；高大的建筑物、构筑物还容易遮挡机车驾驶人员视线，不利于行车瞭望。

二是，在铁路线路安全保护区内取土、挖砂、挖沟。这主要是为了保护铁路路基。安全行车，必须有稳固的路基；尤其是高速铁路的发展，对路基安全提出了更高的要求。一旦路基遭到破坏，轻者导致中断行车，重者导致车毁人亡。一些单位和个人受经济利益的驱动或为生产、生活的方便，随意在铁路线路两侧取土、挖砂、挖沟，直接影响铁路路基的稳固，给铁路运输带来了巨大的安全隐患。

三是，在铁路线路安全保护区内实施采空作业。采空作业有可能直接干扰行车，影响运输安全；采空作业也存在使路基遭到破坏塌陷的隐患，若不加规范肆意实施，对行车安全危害极大。

四是，在铁路线路安全保护区内堆放、悬挂物品。如在铁路线路两侧堆放粮食、稻草、砂石等物品，直接形成列车运行的障碍；在铁路线路两侧晾晒衣物或悬挂其他物品，特别是彩色的物品，容易导致机车驾驶人员信号判断的错误或者影响瞭望，存在危及铁路行车安全的隐患。

2. 在铁路线路安全保护区确需从事上述生产活动，应当如何进行。根据条例的规定，至少需要满足以下四项条件，一是必须经铁路运输企业同意；二是施工前应当与铁路运输企业签订安全协议；三是遵守保证铁路安全的国家标准、行业标准和施工安全规范；四是采取措施防止影响铁路运输安全。之所以在这里强调必须经铁路运输企业同意，主要是为了落实铁路运输企业的安全生产主体责任。正因为如此，本条最后还规定了铁路运输企业有派员对施工现场实行安全监督的权利和义务。

第三十一条　铁路线路安全保护区内既有的建筑物、构筑

物危及铁路运输安全的，应当采取必要的安全防护措施；采取安全防护措施后仍不能保证安全的，依照有关法律的规定拆除。

拆除铁路线路安全保护区内的建筑物、构筑物，清理铁路线路安全保护区内的植物，或者对他人在铁路线路安全保护区内已依法取得的采矿权等合法权利予以限制，给他人造成损失的，应当依法给予补偿或者采取必要的补救措施。但是，拆除非法建设的建筑物、构筑物的除外。

【释义】 本条是关于安全保护区内既有建筑物、构筑物、植物，以及他人合法先占权利的处置规定，共两款。

由于历史的原因，铁路线路两侧存在着一定数量的合法或者非法的建筑物、构筑物，有些处于安全保护区的范围内。安全保护区内已有的建筑物、构筑物或多或少会影响铁路运输安全，但考虑到现实情况和执行成本问题，本条例对铁路线路安全保护区内已有的建筑物、构筑物处置，视不同情况作了不同的规定。

第一款是关于处置原则的规定，包含了两层涵义：一是，对既有建筑物、构筑物的处置以是否危及铁路运输安全为前提。危及铁路运输安全的，应采取必要的安全防护措施。此处采取安全防护措施的主体为建筑物、构筑物的所有权人；所有权人不明的，为实际控制人。采取安全防护措施，可以是所有权人或者实际控制人自觉的行为，也可以是铁路监管部门或者地方人民政府敦促的结果。二是，对采取安全防护措施后仍不能满足安全要求的，依照有关法律的规定拆除。此处"依照有关法律的规定拆除"是行政强制执行。《行政强制法》第二条规定："本法所称行政强制，包括行政强制措施和行政强制执行。……行政强制执行，是指行政机关或者行政机关申请人民法院，对不履行行政决定的公民、法人或者其他组织，依法强制履行义务的行为"。就具体的拆除行为来看，又根据拆除对象的差异而具有不同的法条授权及执行程序。若拆除的是违法的建筑物、构筑物，法律依据为《行政强制法》第四十四条："对违法的建筑物、构筑物、设施等需要强制拆除的，应当由行政机关予以公告，限期当事人自行拆除。当事人在法定期限内不申请行政复议或者提起行政诉讼，又不拆除的，行政机关可以依法强制拆除”。若拆除的对象为合法的建筑物、构筑物，法律依据为《行政强制法》第五十条：“行政机关依法作出要求当事人履行排除妨碍、恢复原状等义务的行政决定，当事人逾期不履行，经催告仍不履行，其后果已经或者将危害交通安全、造成环境污染或者破坏自然资源的，行政机关可以代履行，或者委托没有利害关系的第三人代履行”。铁路线路安全保护区内的合法建筑物、构筑物，可能危及铁路运输安全的，铁路监管部门或者地方人民政府应当依法履行行政管理职责，要求当事人排除妨碍，即责令当事人拆除妨碍铁路运输安全的建筑物、构筑物；当事人若拒绝履行上述行政决定，则进入代履行程序。铁路监管部门或者地方人民政府应当依照有关法律的规定拆除。

第二款是关于拆除、清理及合理限制的补偿规定。条例对于拆除铁路线路安全保护区内的建筑物、构筑物，清理铁路线路安全保护区内的植物，或者对他人在铁路线路安全保护区内已依法取得的采矿权等合法权利进行限制的行为，规定“采取必要的补救措施”或者“依法给予补偿”。这里所说的补救，主要是采取措施对相关利益主体所受损失的弥补或挽救，如对铁路线路安全保护区内的植物清理后移植培育；对简易建筑物、构筑物拆除后异地复原。这里所说的补偿，主要是对相关利益主体所受损失的货币化或其他形式的弥补。为保障铁路运输安全而拆除沿线既有的合法建筑物、构筑物，会对所有者或使用者的利益造成一定损害，因此本条明确规定了补偿原则。需要指出的是，在铁路线路安全保护区内拆除非法建筑物、构筑物，其所有者违法在先，本身不受法律保护，不应给予补偿。对此，本条也做了排除性规定。

第三十二条　在铁路线路安全保护区及其邻近区域建造或者设置的建筑物、构筑物、设备等，不得进入国家规定的铁路建筑限界。

【释义】　本条是关于禁止进入铁路建筑限界的规定。

铁路建筑限界，是指一个和铁路线路中心线垂直的极限横断面轮廓。在此轮廓内，除机车车辆和与机车车辆有直接相互作用的设备（车辆减速器、路签授受器、接触电线及其他）外，其他设备或建筑物、构筑物均不得侵入。铁路建筑限界是根据机车车辆运动的最大轮廓尺寸并考虑一定的安全裕量而制定的，标准是固定的，限界尺寸一经规定不得随意缩小，缩小限界或者其他物体进入限界都可能危及列车运行安全，导致行车事故的发生。侵入限界的情况主要有隧道下塌侵限、隧道内安装其他设施设备侵限、信号机移位侵限、线路增高侵限、线路基础改造施工侵限、施工桥台侵限、站台侵限、铁路电气化改造施工侵限、架设跨线天桥和电线杆侵限、线路拨道及抬道侵限、线路上安装设备侵限、机动车道口侵限和其他设施设备侵限等，这些进入限界的行为，有的是铁路企业自身行为导致，有的是非铁路企业建设施工侵入，不管是谁，都不能侵入或随意缩小铁路建筑限界。

本条对进入国家规定的铁路建筑限界的行为作出了明确的禁止性规定，并且以列举的形式指出了铁路线路及其邻近的建筑物、构筑物、设备禁止进入。对铁路建筑限界的管理，是铁路运输安全管理的重要组成部分。过去曾因进入建筑限界发生过行车事故，对这种直接危害铁路运输安全的行为，必须予以坚决制止，否则将有可能造成车毁人亡的行车事故。

需要指出的是，虽未明文规定，但对于与机车车辆有直接互相作用的设备，如车辆减速器、路签授受器、接触电线以及其他保障铁路正常运行的设施设备，应当排除在本条规定之外。这类设备主要包括正在作业的机车车辆的辅助设施设备等，其与铁路建筑限界是密不可分的。

为保证铁路运输安全，铁路运输企业和铁路监管部门应当明确限界管理职责，强化限界管理责任，加强铁路建筑限界的日常管理工作。铁路建筑限界的具体管理要求应当依照国务院铁路行业监督管理部门的相关规定执行。

第三十三条　在铁路线路两侧建造、设立生产、加工、储存或者销售易燃、易爆或者放射性物品等危险物品的场所、仓库，应当符合国家标准、行业标准规定的安全防护距离。

【释义】　本条是关于在铁路线路两侧建造、设立危险物品作业场所的规定。

危险物品，是指易燃易爆物品、危险化学品、放射性物品等能够危及人身安全和财产安全的物品；危险化学品，是指具有毒害、腐蚀、爆炸、燃烧、助燃等性质，对人体、设施、环境具有危害的剧毒化学品和其他化学品。危险物品是国民经济生产活动中不可或缺的重要物资,但若管控不当,会对人民群众的生命财产安全及生态环境造成严重的损害。《安全生产法》对危险物品的生产、经营及储存等方面作了原则性的规定。国务院还专门制定了《危险化学品安全管理条例》,针对危险化学品的生产、储存、使用、经营、运输等环节存在的安全问题,制定了完善、严格的管理制度。

铁路线路通畅是铁路运营的基本要求,铁路线路安全是铁路运输安全的基本保障。在铁路线路两侧,还分布着各类铁路设施及铁路车站,这些铁路设施和车站的周围往往是人群密集或货物集中的地方。如果易燃、易爆物品或放射性物品等危险物品距离铁路线路、铁路设施或铁路车站过近,一旦发生事故,将会造成旅客和社会公众重大伤亡,后果不堪设想。原《铁路运输安全保护条例》根据铁路运输的实际情况,曾规定易燃、易爆或者放射性物品等危险物品的作业场所设立禁止区为"铁路线路两侧距路堤坡脚、路堑坡顶、铁路桥梁外侧200米范围内,或者铁路车站及周围200米范围内,及铁路隧道上方中心线两侧各200米范围内"。但在执行过程中,由于涉及其他行业的相关标准,难以都按200米范围执行。这次修订对本条款进行了调整,不再设定200米的绝对禁止范围,而是规定危险物品的作业场所"应当符合国家标准规定的安全防护距离要求"。

本条主要包含三个层面的含义:

1. 规定了适用区域,即铁路线路两侧,包括铁路正线、到发线、货物线、调车线、存车线等各类线路。

2. 规定了适用的行为,包括建造、设立生产、加工、储存或者销售易燃、易爆或放射性物品等危险物品的场所、仓库等行为。

3. 规定了适用标准,即相关的国家标准、行业标准。国家标准、行业标准对于危险物品作业场所和铁路安全防护距离的规定,有些高于原条例规定的标准,有些低于原条例规定的标准;有些执行动态标准,即根据危险物品作业场所的规模,规定相应的基数和防护等级系数,经测算得出最终的安全防护距离。相关国家标准、行业标准是按照严格的制定程序,经科学研究论证所得出的成果,是对长期生产经验的总结。按照国家标准、行业标准确定危险物品作业场所与铁路线路的安全防护距离,不仅能够满足安全需要,还具有较强的针对性和可操作性。

第三十四条　在铁路线路两侧从事采矿、采石或者爆破作业，应当遵守有关采矿和民用爆破的法律法规，符合国家标准、行业标准和铁路安全保护要求。

在铁路线路路堤坡脚、路堑坡顶、铁路桥梁外侧起向外各1000米范围内，以及在铁路隧道上方中心线两侧各1000米范围内，确需从事露天采矿、采石或者爆破作业的，应当与铁路运输企业协商一致，依照有关法律法规的规定报县级以上地方人民政府有关部门批准，采取安全防护措施后方可进行。

【释义】　本条是关于在铁路线路两侧从事采矿、采石及爆破作业的原则性规定。

长期以来，部分单位和个人在采矿、采石及爆破作业中，不考虑施工范围、施工时间、开采程度以及爆破的强度，随意开采，任意爆破，对铁路设施设备造成了巨大损害，严重威胁铁路线路安全和行车安全，因采矿、采石及爆破作业导致的铁路交通事故时有发生。针对上述现象，原《铁路运输安全保护条例》作出了铁路线路两侧1000米范围内禁止采矿、采石及爆破的规定，成效显著。然而，在实践中，随着采矿、采石以及爆破作业技术水平的不断提高，这种"一刀切"的管理方式显得过于简单。此次修订对原来的禁止条款进行了调整。

本条第一款是对于在铁路线路两侧从事采矿、采石或者爆破作业的基本要求。主要包含两方面的含义。一是规定了适用的区域，即铁路线路两侧。二是在上述范围内从事采矿、采石或者爆破作业的，应当满足以下三项条件：遵守有关采矿和民用爆破的法律法规，符合国家标准、行业标准，符合铁路安全保护要求。有关采矿和民用爆破的法律法规，主要规定了作业原则、作业程序、作业人员资质要求等内容，是采矿、采石和爆破作业应当遵循的基本准则，是安全作业的根本保障，如2006年国务院颁布施行的《民用爆炸物品安全管理条例》。有关国家标准和行业标准，主要是指在采矿、采石及爆破作业领域，由国家标准化主管部门或行业主管部门批准发布的、在全国范围内统一的标准，国家标准和行业标准主要是对相关作业技术上的指导和要求，如《爆破安全规程》（GB 6722—2003）。铁路安全保护要求，主要是指由国务院铁路行业监督管理部门发布的技术标准和操作规程，以及铁路运输企业制定的企业内部标准、规范等。

本条第二款是关于在铁路线路路堤坡脚、路堑坡顶、铁路桥梁外侧起向外各1000米范围内，以及在铁路隧道上方中心线两侧各1000米范围内，确需从事露天采矿、采石或者爆破作业的例外规定。该款主要包括以下三层含义：

一是，在铁路线路路堤坡脚、路堑坡顶、铁路桥梁外侧起向外各1000米范围内，以及在铁路隧道上方中心线两侧各1000米范围内，从事露天采矿、采石或者爆破作业的，不得擅自进行。本次修订取消了1000米范围内严格禁止从事上述作业的规定，并不意味着放松对这些行为的规范和管理。事实上，在铁路两侧实施露天采矿、采石或者爆破作业，对铁路安全的有害效应主要与爆破规模、爆破方式、地形地质条件、控制和防护措施等因素密切相关，仅从爆破方式来看，就可以分为洞室爆破、大规模深孔爆破、一般深孔爆破、一般浅孔爆破、控制爆破、地下开挖爆破等等，不同爆破方式的影响距离差别非常大。如果对爆破作业完全放任，一旦在铁路线路附近实施大规模、高烈度的爆破作业，其安全影响区很容易达到1000米半径范围。此外，地形地质条件、控制防护措施也直接关系到爆破作业的影响区域。因此从确保铁路安全运营的要求出发，对1000米范围内的露天采矿、采石或者爆破作业，需要进行管理。

二是，在本款规定的范围内从事露天采矿、采石或者爆破作业，必须事出有因，确实需要，如修建道路、水利设施等公共工程。如果并无必须的事由，则不应当从事上述作业活动。

三是，确需从事露天采矿、采石或者爆破作业的，应当与铁路运输企业协商一致，并依照有关法律法规的规定报县级以上地方人民政府有关部门批准，采取安全防护措施后方可进行。之所以规定与铁路运输企业协商一致，主要是为了强化铁路运输企业的安全主体责任。因为在铁路线附近进行露天采矿、采石或者爆破作业的，不仅直接影响铁路线路安全和行车安全，也有可能影响铁路通信信号或电气化铁路接触网的运用质量，如果不与铁路运输企业协商并达成一致，共同采取安全防护措施，就可能干扰正常的运输调度指挥，甚至可能导致行车中断、列车倾覆等重大事故。例如，爆破施工或处理危石有碍接触网安全时，应由供电部门配合并进行停电作业；电气化区段严禁使用电雷管起爆，有瓦斯的地区也不能使用普通雷管起爆。诸如上述施工中所面临的种种情况，只有铁路运输企业最了解，也只有铁路运输企业才能配合采取必要的安全防护措施，确保安全。之所以规定依照其他法律法规的规定报县级以上地方人民政府有关部门批准，主要是为了落实政府相关部门的安全监管责任。这里的有关法律法规，包括《安全生产法》、《矿山安全法》、《矿山安全法实施条例》、《乡镇煤矿管理条例》等与露天采矿、采石或者爆破作业密切相关的规定；这里的有关部门，主要是指国土资源管理部门和安全生产监督管理部门。

第三十五条　高速铁路线路路堤坡脚、路堑坡顶或者铁路桥梁外侧起向外各200米范围内禁止抽取地下水。

在前款规定范围外，高速铁路线路经过的区域属于地面沉降区域，抽取地下水危及高速铁路安全的，应当设置地下水禁止开采区或者限制开采区，具体范围由铁路监督管理机构会同县级以上地方人民政府水行政主管部门提出方案，报省、自治区、直辖市人民政府批准并公告。

【释义】　本条设定了高速铁路线路两侧禁采或限采地下水的制度。

高速铁路对路基稳定性要求极高，若不设定禁、限采水制度，在高速铁路路基附近随意采水，造成地下空洞区，将严重威胁高速铁路安全。有鉴于此，此次修订确定了高速铁路线路两侧禁采或限采地下水的制度。

本条第一款是关于高速铁路线路两侧200米范围内禁止开采地下水的规定，主要包含两项内容：一是规定了禁止范围，即高速铁路路堤坡脚、路堑坡顶或者铁路桥梁外侧起向外各200米的范围内；二是规定了禁止行为，即在上述范围内，任何单位和个人无论出于何种情况，均不得抽取地下水。根据本款，高速铁路线路路堤坡脚、路堑坡顶或者铁路桥梁外侧起向外200米范围内均为地下水禁采区。

本条第二款是关于在高速铁路线路两侧200米范围外设置地下水禁采区或者限采区的规定。由于高速铁路线路经过的地区范围较广，地质条件差异较大,仅禁止线路两侧200米范围内的采水行为不足以保证高速铁路线路安全,有必要对第一款规定范围外的区域加以管理。本款就禁采区和限采区的划定明确了以下两项前提条件:

一是高速铁路线路所在地应当属于地面沉降区域。地面沉降,又称为地面下沉或地陷,它主要是在人类工程经济活动的影响下,由于地下松散地层固结压缩,导致地壳表面标高降低的一种局部的下降运动。《国务院关于加强地质灾害防治工作的决定》(国发〔2011〕20号)中指出:“建立健全地面沉降、塌陷及地裂缝防控机制。建立相关部门、地方政府地面沉降防控共同责任制,完善重点地区地面沉降监测网络,实行地面沉降与地下水开采联防联控,重点加强对长江三角洲、华北地区和汾渭地区地下水开采管理,合理实施地下水禁采、限采措施和人工回灌等工程,建立地面沉降防治示范区,遏制地面沉降、地裂缝进一步加剧。在深入调查的基础上,划定地面塌陷易发区、危险区,强化防护措施。制定地下工程活动和地下空间管理办法,严格审批程序,防止矿产开采、地下水抽采和其他地下工程建设以及地下空间使用不当等引发地面沉降、塌陷及地裂缝等灾害”。可见,应对地面沉降问题是地质灾害防治工作的重点内容之一。正因为地面沉降危害较大,当高速铁路线路所在地属于地面沉降区域时,应在线路两侧200米范围外划定禁采区或者限采区。

二是抽取地下水会危及高速铁路安全。这里既包括抽取地下水已经危及高速铁路安全的情况,也包括经相关程序、科学论证后,铁路监督管理机构、铁路运输企业或者地方人民政府有关部门确定在该区域内采水会产生危害隐患的情况。满足前两项条件的,应当设置地下水禁止开采或者限制开采区,这是对有关部门保护高速铁路线路安全的义务性规定,而非任意性规定。禁采区或者限采区的具体范围由铁路监督管理机构会同县级以上地方人民政府水行政主管部门提出方案,最终的划定主体是省、自治区、直辖市人民政府。省级人民政府应当依照相关法律法规,根据高速铁路线路所在地的实际情况,组织研究论证,确保禁采区和限采区的划定确有必要;在划定后,还应当依法履行公告义务,保障公民的知情权。

第三十六条　在电气化铁路附近从事排放粉尘、烟尘及腐

蚀性气体的生产活动，超过国家规定的排放标准，危及铁路运输安全的，由县级以上地方人民政府有关部门依法责令其整改，消除安全隐患。

【释义】 本条是对在电气化铁路附近，超标排放粉尘、烟尘及腐蚀性气体，危及铁路运输安全的行为的规定。

电气化铁路，是指由电力牵引供电系统提供源动力，供电力机车或者动车组这两种铁路列车运行的铁路。电气化铁路接触网是其动力传导系统，对环境质量、特别是大气质量有一定的要求。由于电气化铁路分布的范围极广，其所处部分地区工业形态比较落后，生产活动中存在着超过国家标准排放粉尘、烟尘及腐蚀性气体（如氨、环氧乙烷、硫化氢等）的情况，对电气化铁路接触网的正常运作产生了一定的干扰，危及铁路运输安全。

本条针对上述情况，作出了相关处理规定，并规定了以下三个方面的前提条件。

一是将管理的对象界定为在电气化铁路附近从事排放粉尘、烟尘及腐蚀性气体的生产活动。例如，工业企业的排放行为，农民焚烧秸秆的行为，都属于生产活动。这里的“附近”没有具体的距离标准，因为大气污染有其特殊性，在不同的气候条件下，污染范围差异很大。限定严格的距离标准容易产生管理上的真空地带，不利于对电气化铁路线路的保护。

二是排放粉尘、烟尘及腐蚀性气体的行为超过了国家规定的标准。国家相关部门制定的排放标准，是经过科学论证、广泛调研的，在制定的过程中，就征求了各方面意见、考虑到对周边各类设施设备的影响。因此，只要符合国家规定的排放标准，一般不会对电气化铁路产生较大的影响。此处“国家规定的标准”既包括国家标准，也包括行业标准和政府部门制定的相关文件。

三是超标排放行为确实危及了铁路运输安全，即通过对大气质量的影响，干扰了电气化铁路网接触网的正常运用，影响了动力传输，必须进行纠正，消除安全隐患。如果电气化铁路线路附近的超标排放行为并没有危及铁路运输安全的，则应当由地方人民政府及其职能部门依法履职查办，不适用本条例。

对符合上述三项条件的，本条例规定，由县级以上地方人民政府有关部门依法责令其整改，消除安全隐患。这里的“有关部门”，主要是指县级以上地方人民政府的环境保护行政主管部门。这里的“依法”，主要是依照环境保护方面相关的法律法规。如《大气污染防治法》第十三条规定：“向大气排放污染物的，其污染物排放浓度不得超过国家和地方规定的排放标准。”第四十八条规定：“违反本法规定，向大气排放污染物超过国家和地方规定排放标准的，应当限期治理，并由所在地县级以上地方人民政府环境保护行政主管部门处一万元以上十万元以下罚款。限期治理的决定权限和违反限期治理要求的行政处罚由国务院规定。”本条例在规定由县级以上地方人民政府有关部门依法“责令其整改”的基础上，考虑到铁路运输长期性、持续性、稳定性的特点，还提出了“消除安全隐患”的要求。这里的“消除安全隐患”既包括消除已经发生的危害铁路运输安全的排放行为，也包括消除将来有可能危及铁路运输的设备隐患、制度隐患、管理隐患等。只有这样，才能从根本上杜绝超标排放粉尘、烟尘及腐蚀性气体的生产活动对铁路运输安全的危害。

第三十七条　任何单位和个人不得擅自在铁路桥梁跨越处河道上下游各1000米范围内围垦造田、拦河筑坝、架设浮桥或者修建其他影响铁路桥梁安全的设施。

因特殊原因确需在前款规定的范围内进行围垦造田、拦河筑坝、架设浮桥等活动的，应当进行安全论证，负责审批的机关在批准前应当征求有关铁路运输企业的意见。

【释义】　本条是关于禁止危害铁路桥梁安全行为的规定，共分两款。

铁路桥梁是铁路线路的重要组成部分，重要的桥梁是铁路运输的咽喉要道，对保证铁路大动脉的畅通有着极为重要的意义。在铁路桥梁跨越处河道上下游一定范围内擅自围垦造田、拦河筑坝、架设浮桥或者修建其他影响铁路桥梁安全的设施，有可能引起河流的流量、流速变化，造成桥梁地基的下沉、河床的移动，严重危及铁路桥梁的安全。本条例针对铁路运输安全存在的这类突出问题，作出了禁止性规定。

本条第一款主要包含两层意思：一是规定了禁止破坏铁路桥梁安全行为的种类，主要指擅自围垦造田、拦河筑坝、架设浮桥，以及修建其他影响铁路桥梁安全的设施等四类行为；二是规定了禁止上述行为的范围。在实践中，距离铁路桥梁越近，实施上述行为对铁路桥梁的影响就越大，反之则小。确定保护范围，既要保证不影响铁路桥梁安全，又要尽量减少对周围群众生活及生产经营单位生产活动的影响。在制定2004年的《铁路运输安全保护条例》的过程中，经过多方面考察调研和测算，将这一保护范围确定在铁路桥梁跨越的河道上下游各1000米范围内。实践证明，1000米的保护范围行之有效，故在此次修订中坚持原条例的规定。

第二款是对例外情况的批准程序规定。考虑到本条在实际执行中可能遇到各种不同情况，本条第二款对在前款规定范围内，确需进行围垦造田、拦河筑坝、架设浮桥，以及修建其他影响或者危害铁路桥梁安全的设施等活动的，作了特殊规定，设立了四个条件：一是因特殊原因确实需要进行上述活动，这里的特殊原因，主要是指生产生活上的特殊需要；二是必须经过安全论证，证实上述活动不会影响铁路桥梁的安全；三是必须经过负责审批的机关批准，这里的“负责审批的机关”，主要是指水行政主管部门或者河道管理部门；四是上述部门在批准之前应当征求有关铁路运输企业的意见，这里的“有关铁路运输企业”，在目前主要是指所在区域的铁路局等相关铁路运输企业。之所以要征求铁路运输企业的意见，主要是为了落实其安全生产主体责任；具体的理由已在第三十条、第三十四条的释义中详细论述。

第三十八条　禁止在铁路桥梁跨越处河道上下游的下列范围内采砂、淘金：

（一）跨河桥长500米以上的铁路桥梁，河道上游500米，下游3000米；

（二）跨河桥长100米以上不足500米的铁路桥梁，河道上游500米，下游2000米；

（三）跨河桥长不足100米的铁路桥梁，河道上游500米，下游1000米。

有关部门依法在铁路桥梁跨越处河道上下游划定的禁采范围大于前款规定的禁采范围的,按照划定的禁采范围执行。

县级以上地方人民政府水行政主管部门、国土资源主管部门应当按照各自职责划定禁采区域、设置禁采标志,制止非法采砂、淘金行为。

【释义】 本条是为了保护铁路桥梁安全,禁止在铁路桥梁跨越的河道上下游一定范围采砂、淘金的规定,共三款。

第一款是对于禁止采砂、淘金范围的规定。按照桥梁长度分类划分,铁路桥梁分为特大桥、大桥、中桥和小桥,即桥长500米以上的为特大桥,桥长100米以上至500米的为大桥,桥长20米以上至100米为中桥,桥长20米及以下的为小桥(一般桥的"桥长"系指桥台挡碴前墙之间的长度;钢架桥或框构桥的"桥长"系指钢架或框架顺跨度方向外侧间的长度)。由于桥长的不同,对安全范围的要求也有区别。

随着我国市场经济的迅速发展和人民生活水平的日益提高,对建筑材料和贵金属的需求量越来越大,一些单位和个人受经济利益的驱使,在河道内乱采滥挖河沙、肆意淘金,致使河床河道发生很大变化,桥梁基础受到了极大的破坏,原来的标准远不能有效保障铁路桥梁和线路的安全。2004年条例修订时,根据出现的新情况、新问题,在科学研究论证的基础上,将该范围调整为:桥长500米以上的铁路桥梁,上游500米,下游3000米范围内禁止采砂;桥长100米以上500米以下的铁路桥梁,上游500米,下游2000米内禁止采砂;桥长100米以下的铁路桥梁,上游500米,下游1000米范围内禁止采砂。上述规定在实践中取得了良好的效果,此次修订未作变更。

本条第二款是关于禁采范围的例外规定。由于各个桥梁以及各条河流的特点具有较大差异,特别是随着经济建设进一步发展和自然环境的改变,任意采砂、淘金行为,不仅对铁路桥梁有破坏作用,还会产生其他负面效应。因此,相关法律法规也对采砂、淘金行为作出了一些限制。如《水法》第三十九条即规定:在河道管理范围内采砂,影响河势稳定或者危及堤防安全的,有关县级以上人民政府水行政主管部门应当划定禁采区和规定禁采期,并予以公告。本条例对有关部门依据其他法律法规规定划定的禁采范围大于前款规定的情况,予以认可。这里的有关部门,主要是指水行政主管部门、国土资源主管部门。

本条第三款是对县级以上地方人民政府水行政主管部门、国土资源主管部门职责的明确。为保障铁路运输安全,本条第一款规定了禁采区域的范围;根据本条第二款,有关部门可以根据流域实际情况,依法在铁路桥梁跨越的河道上下游划定超出本条第一款规定范围的禁采区域。河道采砂管理属于水行政主管部门职责,条例对此作出强调,要求水行政主管部门切实履行责任,划定禁采区域、设置禁采标志。条例还强调国土资源主管部门应当在职责范围内设置禁采标志。不仅如此,划定禁采区域、设置禁采标志后,上述两部门还应当切实行动起来,在职责范围内采取有效措施制止非法采砂、淘金等行为。

第三十九条　在铁路桥梁跨越处河道上下游各500米范围内进行疏浚作业,应当进行安全技术评价,有关河道、航道管理部门应当征求铁路运输企业的意见,确认安全或者采取安全技术措施后,方可批准进行疏浚作业。但是,依法进行河道、航道日常养护、疏浚作业的除外。

【释义】　本条是对在铁路桥梁跨越的河道上下游500米范围内进行疏浚作业的规定。

疏浚,是指采用人力、水利或机械方法,为拓宽、加深水域而进行的水下土石方开挖工程。疏浚的主要目的是挖深河流或海湾的浅段,以提高航道通航或排洪能力;开挖港池、进港航道等,以兴建码头及港区。近百年来疏浚已进一步扩展到其他基础施工领域,其中最主要是吹填造陆工程。吹填就是将挖泥船挖取的泥沙,通过排泥管线输送到指定地点进行填筑的作业。由此可见疏浚工程对国民经济的发展,特别是对水上交通、水利防洪、城市建设等的作用是非常重要的。但是,由于河道疏浚也有可能改变河床、影响桥基,影响铁路桥梁安全,因此本条本着既不耽误河道疏浚,也能确保铁路桥梁安全的原则,对在铁路桥梁跨越的河道上下游500米范围内进行的疏浚作业作出若干限制性规定,包含以下几层含义:

1. 规定了限制范围，即铁路桥梁跨越的河道上下游各 500 米范围内。2004 年的《铁路运输安全保护条例》规定了限制河道疏浚作业的前提条件，只有在河道疏浚工作可能影响铁路桥梁安全时，才能对河道疏浚作业进行一定的限制；故原条例对限制范围仅表述为"河道上下游"，没有进一步明确其距离。此次修订，取消了前提条件，明确了上下游各 500 米的范围。只要是在此范围内的进行疏浚作业的，均应纳入本条例管理。

2. 在上述范围内进行疏浚作业，应当进行安全技术评价，作出科学的安全评价结论，为下一步工作奠定基础。

3. 有关河道、航道管理部门应当征求铁路运输企业的意见。条例明确了批准的主体是河道、航道管理部门；但是，上述部门不能径自作出批准或者不予批准的决定，而是应当征求铁路运输企业的意见。这是因为铁路运输企业直接了解铁路桥梁及其跨越的河流的实际情况，能够全面掌握铁路桥梁的技术特性、安全状况和保护要求；征求其意见，有利于正确判断疏浚作业对铁路桥梁安全的影响，同时也体现了落实铁路运输企业安全生产主体责任的要求。

4. 要确认安全或者采取安全技术措施。如果安全评估后认为不影响铁路桥梁安全的，应当在疏浚前进一步确认；如果安全评估后认为可能影响铁路桥梁安全的，应当在疏浚前确认其采取了安全技术措施。上述条件都具备后，有关河道、航道管理部门方可批准进行疏浚作业。

为了不影响河道、航道的日常养护、疏浚作业，条例针对这类情况，作了例外规定，即：依法进行日常养护、疏浚作业的除外。例如，《防洪法》第十八条就规定："防治江河洪水，应当蓄泄兼施，充分发挥河道行洪能力和水库、洼淀、湖泊调蓄洪水的功能，加强河道防护，因地制宜地采取定期清淤疏浚等措施，保持行洪畅通"。《太湖流域管理条例》第二十二条规定："太湖流域县级以上地方人民政府应当按照太湖流域综合规划和太湖流域水环境综合治理总体方案等要求，组织采取环保型清淤措施，对太湖流域湖泊、河道进行生态疏浚，并对清理的淤泥进行无害化处理"。《内河交通安全管理条例》第二十六条规定："……遇有紧急情况，需要对航道进行修复或者对航道、码头前沿水域进行疏浚的，作业人可以边申请边施工"。需要注意的是，根据这些法律法规进行疏浚作业的，虽不必重复履行上述审批手续等，但不能对铁路桥梁安全产生影响。

第四十条　铁路、道路两用桥由所在地铁路运输企业和道路管理部门或者道路经营企业定期检查、共同维护，保证桥梁处于安全的技术状态。

铁路、道路两用桥的墩、梁等共用部分的检测、维修由铁路运输企业和道路管理部门或者道路经营企业共同负责，所需费用按照公平合理的原则分担。

【释义】　本条是关于铁路、道路两用桥的安全维护责任及费用分担的规定。

随着铁路建设的迅速发展，铁路、道路两用桥梁的数量日益增加，且大多位于城市人口稠密区和交通繁忙的铁路和公路（城市道路）干线上。由于铁路、道路两用桥涉及铁路和道路（或城市道路）两个不同的行政和技术管理部门，其技术标准、运营模式、维修手段、管理方式都有较大的不同，但其结构却是一个相互依存和影响的共同体，加上交通运输事业的快速发展，新建铁路、道路两用桥的投融资主体多元化，桥梁技术结构多样化，给桥梁安全管理带来了一些新的问题。本条例以实际工作中铁路、道路两用桥的分工管理为基础，明确双方职责，落实管理和安全责任制，对管好用好铁路、道路两用桥具有重要意义。

本条第一款原则性地规定了对铁路、道路两用桥的检查维护责任。包括四层含义：一是明确了检查维护的责任主体是桥梁所在地的铁路运输企业和道路管理部门或者道路经营企业。二是规定了上述单位要对桥梁的安全状况进行定期检查。三是规定了铁路运输企业和道路管理部门或者道路经营企业的共同维护责任。在实际工作中，一般是道路设施由道路管理部门或者道路经营企业负责，铁路设施由铁路运输企业负责。在维护工作中，道路方和铁路方应当相互配合。四是规定了检查维护的基本任务或工作目标，即保证桥梁处于安全的技术状态。

本条第二款是对桥梁共用部分的检测维护责任及费用分担原则的规定。对于铁路、道路两用桥共用的桥墩、桥梁等部分，条例规定由两家共同负责检测、维护。关于费用分担，本条例规定了“公平合理”的分担原则。对于具体桥梁的分担比例和数额，则根据桥梁的结构情况、使用情况，由铁路运输企业和道路管理部门或者道路经营企业协商解决。

第四十一条　铁路的重要桥梁和隧道按照国家有关规定由中国人民武装警察部队负责守卫。

【释义】　本条是对铁路重要桥梁和隧道的守卫职责的规定。

铁路的重要桥梁和隧道，因其特殊的位置和重要作用，属于国家的重点保卫目标。《铁路法》第五十九条明文规定：“国家铁路的重要桥梁和隧道，由中国人民武装警察负责守卫”。2004 年的《铁路运输安全保护条例》依照《铁路法》，也作了规定。本条进一步重申了中国人民武装警察部队对铁路重要桥梁和隧道的守卫职责。

第四十二条　船舶通过铁路桥梁应当符合桥梁的通航净空高度并遵守航行规则。

桥区航标中的桥梁航标、桥柱标、桥梁水尺标由铁路运输企业负责设置、维护，水面航标由铁路运输企业负责设置，航道管理部门负责维护。

【释义】　本条是关于船舶通过铁路桥梁的通行规则和水运航道桥区航标的设置、维护等问题的规定，共两款：

本条第一款是关于船舶通过铁路桥梁的通行规则的规定。

桥梁的通航净空高度，是指代表船型的船舶或船队安全通过桥孔的最小高度，其起算面为设计最高通航水位。通航净空高度数值为代表船型空载水线以上至最高固定点高度与富余高度之和。符合桥梁的通航净空高度，是船舶安全通过桥梁的基本条件；倘若不然，一旦船舶与铁路桥梁发生剐蹭与碰撞，势必会影响铁路线路畅通和铁路运输安全。故本条例明文强调船舶通过铁路桥梁应当符合桥梁的通航净空高度。不仅如此，船舶通过铁路桥梁时，还应当按照规定的航道标志行驶，并符合规定限高、限载、限宽等要求。比如，根据国家标准《内河助航标志》（GB 5863—93）的规定：“绿灯在上，红灯在下，表示允许下行船通航；红灯在上，绿灯在下，表示允许上行船通航；上下两盏红灯，表示禁止船舶通航”，“也可在通航建筑物上下两端各设置红、绿灯单面定光灯一组……红灯表示禁止船舶通航，绿灯表示允许船舶通航。白天也可用红、绿旗代替红、绿灯”等。船舶通过铁路桥梁时也必须遵守这些航行规则。

本条第二款是关于水运航道桥区航标的设置、维护等问题的规定。

水运航道桥区航标的设置及维护管理问题，在建国初期，曾实行由交通部门负责管理的体制。但对水运航道桥区航标的设置问题未作明确规定。在2004年《铁路运输安全保护条例》修订过程中，既考虑到《航标条例》第六条“航标由航标管理机关统一设置”的规定，又兼顾了“谁受益谁设置维护”的原则，为了进一步明确责任，维护铁路运输安全和航运安全，将航标分为“桥区航标中的桥梁航标、桥标注、桥梁水尺标”和“水面航标”。桥区航标中的桥梁航标、桥柱标、桥梁水尺标由铁路运输企业负责设置和维护；水面航标则由铁路运输企业负责设置，航道管理部门负责维护。此次修订维持了这一做法。

第四十三条　下穿铁路桥梁、涵洞的道路应当按照国家标准设置车辆通过限高、限宽标志和限高防护架。城市道路的限高、限宽标志由当地人民政府指定的部门设置并维护，公路的限高、限宽标志由公路管理部门设置并维护。限高防护架在铁路桥梁、涵洞、道路建设时设置，由铁路运输企业负责维护。

机动车通过下穿铁路桥梁、涵洞的道路时，应当遵守限高、限宽规定。

下穿铁路涵洞的管理单位负责涵洞的日常管理、维护，防止淤塞、积水。

【释义】　本条是关于铁路桥梁、涵洞的保护规定。本条共三款。

本条第一款是对限高、限宽标志以及限高防护架设定维护义务的规定。为防止汽车下穿铁路桥梁、涵洞时，因超高、超宽而对铁路桥梁、涵洞造成冲撞，应对设置限高、限宽标志以及限高防护架作出规定。条例根据职责分工，对什么情况下由谁设置作了规定，即城市道路的限高、限宽标志，由当地人民政府指定的部门设置并维护；公路的限高、限宽标志，由公路管理部门设置并维护。为了统一管理，便于操作，条例还规定限高防护架在铁路桥梁、涵洞、道路建设时设置，由铁路运输企业负责维护。

本条第二款是对机动车应当遵守限高、限宽义务的规定，有的司机为了抄近道，无视限高、限宽标志的存在；在下穿铁路桥梁、涵洞时，强行冲撞，导致许多限高、限宽标志屡屡受创，并且直接影响铁路桥梁、涵洞安全，给铁路运输安全带来巨大隐患。因此，条例明确要求：“机动车通过下穿铁路桥梁、涵洞的道路时，应当遵守限高、限宽规定”。

本条第三款是对涵洞日常管理、维护的规定。涵洞的管理单位疏于管理，有的涵洞缺乏维修，常常是因淤泥、积水堵塞，无法正常使用，直接危害铁路路基稳定，影响列车的正常通行，给铁路运输安全带来隐患。因此，条例规定要求管理单位加强日常管理、维护，防止淤塞、积水。

当前，有些下穿铁路桥梁、涵洞的道路，未按照国家有关标准设置车辆通过限高、限宽标志以及限高防护架，或者机动车通过下穿铁路桥梁、涵洞的道路时，不遵守限高、限宽规定，冲击限高防护架，给铁路桥梁、涵洞造成很大破坏，严重威胁铁路运输安全。为了明确责任，条例对下穿铁路桥梁、涵洞的道路，设置车辆通过限高、限宽标志以及限高防护架的主体以及机动车通过下穿铁路桥梁、涵洞的道路时，应当遵守限高、限宽做了明确规定，这样有利于保护铁路桥梁和涵洞的安全，进而保护铁路运输安全。

第四十四条　铁路线路安全保护区内的道路和铁路线路路堑上的道路、跨越铁路线路的道路桥梁，应当按照国家有关规定设置防止车辆以及其他物体进入、坠入铁路线路的安全防护设施和警示标志，并由道路管理部门或者道路经营企业维护、管理。

【释义】　本条是关于邻近铁路线路的道路和桥梁设置保护铁路线路的安全设施和警示标志的规定，包含三层含义：

1. 规定了设置范围，即铁路线路安全保护区内的道路和路堑上的道路，以及跨越铁路线路的道路桥梁。在铁路线路安全保护区范围内，存在着一部分既有道路。这些道路的存在是由于历史原因造成的，如果全面拆除，成本将会很高，执行起来实际困难较大；但是，如果不对这一区域内的道路加以管理、设置安全防护设施和警示标志，车辆或者其他物体又有可能通过道路侵入铁路线路，诱发安全事故，存在严重的安全隐患。此外，由于交通的迅速发展，跨越铁路线路的道路桥梁大量存在，因为没有防护设施、警示标志，或者维护管理不到位，车辆及其他物体冲出桥梁，坠入铁路线路与火车相撞的事故屡有发生，严重危及铁路运输安全。因此，对上述道路和桥梁，本条例作出特殊规定，加以管理。

2. 规定了设置程序及要求。条例规定，在铁路线路安全保护区内的道路和路堑上的道路、跨越铁路线路的道路桥梁上设置安全防护设施和警示标志，应当按照国家有关规定。这里的"国家规定"，主要是指相关技术政策和规范。设置的安全防护设施和警示标志，其目的是为了防止车辆以及其他物体进入、坠入铁路线路。

3. 规定了道路管理部门或者道路经营企业作为安全防护设施和警示标志的维护、管理主体。防止车辆以及其他物体进入、坠入铁路线路的安全防护设施和警示标志，主要依附于道路桥梁之上；明确道路管理部门或者道路经营企业的维护、管理主体地位，即赋予其相应的责任，为铁路线路安全提供了有效保障。

第四十五条　架设、铺设铁路信号和通信线路、杆塔应当符合国家标准、行业标准和铁路安全防护要求。铁路运输企业、为铁路运输提供服务的电信企业应当加强对铁路信号和通信线路、杆塔的维护和管理。

【释义】　本条是关于铁路信号和通信线路、塔杆保护的规定。

1982 年国务院、中央军委联合下发的《关于保护通信设施的规定》，明确指出邮电、铁路、军队等部门的各种通信线路设备，都适用该规定。具体而言，包括以下三类设备：一是架空线路，指电杆、电线、电缆、线担、隔电子、拉线及其他附属设备；二是埋设线路，指地下、水底海底、管道电缆，人孔、标石、水线标志牌，无人值守载波增音站，电缆充气站及其他附属设备；三是无线线路，指无人值守微波站，微波无源反射板，无线电收、发天线，微波和卫星通信地面站的天线，天线馈线的杆塔、导线、波导及其附属设备。铁路信号和通信线路、塔杆属于通信线路设备范畴，不仅密切关系着铁路线路安全和运输安全，在现代化建设和巩固国防中也发挥着重要作用，应当由《关于保护通信设施的规定》和本条例共同予以调整，对其的管理也应当接受信息产业部门的统一管理。

本条前款是关于对架设、铺设铁路信号和通信线路、塔杆的规定，强调架设、铺设铁路信号和通信线路、塔杆应当符合国家标准、行业标准和铁路安全防护要求。如《保护通信设施的规定》第九条对于通信线路的建设提出的原则要求，即应当考虑线路的安全可靠、经济合理，尽量避免对现有建筑设施构成影响。凡在市、镇、县城和工矿区内新建通信线路，应纳入市镇管线综合规划，尽量和道路及其他管网同步建设。设置电杆和埋设电缆应尽量节约用地，少占或不占农田，所需要的土地无偿使用等。在架设、铺设铁路信号和通信线路、塔杆，应当遵守上述原则。除法律法规中的原则性规定外，架设、铺设行为还应当符合具体的技术性国家标准和行业标准。

本条后款是关于对铁路信号和通信线路、塔杆维护、管理义务的规定。铁路信号和通信线路、塔杆对铁路运输至关重要，调度指挥、列车运行都离不开铁路信号和通信线路、塔杆。为明晰权责、保证铁路的安全运输，本条例明确规定：铁路运输企业和为铁路运输提供服务的电信企业，负责维护和管理铁路信号和通信线路、塔杆。

第四十六条　设置或者拓宽铁路道口、铁路人行过道，应当征得铁路运输企业的同意。

【释义】　本条是关于铁路道口、铁路人行过道设置或者拓宽的规定。

铁路道口，系指在铁路线路上铺面宽度在 2.5 米及以上，直接与道路贯通的平面交叉，按看守情况分为“有人看守道口”和“无人看守道口”。截至 2012 年末，国家铁路共有平交道口 8063 处，其中有人看守道口 1676 处，无人看守道口 6387 处。铁路人行过道，系指铁路上铺面宽度在 2.5 米以下（城市一般为 0.7 米至 1.5 米，乡村一般为 0.4 米至 1.2 米），与道路贯通的平面交叉；人行过道只准通过行人、自行车（较宽的人行过道可通过人力车)，不准畜力车及机动车辆通过。

设置铁路道口、人行过道的目的是为了方便群众的生产、生活，但由于铁路线路的特点，铁路道口、人行过道的布局难以满足沿线所有居民要求，一些地区私设或者擅自拓宽铁路道口、人行过道的现象十分严重，导致穿越铁路道口的机动车与火车相撞的事故不断发生，有的一次伤亡几十人，有的造成列车颠覆、中断行车，严重威胁铁路运输安全，给人民生命财产带来巨大损失。自20世纪80年代以来，国务院及有关部门制定发布了一系列规范性文件，加强铁路道口管理。2004年修订《铁路运输安全保护条例》时，为更加有效地遏制随意设置或拓宽道口及人行过道的现象，切实减少道口事故的发生，对设置或拓宽铁路道口、人行过道的事项设定了行政许可，规定了申请、审查和批准程序。

2013年铁路政企分开改革后，按照转变职能、简政放权的精神，相关部门对原铁道部的行政审批事项进行清理，取消了“设置或拓宽铁路道口人行过道审批”事项，调整为由企业自主决定。这主要是考虑到铁路运输企业是铁路线路经营和管理的主体，掌握着道口、人行过道设置或拓宽相关情况的第一手资料，由企业自行把关，在实践中具有可操作性，也有利于落实企业安全生产主体责任。

第四十七条　铁路与道路交叉的无人看守道口应当按照国家标准设置警示标志；有人看守道口应当设置移动栏杆、列车接近报警装置、警示灯、警示标志、铁路道口路段标线等安全防护设施。

道口移动栏杆、列车接近报警装置、警示灯等安全防护设施由铁路运输企业设置、维护；警示标志、铁路道口路段标线由铁路道口所在地的道路管理部门设置、维护。

【释义】　本条是关于道口标志及安全防护设施的规定。

铁路道口根据看守情况分为“无人看守道口”和“有人看守道口”。对于无人看守道口，地方政府应按照国家有关规定，设专人对通过道口的车辆和行人实施监督和防护，以保障道口安全畅通；对于有人看守道口，一般由铁路产权单位或者道口受益单位派出道口看守人员负责看守。不管是哪一种道口,都应当设立专门的道口管理部门对其实施统一管理。

本条第一款对道口标志的设置作了规定,要求铁路与道路交叉处的无人看守的铁路道口,按照国家标准设置警示标志;有人看守的平交道口,设置移动栏杆、列车接近报警装置、警示灯、警示标志、铁路道口路段标线等安全防护设施。《道路交通安全法》第二十七条规定:"铁路与道路平面交叉的道口,应当设置警示灯、警示标志或者安全防护设施。无人看守的铁路道口,应当在距道口一定的距离处设置警示标志"。本款在上述规定的基础上,针对当前铁路道口管理存在的主要问题,着重对道口标志及安全防护设施的设置要求作出了明确规定。

本条第二款是对道口标志和安全防护设施的设置、维护主体的规定。道口标志和安全防护设施的设置分情况由不同的部门负责:一是,道口移动栏杆、列车接近报警装置、警示灯等安全防护设施由铁路运输企业负责设置、维护;二是,警示标志、铁路道口路段标线等道口标志由铁路道口所在地的道路管理部门负责设置、维护。警示标志和路段标线属于道路交通信号,2009 年公布的《道路交通标志和标线》(GB 5768—2009)规定了铁路道口警示标志和路段标线的设置标准,本条又进一步明确了铁路道口警示标志和路段标线由道路管理部门负责设置、维护,有利于统一管理和指挥。

第四十八条　机动车或者非机动车在铁路道口内发生故障或者装载物掉落时,应当立即将故障车辆或者掉落的装载物移至铁路道口停止线以外或者铁路线路最外侧钢轨 5 米以外的安全地点。无法立即移至安全地点的,应当立即报告铁路道口看守人员;在无人看守道口,应当立即在道口两端采取措施拦停列车,并就近通知铁路车站或者公安机关。

【释义】　本条是关于道口紧急情况的处置措施的规定。

本条例规定,对铁路道口内机动车或者非机动车发生故障或者装载物掉落时,应分三种情况予以处理:一是,对能移动的应将车辆或掉落的装载物移至铁路道口停止线以外或者铁路线路最外侧钢轨 5 米以外的安全地点;二是,不能移动的,应立即报告铁路道口看守人员,便于看守人员采取措施拦停列车;三是,在无人看守道口处,应当立即在道口两端采取措施拦停列车,并通知就近铁路车站或公安部门采取紧急措施。

第四十九条　履带车辆等可能损坏铁路设施设备的车辆、物体通过铁路道口,应当提前通知铁路道口管理单位,在其协助、指导下通过,并采取相应的安全防护措施。

【释义】　本条规定了履带车辆等可能损坏铁路设施设备的车辆、物体通过铁路平交道口时,应当遵守的通行规则。

本条所称"履带车辆",是指走行方式为履带的拖拉机、坦克等机动车;"可能损坏铁路设施设备的车辆、物体",包括压路机、挖掘机等重型机械,以及其他自重较大、构造特殊,对铁路设施设备可能造成不利影响的车辆、物体。

履带车辆等可能损坏铁路设施设备的车辆、物体,一般都具有通行速度较慢、车体较重的特点,同时由于自身构造的特殊性,这些车辆、物体在通过铁路平交道口时很容易损坏路面、轨道和铁路轨道电路的正常工作,影响铁路信号的显示状态等。因此,有必要在履带车辆等可能损坏铁路设施设备的车辆、物体通过铁路平交道口之前,作必要的安全防护准备。本条包含以下三层含义:

1. 履带车辆等可能损坏铁路设施设备的车辆、物体通过铁路平交道口,应当提前通知铁路道口管理单位,以便为通行作好相关准备,诸如调整列车通过时间,安装相应的防护设备,必要时还需部署适当的交通管制。

2. 应当在铁路道口管理方的协助、指导下通行。由于履带车辆等可能损坏铁路设施设备的车辆、物体通过道口时可能会对道口设施造成不同程度的损坏,影响道路通行,危及列车安全,通行时应在铁路道口管理方的协助、指导下进行,以便确定通过时间、制定相关方案以及做好防护工作,保证顺利通过,避免道口损坏,危及铁路运输安全。

3. 履带车辆等可能损坏铁路设施设备的车辆、物体通过铁路平交道口,应当根据需要采取相应的安全防护措施。

第五十条　在下列地点，铁路运输企业应当按照国家标准、行业标准设置易于识别的警示、保护标志：

（一）铁路桥梁、隧道的两端；

（二）铁路信号、通信光（电）缆的埋设、铺设地点；

（三）电气化铁路接触网、自动闭塞供电线路和电力贯通线路等电力设施附近易发生危险的地点。

【释义】　本条是关于铁路警示、保护标志设置地点的规定。

在铁路重要设施设备附近设置易于识别的警示、保护标志，一是为了强调该铁路设施设备对于铁路运输安全的重要性，防止有人破坏铁路重要设施设备；二是为了避免群众接近危险地，保护人民群众的生命财产安全。

本条对三种直接影响铁路运输安全的特别重要地点作了硬性规定：

1. 在铁路桥梁、隧道的两端，要求铁路运输企业必须设立易于识别的警示、保护标志。铁路桥梁、隧道是铁路运输的咽喉要道，一般禁止行人、车辆、牲畜通行。在铁路桥梁、隧道两端设置的标志，主要包括警示标志和保护标志两种。对于特别重要的铁路桥梁、隧道，还应由人民武装警察部队守卫。

2. 在铁路信号、通信光（电）缆的埋设、铺设地点，要求铁路运输企业必须设立易于识别的警示、保护标志。铁路信号、通信光（电）缆是铁路运输的中枢神经，一旦遭到破坏，可能影响运输调度指挥和行车安全。不少行车事故都是信号遭到破坏所致，设置标志就是为了防止在上述埋设地点进行施工、倾倒腐蚀物等，导致铁路通信信号线路遭到破坏。

3. 电气化铁路接触网、自动闭塞供电线路和电力贯通线路等电力设施附近，要求铁路运输企业必须设立易于识别的警示、保护标志。这类设施附近，十分容易发生危险，禁止人员直接或间接地（通过任何物件，如棒条、导线、水流等）与接触网的各导线及其相连部件接触。为了防止群众接近这些危险地点，铁路运输企业必须设立危险警示标志，告知群众这些地点的危险性。

根据本条规定，设置警示、保护标志，应当遵照国家标准和行业标准。

第五十一条　禁止毁坏铁路线路、站台等设施设备和铁路路基、护坡、排水沟、防护林木、护坡草坪、铁路线路封闭网及其他铁路防护设施。

【释义】　本条是对危害铁路基础设施设备及相关辅助设施行为的禁止性规定。

铁路线路是机车车辆运行的基础,它直接承受机车车辆轮对传递的压力;铁路线路是否处于正常状态,直接决定了铁路运输是否畅通、安全。可以说,铁路线路是铁路运营的核心要素。铁路站台既是旅客活动的主要场所,也是办理客货运输以及与列车运行有关的各项作业的主要场所。铁路站台是铁路运营不可或缺的辅助设施。铁路线路、站台的安全,是铁路安全管理的重中之重。

铁路路基是承受并传递轨道重力及列车动态作用的结构,是铁路线路的基础。路基是一种土石结构,因其广泛分布于各类地形地貌,所处的地质、水文和气候环境差异很大,容易遭到各种自然灾害和人类活动的破坏。护坡、排水沟、防护树林、护坡草坪都是保证路基稳固的重要组成部分。铁路线路封闭网是在确有必要实施封闭管理的铁路线路上,隔绝线路与周围环境、防止行人车辆及家禽家畜等侵入铁路线路的物理设备。

以上设施设备一旦遭到破坏,将会产生严重的安全隐患,直接危及铁路运营安全。因此,本条例对毁坏上述设施设备以及其他铁路防护设施的行为明令禁止。无论在何种情况下,任何单位和个人均不得从事毁坏行为。

第五十二条　禁止实施下列危及铁路通信、信号设施安全的行为:

(一)在埋有地下光(电)缆设施的地面上方进行钻探,堆放重物、垃圾,焚烧物品,倾倒腐蚀性物质;

(二)在地下光(电)缆两侧各1米的范围内建造、搭建建筑物、构筑物等设施;

(三)在地下光(电)缆两侧各1米的范围内挖砂、取土;

(四)在过河光(电)缆两侧各100米的范围内挖砂、抛锚或

者进行其他危及光(电)缆安全的作业。

【释义】 本条是对于危害铁路通信、信号设施安全的行为的禁止性规定。

铁路通信、信号设施是传递铁路运输指挥信息的物质载体,是保证车辆安全运行的重要手段。它犹如铁路运行的神经和眼睛,列车的所有运行都必须根据信号行驶,信号错误或缺省都可能酿成重大行车事故。因此,必须对铁路通信、信号设施实施特殊的安全保护。

本条采用列举的方式,规定了危害铁路通信、信号设施安全的四种主要行为属禁止之列:

1. 在埋有地下光(电)缆设施的地面上方进行钻探、堆放重物、垃圾,焚烧物品,倾倒腐蚀性物质的行为。在埋有地下光(电)缆设施的地面上方钻探、堆放重物、垃圾,焚烧物品,倾倒腐蚀性物品都可能对埋设的光(电)缆造成不同程度的损坏。钻探可能造成光(电)缆的破损、断线;堆放重物可能将光(电)缆挤压损坏;垃圾和其他腐蚀性物品将会导致光(电)缆包装的腐化;焚烧物品将会使光(电)缆的外包装融化,导致短路。为了铁路通信、信号设备的正常运转,确保铁路运输安全,必须禁止上述有损铁路光(电)缆的行为。

2. 在地下光(电)缆两侧各1米的范围内建造、搭建建筑物、构筑物的行为。建造、搭建建筑物、构筑物往往伴随着开挖、钻探等行为,建筑物、构筑物本身也会挤压损坏光(电)缆。鉴于光(电)缆有的埋设在铁路线路安全保护区内,有的埋设在铁路线路安全保护区外,因此,为了防止对铁路线路安全保护区范围外埋设的地下光(电)缆的破坏,本条例规定在地下光(电)缆两侧各1米的范围内禁止建造、搭建建筑物、构筑物。

3. 在地下光(电)缆两侧各1米的范围内挖砂、取土的行为。挖砂、取土不仅对铁路线路可能造成危害,也有可能造成光(电)缆的裸露、切断等不同程度的破坏,严重影响正常通信。因此,条例规定在地下光(电)缆两侧各1米的范围内禁止挖砂、取土。

4. 在过河光(电)缆两侧各100米的范围内进行挖砂、抛锚及其他危及光(电)缆安全的作业的行为。在铺设铁路光(电)缆的河道挖砂、抛锚等行为,可能对过河光(电)缆造成破坏。有的铁路通信、信号的光(电)电缆需要跨越或穿越河流,为了保证这些光(电)缆不受挖砂、抛锚等行为的破坏,条例设置了一个合理的范围,对可能危及铁路通信、信号的行为进行了限制,即禁止在过河光(电)缆两侧各100米内进行挖砂、抛锚及其他危及光(电)缆安全的作业。

第五十三条　禁止实施下列危害电气化铁路设施的行为:

(一)向电气化铁路接触网抛掷物品;

(二)在铁路电力线路导线两侧各500米的范围内升放风筝、气球等低空飘浮物体;

(三)攀登铁路电力线路杆塔或者在杆塔上架设、安装其他设施设备;

(四)在铁路电力线路杆塔、拉线周围20米范围内取土、打桩、钻探或者倾倒有害化学物品;

(五)触碰电气化铁路接触网。

【释义】　本条是对于危害电气化铁路设施安全的行为所做的禁止性规定。

由于电力机车的功率比蒸汽机车和内燃机车明显增大,用其牵引的列车承载重量高,运行速度快,爬坡能力强,安全性能好,单位能耗少,是目前铁路发展的方向。截至2012年底,全国电气化铁路总里程达到51000多公里;根据国务院批准实施的《中长期铁路网规划》(2008年调整),至2020年全国铁路营业里程将达到12万公里,其中电气化铁路总里程占全国铁路营业里程的比重要达到60%。加强对电气化铁路设施的安全保护,成为铁路安全管理的一项非常紧迫的任务。

电气化铁路的牵引动力是电力机车,机车本身不带能源,所需能源由电力牵引供电系统提供。牵引供电系统主要是指牵引变电所和接触网两大部分。变电所设在铁道附近,它将从发电厂经高压输电线送来的电流,送到铁路上空的接触网上。接触网是向电力机车直接输送电能的设备。沿着铁路线的两旁,架设着一排支柱,上面悬挂着金属线,即为接触网,它也可以被看作是电气化铁路的动脉。电力机车利用车顶的受电弓从接触网获得电能,牵引列车运行。

鉴于电气化铁路设施的技术特性和对运输安全的重要影响，为了保障电气化铁路的安全畅通运行，本条例对五种危害电气化铁路设施安全的行为作出了禁止性规定：

1. 禁止向电气化铁路接触网抛掷物品。电气化铁路的接触网是向铁路机车供电的重要设施，是电气化铁路的供血系统，其包含了许多附属设备。在电气化铁路上，接触网的各导线及其相连部件，通常均带有高压电，因此禁止直接或间接地（通过任何物件，如棒条、导线、水流等）与上述设备接触。近年来，铁路沿线抛掷石头、铁块砸坏接触网，抛掷金属绳索、喷水造成电气化设备短路烧损，中断铁路行车的行为时有发生，给铁路运输造成了巨大损失。因此，对这种向电气化铁路接触网抛掷物品的行为应当坚决予以制止。

2. 禁止在铁路电力线路导线两侧各 500 米的范围内升放风筝、气球等低空漂浮物体。在铁路电力线路导线两侧各 500 米的区域内升放风筝、气球等低空漂浮物体，既包括在电气化铁路接触网两侧各 500 米的范围，也包括为铁路供电的电力线路两侧各 500 米的范围。由于铁路电力线路的电压属于高压电流，在铁路电力线路导线两侧各 500 米的区域内升放风筝、气球等低空漂浮物体，很容易与这些高压电线接触。在不做防护的情况下，一旦接近将会受到严重创伤，造成人员伤亡。不仅如此，升放风筝、气球等低空漂浮物体的行为，还有可能破坏铁路电力线路设施，造成供电中断，影响铁路正常运输。为了保护铁路运输安全和人民群众的生命安全，2004 年的《铁路运输安全保护条例》开始禁止在铁路电力导线两侧危险区域内升放风筝、气球的行为，当时规定的危险范围为铁路电力线路导线两侧 300 米区域内。此次修订，考虑到近年来发生的安全事故，将危险区域扩大到铁路电力线路导线两侧各 500 米的范围内。

3. 禁止攀登铁路电力线路杆塔或者在杆塔上架设、安装其他设施设备的行为。因为在攀登杆塔或者在杆塔上架设、安装其他设施设备的行为中，行为人距离铁路电力线路近，容易受到电击，引发伤亡；此外，这类行为以及架设、安装的设施设备可能对电气化铁路设施造成干扰甚至是破坏，影响行车安全。因此，对这种行为须予以禁止。当然，此处的禁止并不包括因检修需要，具有相关资质的人员攀登杆塔、安装必要的设施设备。

4. 禁止在铁路电力线路杆塔、拉线周围20米范围内取土、打桩、钻探或者倾倒有害化学物品的行为。禁止以上行为,主要是为了防止这些行为导致对杆塔、拉线基础的破坏,影响电气化铁路的正常运行。

5. 禁止触碰电气化铁路接触网的行为。因为电气化铁路接触网的电压比较高,一旦有导体接触,很容易致人伤残。禁止触碰电气化铁路,就是为了防止触电和损坏接触网设备。

第五十四条　县级以上各级人民政府及其有关部门、铁路运输企业应当依照地质灾害防治法律法规的规定,加强铁路沿线地质灾害的预防、治理和应急处理等工作。

【释义】 本条是关于铁路沿线地质灾害的预防、治理和应急处理的规定。

为了防治地质灾害,避免和减轻地质灾害造成的损失,维护人民生命和财产安全,促进经济和社会的可持续发展,国家陆续出台了《防震减灾法》、《防洪法》、《地质灾害防治条例》等一系列地质灾害防治法律法规。特别是2004年施行的《地质灾害防治条例》对地质灾害防治规划、地质灾害调查、地质灾害预防、地质灾害应急、地质灾害治理等诸多方面都作出了详尽、具体的规定,其中不少内容涉及铁路方面,如:"国务院国土资源主管部门会同国务院建设、水利、铁路、交通等部门结合地质环境状况组织开展全国的地质灾害调查";"国务院国土资源主管部门会同国务院建设、水利、铁路、交通等部门拟订全国突发性地质灾害应急预案";"编制和实施土地利用总体规划、矿产资源规划以及水利、铁路、交通、能源等重大建设工程项目规划,应当充分考虑地质灾害防治要求,避免和减轻地质灾害造成的损失"等。

铁路沿线地质灾害的预防、应急处理和治理工作,直接关系铁路运输安全,一旦发生地质灾害,将会导致铁路线路中断,人员伤亡和财产损失,后果不堪设想。本条进一步强调要按照地质灾害防治法律法规的规定,加强对铁路沿线地质灾害的预防、治理和应急处理等工作,这对预防铁路事故发生、确保铁路运输安全畅通、减少因地质灾害造成的铁路人员伤亡和财产损失,都具有重要的意义。

作为一线生产主体，铁路运输企业对于铁路线路两侧的地质条件、地质环境最为了解；对于突发的地质灾害危机，往往能得到第一手消息；对于铁路线路沿线地质灾害的处置，也需要铁路运输企业协助拿出具体方案，并配合实施。当然，在上述工作中，地方各级人民政府及其有关部门根据相关法律法规，也承担着不可推卸的责任。因此，本条规定县级以上地方各级人民政府及其有关部门、铁路运输企业都应当依照地质灾害防治法律法规的规定，加强铁路沿线地质灾害的预防、治理和应急处理等工作。

第五十五条　铁路运输企业应当对铁路线路、铁路防护设施和警示标志进行经常性巡查和维护；对巡查中发现的安全问题应当立即处理，不能立即处理的应当及时报告铁路监督管理机构。巡查和处理情况应当记录留存。

【释义】　本条是关于铁路运输企业对铁路线路、铁路防护设施和警示标志的巡查、维护和报告的义务性规定。

本条主要规定了铁路运输企业四个方面的义务：

1. 对铁路线路、铁路防护设施和警示标志进行巡查和维护的义务。铁路点多线长的特点，要求铁路运输企业必须经常对线路进行巡查和维护。这里所说的“经常性”是一个弹性较大的时间概念，实际执行过程中，在保证铁路运输安全的前提下，铁路运输企业可以结合线路特点和安全保护的需要，制定适合本企业的具体管理办法。

2. 对所发现的问题进行处理的义务。铁路运输企业作为铁路运输生产活动的主体，发现并及时处理事故隐患和不安全因素是其义不容辞的责任。

3. 及时报告的义务。对于在巡查中发现的问题，铁路运输企业能够当场处理的，应当立即当场处理，不能当场处理的，应当及时报告相应的铁路监督管理机构。铁路监督管理机构作为所辖区域的铁路安全监督管理主体，应当切实履行监管义务，调动一切有效资源，及时处理铁路运输企业在巡查中发现的安全问题，消除隐患。

4. 对巡查和处理情况记录留存的义务。巡查及处理记录主要为了增强铁路运输企业安全管理人员的责任心，并为分析问题原因、追究责任留存根据。

第五章

铁路运营安全

本章共二十二条，主要规定了铁路运输企业的安全管理责任，铁路机车车辆驾驶人员资格许可，铁路运输企业从业人员的安全责任，公安机关的安全管理责任，火车票实名购买、查验制度，办理危险货物运输的程序，运输特殊药品应具备的条件，铁路管理信息系统的安全要求，铁路的无线电台管理，铁路用电安全管理以及一些禁止实施的危害铁路安全的行为。其中新增设的主要内容为：一是规定了火车票实名购买、查验制度；二是对干扰铁路运用指挥调度无线电频率的行为，作出了禁止性规定；三是增加了社会公众保护铁路运营安全的义务。

第五十六条　铁路运输企业应当依照法律、行政法规和国务院铁路行业监督管理部门的规定，制定铁路运输安全管理制度，完善相关作业程序，保障铁路旅客和货物运输安全。

【释义】　本条是关于铁路运输企业落实安全生产主体责任的总体要求。

铁路运输企业是铁路运输安全生产的第一责任人，是铁路运输安全的基础。铁路运输企业安全生产工作能否搞好，直接影响整个铁路运输安全管理工作。因此，要确保安全，首先必须做好铁路运输企业这个基本安全单位的安全管理工作，充分落实其安全生产主体责任。这也是做好安全生产工作的基本规律。

本条着重强调了三层意思。

1.“依照法律、行政法规和国务院铁路行业监督管理部门的规定”。这是规范安全生产活动的依据。《安全生产法》规定:"生产经营单位必须遵守本法和其他有关安全生产的法律、法规,加强安全生产管理,建立、健全安全生产责任制度,完善安全生产条件,确保安全生产";"生产经营单位的主要负责人对本单位的安全生产工作全面负责"。对企业安全管理机构人员配备、安全投入、安全管理等,《安全生产法》也都有明确规定;本条例是规范铁路安全管理的行政法规,在《安全生产法》的基础上,针对铁路运输特点,对铁路运输企业的安全管理作出了一系列具体规定;国务院铁路行业监督管理部门作为铁路安全监管主体,依据职责"负责铁路安全生产监督管理,制定铁路运输安全、工程质量安全和设备质量安全监督管理办法并组织实施"。铁路运输企业应当自觉遵守这些规定,并依据这些规定,履行企业安全管理的法定义务。

2."制定铁路运输安全管理制度,完善相关作业程序"。这是铁路运输企业落实安全生产主体责任的基础。其中,铁路运输安全管理制度,既包括铁路运输日常经营过程中必须遵循的管理规则、管理办法等,也包括安全生产监督检查制度和安全生产责任追究制度;作业程序,主要包括铁路运输企业制定发布的操作规程、操作规则。

3."保障铁路旅客和货物运输安全"。这是加强铁路运输企业安全管理的根本目标。铁路运输企业从事客货运输业务,承担公共服务职责,无论在什么情况下,都要把保障旅客和货物运输安全放在第一位,这是铁路运输特点所决定的,也是政府部门加强铁路安全监管的目的所在。

第五十七条　铁路机车车辆的驾驶人员应当参加国务院铁路行业监督管理部门组织的考试,考试合格方可上岗。具体办法由国务院铁路行业监督管理部门制定。

【释义】　本条是关于铁路机车车辆驾驶人员资格许可管理的规定。

铁路机车车辆的驾驶人员是铁路的特殊工种,工作责任大,技术性强。驾驶人员技能素质的高低,直接关系铁路行车安全,特别是高速铁路的驾驶人员。我国对飞机驾驶人员、汽车驾驶人员和船舶驾驶人员,均实行驾驶证管理,也就是驾驶资格许可。长期以来,为了加强对特殊工种、关键岗位人员的管理,铁路也对机车车辆驾驶人员实行了资格考试。这也是世界各国铁路通行的做法。

本条规定主要包括以下几方面的内容:

1. 实行资格许可的对象,是铁路机车车辆的驾驶人员,主要包括两类:一类是在铁路营业线上承担公共运输任务的铁路机车和动车组驾驶人员,一类是承担铁路工程施工、线路维修检测及试验任务的大型养路机械、轨道车和接触网作业车等驾驶人员。

2. 上述驾驶人员必须通过国务院铁路行业监督管理部门组织的资格考试,取得相应类别的驾驶证,方具备从业资格。

3. 铁路机车车辆驾驶证是驾驶资格许可的证明文件,不能代替具体的企业上岗证。如果企业对岗前培训有其他条件要求的,应当在取得驾驶证后再按照企业要求履行相关程序,合格后上岗。

第五十八条　铁路运输企业应当加强铁路专业技术岗位和主要行车工种岗位从业人员的业务培训和安全培训,提高从业人员的业务技能和安全意识。

【释义】 本条是对于铁路运输企业特殊岗位从业人员业务培训和安全培训的规定。

《安全生产法》第二十一条中明确规定了"生产经营单位应当对从业人员进行安全生产教育和培训,保证从业人员具备必要的安全生产知识,熟悉有关的安全生产规章制度和安全操作规程,掌握本岗位的安全操作技能。未经安全生产教育和培训合格的从业人员,不得上岗作业"。安全培训是安全生产管理工作的一个重要组成部分,是实现安全生产的一项重要的基础性工作。生产安全事故的发生,由于从业人员的不安全行为所导致的生产安全事故数量在事故总数中占有很大比重。对从业人员进行安全生产教育和培训,控制人的不安全行为,对减少生产安全事故是极为重要的。通过安全生产教育和培训,可以使广大从业人员正确按规章办事,严格执行安全生产操作规程,认识和掌握生产中的危险因素和生产安全事故的发生规律,并正确运用科学技术知识加以治理和预防,及时发现和消除事故隐患,保证安全生产。另一方面，随着铁路高速、重载技术的发展以及高原铁路等特殊线路的建设运营，对铁路专业技术管理提出了新的更高要求，要求各专业技术岗位、主要行车工种的从业人员具备更高的专业知识水平和专业技能，加强业务培训和安全培训对保障运输安全的作用更加突出。为此，这次条例修订特别增加了对特殊岗位从业人员的培训规定。

本条包含以下三方面内容：

1. 培训对象，重点强调对铁路专业技术岗位和主要行车工种岗位从业人员进行培训。具体岗位和工种名称由企业决定。当然，本条这样强调，并不意味着企业可以不对其他从业人员进行培训。从安全生产的角度，本条例第五条已明确规定“从事铁路建设、运输、设备制造维修的单位应当……加强对从业人员的安全教育培训”。

2. 培训的内容，包括业务培训和安全培训。业务培训主要是针对不同特殊岗位的业务要求，进行相关的技能培训。安全培训的基本内容包括安全意识、安全知识和安全技能教育。

3. 培训的目标。一是提高相关从业人员的业务技能，二是提高其安全意识。

第五十九条　铁路运输企业应当加强运输过程中的安全防护，使用的运输工具、装载加固设备以及其他专用设施设备应当符合国家标准、行业标准和安全要求。

【释义】　本条是对铁路运输过程中的安全防护要求。

在铁路运输过程中，存在着很多不确定的偶发性因素，如果不加以重视，做好安全防护措施，就很可能引发恶性事故，造成不必要的人员和财产损失。因此，加强安全防护，提前做好相关的安全预防措施就显得尤为重要。本条有两层意思：

1. 要求“铁路运输企业应当加强运输过程中的安全防护”，明确了加强安全防护的主体是铁路运输企业，即承运人承担运输过程中的安全防护职责。

2. 对铁路运输过程中使用的运输工具、装载加固设备以及其他专用设施设备标准提出了原则性要求，即“应当符合国家标准、行业标准和安全要求”。本条所称“装载加固设备”，主要是指用于货物装载加固的材料或者装置；这里的“国家标准、行业标准和安全要求”包括国家标准化委员会发布的、国务院铁路行业监督管理部门发布的有关铁路运输工具、装载加固设备以及其他专用设施设备的标准；也包括政府部门和企业就加强运输过程中的安全防护作出的规定和措施要求。

第六十条　铁路运输企业应当建立健全铁路设施设备的检查防护制度，加强对铁路设施设备的日常维护检修，确保铁路设施设备性能完好和安全运行。

铁路运输企业的从业人员应当按照操作规程使用、管理铁路设施设备。

【释义】　本条是对铁路运输企业承担日常维护检修管理职责的规定。

铁路运输设施设备是铁路运输生产的物质基础，其技术状态和质量状态的好坏直接影响制约生产效率和安全生产。由于铁路运输具有线路联网、设备联动、作业联劳的特点，大多数情况下企业间需要联合协作、共同完成运输生产过程，铁路运输设施设备连续运转、有形损耗较重、对设备监控的难度大、故障处理时间紧，铁路运输企业必须加强日常的检查维护和使用管理，使设备始终处于质量良好的状态，才能保证安全生产。

本条包含三方面内容：

1. 铁路运输企业应当建立健全并严格执行铁路运输设施设备的安全管理和检查防护的规章制度。这是本条例赋予铁路运输企业的职责和义务，也是落实铁路运输设施设备维护管理责任的依据。如建立设施设备的定期检查防护制度，建立各种检查记录台账，定期保质保量地做好维修保养和病害整治工作等。

2. 加强设施设备的检测、维修，不符合安全要求的应当及时更换。如在列车不间断地运行和自然条件作用下，铁路线路会发生各式各样的变形或损害，为了确保列车能按规定的最高速度，安全、平稳和不间断地运行，以及延长线路各组成部分使用寿命，必须加强线路的养护和维修工作，使线路设备经常保持完好状态。要坚持预防为主、检修与保养并重、预防与整治相结合的原则,合理确定维修周期,均衡等强地提高线路整体质量和安全性能。

3. 从业人员要严格执行操作规程使用、管理铁路设施设备。铁路操作规程,一般是指作业人员在操作设备或办理业务时必须遵循的程序或步骤。要求正确合理地使用设施设备,提高操作技术和保养水平,防治超负荷、超范围、超性能地使用设备,使设备质量可靠稳定。

第六十一条　在法定假日和传统节日等铁路运输高峰期或者恶劣气象条件下,铁路运输企业应当采取必要的安全应急管理措施,加强铁路运输安全检查,确保运输安全。

【释义】 本条是对铁路运输企业在运输高峰期间及恶劣气象条件下安全应急管理义务的规定。

随着我国的经济发展和人民群众生活水平的不断提高,人员流动日益频繁,尤其是在法定假日和传统节日,人员流动更是频繁。每年的春运事关国计民生和社会稳定,事关人民群众切身利益,做好春运工作对于维护改革、发展、稳定的大局具有重要意义。铁路春运是中国特有的铁路运输现象。铁路春运主要是民工、学生、探亲客流,时间性强、流量大、流向集中却极不均衡。每到黄金周等法定假日和传统节日,铁路客流比平日多出几倍甚至十几倍,给安全管理带来很大压力。为了保证旅客运输安全,必须集中人力、物力,加大安全检查力度,及时发现和处理各种不安全因素,并对突发事件及时采取应急措施。本条的规定,进一步强调了铁路运输企业在运输高峰期间的安全检查责任,以确保运输安全。

此次修订,还对恶劣气象条件下铁路运输企业的应急安全管理义务作出明确的规定。近些年来,极端恶劣天气频频在我国出现,如台风、暴雨、暴雪、雷电以及高温酷暑等。极端恶劣天气下,影响铁路安全稳定的各类不确定因素也随之增多,铁路安全压力很大,必要的、及时有效的安全管理措施可以有效防范风险、防止故障,例如防止线路胀轨跑道、防止客车设备故障、防止站车火灾事故等,确保运输安全。

第六十二条　铁路运输企业应当在列车、车站等场所公告旅客、列车工作人员以及其他进站人员遵守的安全管理规定。

【释义】 本条是关于铁路运输企业在列车、车站等场所公告相关安全管理规定的要求。

公告,其本质是尊重和保护公众的知情权、参与权及监督权。为确保铁路运输安全,国务院铁路行业监管部门及铁路运输企业要对旅客、货主的一些影响安全的行为进行适当限制,如禁止携带危险品进站上车的规定。如果这些规定不及时告知旅客,危险品要么被带上车,给铁路运输安全带来隐患;要么被查出,禁止旅客携带,这或多或少会给旅客出行带来不必要的麻烦。因此,铁路运输企业有义务向参与铁路运输活动的旅客货主及广大公众告知,哪些不能做,哪些可以做,以及如何去做。

公告可以通过文字、书画、广播、影像等各种形式。这样,一方面可以使旅客、列车人员及其他进入车站人员及时了解和掌握铁路运输安全管理规定,了解铁路运输安全知识,增强安全防范意识,以便积极配合铁路运输企业维护好运输安全秩序;另一方面,根据铁路运输企业公告的安全管理规定,旅客货主及广大公众可以有效监督铁路运输企业的安全工作,增强了安全管理的透明度,更便于规范铁路运输企业的安全管理工作。

本条规定包括以下三方面内容:

1. 履行公告义务的主体。即铁路运输企业。

2. 公告的内容。即有关旅客、列车人员及其他进入车站的人员遵守的安全管理规定。

3. 公告的场所。即在列车内、车站等场所公告。

第六十三条　公安机关应当按照职责分工,维护车站、列车等铁路场所和铁路沿线的治安秩序。

【释义】 本条是关于公安机关维护铁路治安秩序职责和工作分工的规定。

根据《人民警察法》、《治安管理处罚法》等有关法律法规规定,维护治安秩序是公安机关的重要职责。维护铁路治安秩序是铁路公安机关和地方公安机关的共同责任。铁路治安秩序是社会治安秩序的重要组成部分。铁路公安机关是国家公安机关重要组成部分,是国家公安机关的一个警种,是国家派驻铁路的刑事司法和治安行政力量,负责维护铁路治安秩序和办理

有关刑事、行政案件,与地方公安机关在职责范围内共同保护铁路运输安全。本条包括两层含义:

1. 车站、列车等铁路场所的治安秩序和铁路沿线的治安秩序由公安机关负责维护,行使该职权的主体是各级公安机关,其他单位和部门不能行使维护治安秩序的职权。

2. 公安机关内部管辖权的划分应当依据"职责分工",其依据主要是公安机关内部各部门、各警种职责分工的有关规定。据此,车站和列车等铁路场所的治安秩序,由铁路公安机关负责维护;铁路沿线的治安秩序,由地方公安机关和铁路公安机关共同维护,以地方公安机关为主。

第六十四条　铁路运输企业应当按照国务院铁路行业监督管理部门的规定实施火车票实名购买、查验制度。

实施火车票实名购买、查验制度的,旅客应当凭有效身份证件购票乘车;对车票所记载身份信息与所持身份证件或者真实身份不符的持票人,铁路运输企业有权拒绝其进站乘车。

铁路运输企业应当采取有效措施为旅客实名购票、乘车提供便利,并加强对旅客身份信息的保护。铁路运输企业工作人员不得窃取、泄露旅客身份信息。

【释义】　本条是关于火车票实名购买、查验制度的规定。

火车票实名购买、查验制度是指公民在购买火车票和乘坐火车时,需要登记、核查个人真实身份的一种实名制度。实行这项制度的主要目的,一是便于加强列车治安隐患的排查,更有效地监控和打击违法犯罪活动,保障旅客乘车安全和社会公众利益。二是为旅客便捷购票提供基础条件。特别是网络购票,需以火车票实名购买为前提条件。2011 年新修订的《居民身份证法》规定了人民警察在火车站、长途汽车站、港口、码头、机场或者在重大活动期间设区的市级人民政府规定的场所,需要查明有关人员身份的,可以依法查验居民身份证。我国铁路从 2010 年春运开始,进行实名购票的试点;2011 年 6 月 1 日起,所有动车组列车都实行了购票实名制,取得了比较好的实践效果,也得到广大旅客和社会的普遍认可。本条例将实践检验比较成熟的做法总结提炼，上升为行政法规规定，目的是更好地规范相关各方行为，保障旅客合法权益，推动铁路进一步提高安全管理水平和服务水平。

本条第一款，明确了火车票实名购买、查验制度的具体办法，由国务院铁路行业监督管理部门规定；铁路运输企业必须按规定组织实施这项制度。这主要是因为实行实名制度，涉及公民个人身份信息安全和社会公众利益，不宜由企业自主决定。而且在运输市场主体逐步多元化的形势下，需要对火车票实名购买、查验制度作出统一规定，以保障全网运输的有序畅通。

本条第二款，主要是对查验制度的规范。旅客必须凭有效身份证件购票乘车，购票的环节需要持有效证件购买，乘车时也要持有效身份证件，并和所购车票上记载的身份信息保持一致，才能进站乘车；配合车站进行查验是每一个乘车旅客的义务，对车票所记载的身份信息与所持身份证或者真实身份不符的持票人，铁路运输企业有权拒绝其乘车。

本条第三款，主要是对旅客合法权益的保护性规定。实行实名购票、查验制度，铁路运输企业一方面有责任和义务为旅客购票、乘车提供便利，另一方面有责任和义务保护好旅客身份信息。我国相关法律对保护个人信息安全有明确规定，如《居民身份证法》第十三条规定："有关单位及其工作人员对履行职责或者提供服务过程中获得的居民身份证记载的公民个人信息，应当予以保密。"第十九条规定："国家机关或者金融、电信、交通、教育、医疗等单位的工作人员泄露在履行职责或者提供服务过程中获得的居民身份证记载的公民个人信息，构成犯罪的，依法追究刑事责任；尚不构成犯罪的，由公安机关处十日以上十五日以下拘留，并处五千元罚款，有违法所得的，没收违法所得。"据此，本条第三款规定明确要求铁路运输企业加强对旅客身份信息的保护，相关工作人员不得窃取或泄露旅客身份信息。

第六十五条　铁路运输企业应当依照法律、行政法规和国务院铁路行业监督管理部门的规定，对旅客及其随身携带、托运的行李物品进行安全检查。

从事安全检查的工作人员应当佩戴安全检查标志，依法履行安全检查职责，并有权拒绝不接受安全检查的旅客进站乘车和托运行李物品。

【释义】 本条是对旅客携带物品和托运的行李进行安全检查的规定。

危险品是指具有易燃、易爆、毒害、腐蚀、放射性的物品和传染病原体及枪支、管制器具等可能危害公共安全的物品。铁路运输企业对旅客携带物品和托运的行李进行安全检查，是为了保障旅客、列车等安全，以防止一些旅客随身携带危险物品和托运危险的行李，造成危险事故的发生。特别是全封闭高速列车在运行当中，一旦危险品被携带上车，若发生事故，后果不堪设想。

本条规定包括三方面内容：

1. 铁路运输企业对旅客及其携带物品、托运的行李物品的安全检查职权来源于相关法律、行政法规以及国务院铁路行业监督管理部门的规定。

2. 从事安全检查的工作人员，应当统一着装，佩戴安全检查标志，以便旅客识别和安全检查工作的开展。旅客自身及其随身携带、托运的行李物品涉及旅客隐私和切身利益，开展安全是为了确保旅客运输的安全，更好地保护旅客利益。因此，安全检查的工作人员必须依法履行安全法定职责，不允许超越职权，从事与安全工作无关的活动。对女旅客实施手工人身检查时，必须由女工作人员进行。

3. 接受安全检查是每一位旅客及托运人的义务，当旅客或托运人无正当理由拒绝安全检查时，从事安全检查的工作人员有权拒绝其进站上车和托运行李物品。

第六十六条　旅客应当接受并配合铁路运输企业在车站、列车实施的安全检查，不得违法携带、夹带管制器具，不得违法携带、托运烟花爆竹、枪支弹药等危险物品或者其他违禁物品。

禁止或者限制携带的物品种类及其数量由国务院铁路行业监督管理部门会同公安机关规定，并在车站、列车等场所公布。

【释义】 本条是对铁路禁止或者限制携带物品进行安全检查的规定。

本条规定包括三方面内容：

1. 旅客应当接受并配合铁路运输企业在车站、列车实施的安全检查。为了保障广大旅客的人身和财产安全，保护铁路设施设备安全，确保铁路运输安全畅通，维护社会公共利益，铁路旅客有义务接受并配合铁路运输企业在车站、列车实施的安全检查，这是一项法定义务。

2. 旅客进站上车不得违法携带、夹带管制刀具，或者违法携带、托运烟花爆竹、枪支弹药等危险物品及其他违禁物品。携带这些危险品进入车站、乘坐列车，不仅给铁路运输设施设备带来安全隐患，同时也严重威胁了广大旅客的生命财产安全，是一种严重危害社会公共安全的行为。实际生活中，常常有一些旅客图省事、贪便宜，将危险品、违禁物品带上车，逃避检查，有些造成了不可挽回的严重后果。因此，为了保障广大旅客的安全和社会公共利益，本条规定不得违法携带、夹带匕首、弹簧刀以及其他管制刀具，或者违法携带、随身托运烟花爆竹、枪支弹药等危险物品、违禁物品。

3. 禁止或者限制携带的物品种类及其数量由国务院铁路行业监督管理部门会同公安机关规定，并在车站和旅客列车等场所公布。条例之所以授权国务院行业监督管理部门会同公安机关，对禁止或限制旅客携带的物品种类及其数量作出具体规定，主要是考虑到这些物品的种类是发展变化的，携带的数量对铁路站车安全的影响程度也存在很多不确定因素，应当根据变化的情况和保障旅客安全的需要，适时调整。

第六十七条　铁路运输托运人托运货物、行李、包裹，不得有下列行为：

（一）匿报、谎报货物品名、性质、重量；

（二）在普通货物中夹带危险货物，或者在危险货物中夹带禁止配装的货物；

（三）装车、装箱超过规定重量。

【释义】 本条是对铁路运输托运人禁止性行为的规定。

铁路运输托运人，大多为货主。对托运人托运货物、行李、包裹的行为进行某些限制，是保护公共安全的需要，也是保护铁路运输安全的需要。本条共有三款，对托运人的三种行为作出了禁止性规定。

1. 铁路运输托运人不得匿报、谎报货物品名、性质。即托运人要如实申报托运货物的品名、性质，不得采用匿报、谎报的形式托运，使承运人在不了解、不知晓货物危险性的情况下装车运输，造成安全隐患。《危险化学品安全管理条例》也明确规定："托运人托运危险化学品，应当向承运人说明所托运的危险化学品的种类、数量、危险特性以及发生危险情况的应急处置措施，并按照国家有关规定对所托运危险化学品妥善包装，在外包装上设置相应的标志。"

2. 禁止在普通货物中夹带危险货物，或者在危险货物中夹带禁止配装的货物。

托运危险货物要严格按照有关的技术规范操作，如果在普通货物中夹带危险货物，或者在危险货物中夹带禁止配装的货物，一旦造成泄漏，将会对铁路运输安全造成很严重的影响。《危险化学品安全管理条例》中也有规定："托运人不得在托运的普通货物中夹带危险化学品，不得将危险化学品匿报或谎报为普通货物托运"。本条所称"在危险货物中夹带禁止配装的货物"，主要是指在危险货物运输中性质或消防方法相互抵触的货物不得在同一车辆中装运。

3. 禁止匿报、谎报货物重量或者装车、装箱超过规定重量。在铁路运输中，如果匿报、谎报货物重量或者装车、装箱超过规定重量，可能造成列车运行不稳，甚至造成列车颠覆，因此，这种行为也是应当禁止的。

第六十八条　铁路运输企业应当对承运的货物进行安全检查，并不得有下列行为：

（一）在非危险货物办理站办理危险货物承运手续；

（二）承运未接受安全检查的货物；

（三）承运不符合安全规定、可能危害铁路运输安全的货物。

【释义】　本条是对铁路运输企业承运货物时的禁止性行为的规定。

铁路运输企业应当对承运的货物进行安全检查。这是铁路运输企业的一项法定义务。只有对所承运的货物严把安全检查这一关，才能防患于未然，保证货物运输安全和人民生命财产安全。

本条规定包括三方面内容，铁路运输企业应当在承运货物运输时遵守：

1. 不得在非危险货物办理站办理危险货物承运手续。铁路危险货物办理站,系指站内、专用线、专用铁路办理危险货物发送、到达及中转作业的车站。危险货物办理站按类型分为五种:专办站、兼办站、集装箱办理站、专用线接轨站、综合办理站。铁路运输企业应当按规定对承运危险货物的办理站条件进行审查,防止在不具备条件的情况下承运危险货物,埋下安全隐患。

2. 不得承运未接受安全检查的货物。本条首先规定了"铁路运输企业应当对承运的货物进行安全检查"。这既是一项权利,也是一项责任。托运人有义务接受安全检查。对于拒不接受安全检查的货物,承运人有权拒绝承运。如果铁路运输企业不行使这项权利,承运了拒不接受安全检查的货物,就要为此可能引起的后果承担法律责任。

3. 不得承运不符合安全规定、可能危害铁路运输安全的其他货物。这是一项兜底的条款。以此为依据,凡是不符合安全规定,可能危害铁路运输安全的货物,铁路运输企业都有权拒绝承运,有责任不予承运。

第六十九条　运输危险货物应当按照法律法规和国家其他有关规定使用专用的设施设备,托运人应当配备必要的押运人员和应急处理器材、设备以及防护用品,并使危险货物始终处于押运人员的监管之下;危险货物发生被盗、丢失、泄漏等情况,应当按照国家有关规定及时报告。

【释义】　本条是关于危险货物运输过程中的安全管理规定。

由于危险货物运输具有危险性大、技术性强等特点,在2004年的《铁路运输安全保护条例》中,对铁路危险货物承运人、托运人资质设定了行政许可。2013年铁路实行政企分开,按照减少政府行政审批、落实企业安全生产主体责任的要求,在《铁路安全管理条例》中删除了这项许可规定。但这并不意味着对危险货物运输安全管理的放松。本条例第六十七条至七十一条,分别从办理危险货物运输业务的铁路运输企业及其工作人员、装卸人员,托运人及押运人员等各个方面,对危险货物运输各个环节的安全管理提出了严格要求。

本条对危险货物运输应配备的专用设施设备,托运人应当配备的押运人员和应急处理器材、设备、防护用品等均做了严格的规定。我国相关法律、法规对危险货物运输也有明确规定,如《危险化学品管理条例》规定:“危险化学品的包装应当符合法律、行政法规、规章的规定以及国家标准、行业标准的要求。危险化学品包装物、容器的材质以及危险化学品包装的型式、规格、方法和单件质量(重量),应当与所包装的危险化学品的性质和用途相适应。”“运输危险化学品的驾驶人员、船员、装卸管理人员、押运人员、申报人员、集装箱装箱现场检查员,应当了解所运输的危险化学品的危险特性及其包装物、容器的使用要求和出现危险情况时的应急处置方法。”

关于对托运人的要求,《危险化学品安全管理条例》规定:“托运危险化学品的,托运人应当向承运人说明所托运的危险化学品的种类、数量、危险特性以及发生危险情况的应急处置措施,并按照国家有关规定对所托运的危险化学品妥善包装,在外包装上设置相应的标志。运输危险化学品需要添加抑制剂或者稳定剂的,托运人应当添加,并将有关情况告知承运人。”“托运人不得在托运的普通货物中夹带危险化学品,不得将危险化学品匿报或者谎报为普通货物托运。”《危险化学品安全管理条例》还规定:“通过铁路、航空运输危险化学品的安全管理,依照有关铁路、航空运输的法律、行政法规、规章的规定执行。”

根据国家相关法律法规及有关规定,本条对直接参与危险货物运输的有关人员的安全责任作出了明确规定。包括:

1. 不管是承运人,还是托运人,只要运输危险货物,就应当按照法律法规和国家其他有关规定,配备使用专用的设施、设备。

2. 运输危险货物的托运人应当配备运输危险货物必要的应急处理器材、设备、防护用品,托运人对危险货物还要派出必要的押运人员。

3. 在危险货物运输的整个过程中,押运人不得擅离职守,要使危险货物始终处于其监控之下。

4. 一旦发生危险货物被盗、丢失、泄漏等情况,任何人都有义务按照国家有关规定及时报告。既可以向承运人报告,也可以向铁路监管部门报告,还可以向地方人民政府有关部门及公安机关报告,以便及时研究处理危险货物被盗、丢失、泄漏后可能造成的各种安全危害,防止危险源的进一步扩散。

第七十条　办理危险货物运输业务的工作人员和装卸人员、押运人员，应当掌握危险货物的性质、危害特性、包装容器的使用特性和发生意外的应急措施。

【释义】　本条是对于参与危险货物运输的相关人员办理危险运输相关要求的规定。

在具体的危险货物运输活动中，处于运输一线的工作人员往往对危险货物运输安全起着更直接的作用。在特定情况下，他们的专业水准和应急能力往往具有决定性的作用。根据国家有关法律、法规和铁路相关规章、规定，发生铁路危险货物运输事故和险情时，承运人和托运人必须积极开展应急救援：一是应结合实际，建立健全铁路危险货物运输事故应急预案和信息网络，完善预警预防应急措施，有效处置铁路危险货物运输突发事故，最大限度地减少人员伤亡、财产损失和社会负面影响；二是应建立应急救援队伍，配备相应的应急救援和安全防护设备，定期组织铁路危险货物运输事故应急预案的培训和演练，检查和分析存在的问题，并对活动进行记录和总结，不断提高对事故的预防和处置能力；三是发生铁路危险货物运输事故和险情时，应立即启动应急预案，迅速向铁路监管部门、地方政府、公安消防及环保、卫生防疫部门报告；四是根据危险货物运输的发展变化，及时修改、补充和完善铁路危险货物运输事故应急预案及施救信息网络有关内容等。

第七十一条　铁路运输企业和托运人应当按照操作规程包装、装卸、运输危险货物，防止危险货物泄漏、爆炸。

【释义】　本条是对危险货物托运人和承运人在运输作业过程中的具体责任规定。

办理危险货物运输，包装、装卸、运输是三个最基本的作业环节，也是对保障危险货物运输安全起关键作用的三个作业环节。任何一个环节的作业疏忽大意，都有可能导致危险货物的泄漏或爆炸，不仅影响铁路行车安全，更会对周边环境造成严重破坏，给沿线群众的生产生活带来极大不便。因此，本条例特别对上述关键作业环节的安全管理作出了明确规定。要求危险货物的托运人和承运人，按照国家规定的操作规程包装、装卸、运输，防止危险货物泄漏、爆炸。本条所称“规定的操作规程”,包括国务院有关部门制定的操作标准,也包括国务院铁路行业监督管理部门、铁路企业制定的技术操作规程。

第七十二条　铁路运输企业和托运人应当依照法律法规和国家其他有关规定包装、装载、押运特殊药品,防止特殊药品在运输过程中被盗、被劫或者发生丢失。

【释义】　本条是对特殊药品托运人和承运人的安全责任的规定。

本条所称“特殊药品”,也称“毒、麻、精、放”药物,包括医疗用毒性药品、麻醉药品、精神药品、放射性药品四类。

《药品管理法》中规定,国家对麻醉药品、精神药品、医疗用毒性药品、放射性药品,实行特殊管理,管理办法由国务院制定。2005 年颁布的《麻醉药品和精神药品管理条例》对麻醉药品和精神药品的管理作出了具体要求,一是明确规定了托运、承运和自行运输麻醉药品和精神药品的,应当采取安全保障措施,防止麻醉药品和精神药品在运输过程中被盗、被抢、丢失;二是规定了通过铁路运输麻醉药品和第一类精神药品的,应当使用集装箱或者铁路行李车运输,具体办法由国务院药品监督管理部门会同国务院铁路主管部门制定;三是规定了托运或者自行运输麻醉药品和第一类精神药品的单位,应当向所在地省、自治区、直辖市人民政府药品监督管理部门申请领取运输证明,运输证明有效期为 1 年。运输证明应当由专人保管,不得涂改、转让、转借;四是规定了托运人办理麻醉品和第一类精神药品运输手续,应当将运输证明副本交付承运人。承运人应当查验、收存运输证明副本,并检查货物包装。没有运输证明或者货物包装不符合规定的,承运人不得承运。

《医疗用毒性药品管理办法》规定毒性药品的包装容器上必须印有毒药标志。在运输毒性药品的过程中,应当采取有效措施,防止发生事故。

《放射性药品管理办法》中规定放射性药品的运输,按国家运输、邮政等部门制定的有关规定执行。严禁随身携带放射性药品乘坐公共交通运输工具。

本条例进一步对这类药品的托运人和承运人在铁路运输作业过程中的

安全责任作出了明确规定。规定如下：

1. 对特殊药品的包装、装载、押运，应当严格执行国家有关规定。包括国家相关法律法规和国务院相关管理部门的有关规定。如上面提到的《药品管理法》、《麻醉药品和精神药品管理条例》等。

2. 采取有力措施，防止特殊药品在运输过程中被盗、被劫或者发生丢失。

第七十三条　铁路管理信息系统及其设施的建设和使用，应当符合法律法规和国家其他有关规定的安全技术要求。

铁路运输企业应当建立网络与信息安全应急保障体系，并配备相应的专业技术人员负责网络和信息系统的安全管理工作。

【释义】　本条是对铁路管理信息系统及其设施建设和使用要求方面的规定。

在现代信息社会，网络和信息技术已渗透到社会政治经济文化乃至人们日常生活的各个领域，也渗透到铁路运输生产经营管理的各个方面。发达国家铁路依靠先进的管理信息系统，实现了运输调度指挥、运输生产、安全监控、客货营销等网络化、自动化。一个运输调度中心，可以对几万公里铁路的列车运营进行实时监控，远程指挥。经过多年建设，铁路信息化取得了长足发展，在运输生产和经营管理中发挥着重要支撑和保障作用。

铁路管理信息系统是指在铁路生产、经营、管理领域推广使用的人机系统（不包含与运输安全直接相关的控制系统），是计算机应用软件、支撑应用软件运行的系统软件、设备和基础设施的集成，是铁路运输生产管理的重要组成部分。随着铁路信息化建设步伐的加快，运输网络的安全越来越依赖于信息网络和信息系统的安全。没有统一的管理信息系统，就不能保证铁路运输的集中统一指挥；没有信息传输通道的顺畅，就没有运输网络的通畅。因此，铁路管理信息系统必须实现集中、统一、兼容、顺畅，确保网络和信息系统安全。

本条规定包括以下方面内容：

1. 铁路管理信息系统及其设施的建设和使用，应当符合法律法规和国家其他有关规定的安全技术要求。相关的法律法规如《计算机信息系统安全保护条例》,其第三条规定:"计算机信息系统的安全保护,应当保障计算机及其相关的和配套的设备、设施(含网络)的安全,运行环境的安全,保障信息的安全,保障计算机功能的正常发挥,以维护计算机信息系统的安全运行。"国家其他有关规定的安全技术要求,主要包括国家和行业的安全标准和规范等。

2. 铁路运输企业应当建立网络与信息安全应急保障体系。网络和信息系统安全保护工作,是铁路运输安全保护工作的组成部分。在应对信息系统故障及信息安全事件时,应急响应管理是非常重要的。应急保障体系应包括制度、组织、技术、运作等多个方面。

3. 铁路运输企业应当配备相应的专业技术人员负责网络和信息系统的安全管理工作。铁路管理信息系统涉及铁路专业领域,安全管理技术性强,必须由专业技术人员负责系统的安全保护。信息系统运行维护技术队伍包括一线值班人员,机房基础设施管理维护人员和网络及系统维护支持人员。各类人员应合理配备,相对稳定,责任明确,形成梯队。值班人员应该专岗专职,平台管理和应用支持人员要专岗专职或专岗专责。

第七十四条　禁止使用无线电台(站)以及其他仪器、装置干扰铁路运营指挥调度无线电频率的正常使用。

铁路运营指挥调度无线电频率受到干扰的,铁路运输企业应当立即采取排查措施并报告无线电管理机构、铁路监管部门;无线电管理机构、铁路监管部门应当依法排除干扰。

【释义】　本条是对禁止及排除铁路运营指挥无线电频率干扰的规定。

铁路运营指挥调度系统是保障铁路运输安全畅通的指挥中枢,其工作的重要手段和方式就是通过无线电实施集中统一指挥。如果无线电频率受到干扰,势必影响指挥中枢的工作,严重的可能造成指挥失灵,引发铁路事故。为保障铁路安全畅通,依据1993年国务院发布的《无线电管理条例》有关"设置、使用特别业务的无线电台(站),由国家无线电管理机构委托国务院有关部门审批","国家无线电管理机构对无线电频率实行统一划分和分配”,“国务院有关部门对分配给本系统使用的频段和频率进行指配”的规定,铁路无线电台设置和频率使用采用行政审批的方式,铁路建设单位、铁路运输企业需要使用铁路专用通信频率设置无线电台(站)的,应当向国务院铁路行业监督管理部门申请许可。

本条主要从加强铁路安全管理的角度,针对实践中存在的干扰铁路运营指挥调度无线电频率的情况,作出了具体规定:

1. 明确禁止使用无线电台(站)以及其他仪器、装置干扰铁路运营指挥调度无线电频率的正常使用。

2. 发现受到干扰的情况,铁路运输企业应当立即采取排查措施,并向无线电管理机构和铁路监管部门报告。

3. 无线电管理机构和铁路监管部门应当依法排除干扰。依据《无线电管理条例》规定,国家无线电管理机构、地方无线电管理机构、国务院有关部门的监测中心、监测台(站),按照职责分工,负责对无线电信号实施监测,查找无线电干扰源,保护依法设置的无线电台(站)使用的频率免受有害干扰。

第七十五条　电力企业应当依法保障铁路运输所需电力的持续供应,并保证供电质量。

铁路运输企业应当加强用电安全管理,合理配置供电电源和应急自备电源。

遇有特殊情况影响铁路电力供应的,电力企业和铁路运输企业应当按照各自职责及时组织抢修,尽快恢复正常供电。

【释义】　本条是关于保障铁路运输供电的规定。

电力是铁路运输生产的重要保障。它与提高运输效率,保证行车安全有着密切关系。自动闭塞电线路、电力贯通线路及铁路变、配电所,电源线路等设施构成的供电网络是铁路重要的行车设备。铁路电力工作是铁路运输的重要组成部分,其主要任务是:不断提高供电质量和可靠性,满足铁路运输生产需要。

本条规定包括三方面内容:

1. 电力企业供电是否能切实保障关乎铁路运输安全,电力企业有按照国家规定保障铁路运输所需电力供应的义务。《铁路法》第四十四条规定："电力主管部门应当保证铁路牵引用电以及铁路运营用电中重要负荷的电力供应。铁路运营用电中重要负荷的供应范围由国务院铁路主管部门和国务院电力主管部门商定。"

2. 从铁路运输企业层面来看，对供电、用电的主要义务有：一是贯彻执行国家和国务院铁路行业监督管理部门的有关规定，结合具体情况制定有关细则、办法和标准，加强用电管理，保证安全、质量和效益；二是掌握电力设备状态，安排年度供电计划、合理配置供电资源；三是核定事故抢修备用品储备定额，合理配置应急自备电源。

3. 当遇到有特殊情况影响电力供应时，为了迅速排除故障，缩短停电时间，减少对铁路运输造成的损失，电力企业和铁路运输企业应该按照各自职责，抓紧抢修，尽快恢复正常。根据我国《电力法》的规定，供电企业在发电、供电系统正常的情况下，应当连续向用户供电，不得中断。《电力安全事故应急处置和调查处理条例》中规定，事故发生后，电力企业和其他有关单位应当按照规定及时、准确报告事故情况，开展应急处置工作，防止事故扩大，减轻事故损害。电力企业应当尽快恢复电力生产、电网运行和电力(热力)正常供应。事故造成电力设备、设施损坏的，有关电力企业应当立即组织抢修。

第七十六条　铁路运输企业应当加强铁路运营食品安全管理，遵守有关食品安全管理的法律法规和国家其他有关规定，保证食品安全。

【释义】　本条是对铁路运营食品安全管理的原则性规定。铁路运营食品安全包括铁路旅客在进站乘车过程中的饮食安全和粮食鲜肉等食品运输的安全。由于铁路运输流动性强、地域范围广的特点，长期以来，铁路运营食品安全管理模式不同于一般食品的监督管理方式，主要不是以属地化方式管理，而是由铁路部门自行管理。2009 年颁布的《食品安全法》第一百零二条规定："铁路运营中食品安全的管理办法由国务院卫生行政部门会同国务院有关部门依照本法制定。"据此，2010 年原卫生部、铁道部、国家工商总局、国家质监总局、国家食品药品监督管理局印发了《铁路运营食品安全管理办法》(卫监督发〔2010〕79号),对铁路运营食品安全监督管理范围、主体、内容等作出了明确规定。有鉴于此,本条例没有再对铁路运营食品安全监督管理制度作重复性规定,而着重从落实企业安全生产主体责任的角度,规定"铁路运输企业应当加强铁路运营食品安全管理,遵守有关食品安全管理的法律法规和国家其他有关规定,保证食品安全。"

第七十七条　禁止实施下列危害铁路安全的行为:

(一)非法拦截列车、阻断铁路运输;

(二)扰乱铁路运输指挥调度机构以及车站、列车的正常秩序;

(三)在铁路线路上放置、遗弃障碍物;

(四)击打列车;

(五)擅自移动铁路线路上的机车车辆,或者擅自开启列车车门、违规操纵列车紧急制动设备;

(六)拆盗、损毁或者擅自移动铁路设施设备、机车车辆配件、标桩、防护设施和安全标志;

(七)在铁路线路上行走、坐卧或者在未设道口、人行过道的铁路线路上通过;

(八)擅自进入铁路线路封闭区域或者在未设置行人通道的铁路桥梁、隧道通行;

(九)擅自开启、关闭列车的货车阀、盖或者破坏施封状态;

(十)擅自开启列车中的集装箱箱门,破坏箱体、阀、盖或者施封状态;

(十一)擅自松动、拆解、移动列车中的货物装载加固材料、装置和设备;

(十二)钻车、扒车、跳车;

(十三)从列车上抛扔杂物;

（十四）在动车组列车上吸烟或者在其他列车的禁烟区域吸烟；

（十五）强行登乘或者以拒绝下车等方式强占列车；

（十六）冲击、堵塞、占用进出站通道或者候车区、站台。

【释义】 本条是对于危害铁路运输安全行为的禁止性规定。

本条在全面总结我国铁路运输安全保护工作经验的基础上，针对近年来铁路沿线及铁路站车安全保护中存在的主要问题，采用列举的方式，对16个方面的行为，作出了禁止性规定。包括：

1. 禁止非法拦截列车、阻断铁路运输。列车是按照列车运行图规定的时间、区段运行的，有着严格的计划和时间性要求。一列车被阻断，可能造成许多列车运行秩序的混乱。因此，条例规定禁止非法拦截列车，以确保铁路行车安全。本条规定不包括为防止行车事故而拦截列车的正当行为。任何单位和公民，一旦发现列车或线路险情，都有权采取果断措施，包括拦截列车，以避免造成人员伤亡和财产损失。这种行为应当受到表彰。

2. 禁止扰乱铁路运输指挥调度机构以及车站、列车正常工作秩序。我国铁路运输实行集中统一调度指挥，运输调度机构、运输指挥部门是铁路运输的中枢，保证运输调度及指挥部门的正常工作秩序，是保证铁路运输安全的重要前提。而车站、列车则是人群聚集的公共场所，如果秩序混乱，对旅客安全会造成极大威胁。因此，禁止任何单位和个人干扰这些重要场所的正常工作秩序。

3. 禁止在铁路线路上放置、遗弃障碍物。铁路线路是列车运行的基本设施，是列车作业的主要场所，在线路上放置或遗弃障碍物，不管是有意还是无意，都会危及铁路行车安全，甚至造成车毁人亡的严重后果。因此，严格禁止在铁路线路上放置、遗弃障碍物。

4. 禁止击打列车。击打列车是指用砖头、石块等硬性物击打列车。击打列车，尤其是击打运行中的列车，不仅使铁路车辆遭受损害，还严重威胁旅客生命安全。因此，为保护铁路运输安全和旅客生命财产安全，要严格禁止和严厉打击这类行为。

5. 禁止擅自移动线路上的机车车辆，或者擅自开启列车车门、违规操纵列车紧急制动设备。机车车辆在线路上行驶都有“点”的限制,必须服从调度指挥,如果出于好奇或其他原因擅自移动线路上的机车车辆,扰乱运输秩序,可能导致机车车辆相撞事故的发生。因此,线路上的机车车辆非经批准,严禁擅自移动。擅自开启列车车门的行为是十分危险的,特别是在运行中,若是旅客列车,旅客有可能被强大的气流吸出车外;若是货车,货物将会洒落到铁路线上,轻者造成货物损失,重者可能因货物挡道,造成严重的行车事故。违规操纵列车紧急制动设备也是十分危险,紧急制动也称非常制动,是列车遇到紧急情况,必须在最短距离内停车时实施的制动方法。也就是说,列车紧急制动设备是在列车出现紧急情况下,为保护列车上旅客人身财产安全而严格按照相关规定使用的。如果违规操纵紧急制动设备,会引发安全事故,这种行为是禁止的。

6. 禁止拆盗、毁损或者擅自移动铁路设施设备、机车车辆配件、标桩、防护设施和安全标志。铁路设施设备、机车车辆配件、标桩、防护设施和安全标志等,都是按照严格的操作规程和技术要求进行设置的,擅自损毁、移动都可能给铁路运输安全带来严重后果。如擅自将轨道上的道钉拔掉,会使线路发生偏移,导致列车出轨;擅自移动信号机,会使司机无法判断铁路信号;擅自动用铁路的给水、供电移动设备会影响铁路的水电正常供应和使用,等等。历史上铁路的很多大事故,都是由于列车安全设施、设备遭到破坏而造成的。对这类拆盗、损毁或擅自移动铁路设施设备的行为,是长期以来铁路公安机关的打击重点。

7. 禁止在铁路线路上行走、坐卧或者在未设道口、人行过道的铁路线路上通过。《铁路法》第五十一条规定:“禁止在铁路线上行走、坐卧。”目前,全国铁路发生的路外伤亡事故,很大一部分是由于行人不遵守法律规定,在铁路线上行走、坐卧,或者在未设道口、人行过道的铁路线路上通行,避让不及而造成的。每年全国路外伤亡事故给人民生命财产安全造成极大威胁,给铁路运输企业造成巨大损失。然而,为了图方便、走捷径,在铁路线路上行走、坐卧或者在未设道口、人行过道的铁路线路上通行的现象屡禁不止。因此,本条例再次强调禁止这一行为。

8. 禁止擅自进入铁路线路封闭区域或者在未设置行人通道的铁路桥梁上、隧道内通行。铁路线路是机车车辆走行的通路,轨道及支撑轨道所必需的路基、桥梁、涵洞、隧道及其他建筑物的总称。擅自进入铁路线路封闭区无论是对运行中的列车还是对行人本身都存在极大的危险。有的铁路桥梁、隧道上设置了行人通道,可以供行人通行;有的桥梁、隧道因为位置的原因或其他可能危及安全的因素,未设置行人通道。一般情况下,凡是只设置了作业人员通道而没有设置行人通道的,即是禁止行人通行。

9.禁止开启、关闭列车的货车阀、盖或者破坏施封状态。在铁路货物运输过程中,货车阀是用于列车制动或者放送等用途的专用器材、器具。还有的货物运输需要采取特殊的密封措施,有的需要专门的罐装,才能保证货物的安全。然而,列车运行中货车的阀、盖及施封状态经常受到破坏,使货物洒落、溢出或丢失,给货主带来经济损失,给运输安全带来隐患,也会对沿线环境造成破坏。

10.禁止开启列车中集装箱箱门,破坏箱体、阀、盖或者施封状态。在铁路运输中,集装箱始终保持施封状态,是为了防止集装箱内的货物和部件散落、丢失,危及行车安全。上款规范的是各种列车,而本款规范的是集装箱。

11.禁止松动、拆解、移动列车中的货物装载加固材料、装置和设备。装载加固是货物运输中保证安全的重要内容之一,装载加固方案、装载加固材料都有严格的技术标准,不得随意更改,更不允许随意松动、解开、移动已经固定了的装载加固材料和加固装置。

12.禁止钻车、扒车、跳车。铁路机车车辆行驶时危险性比较大,然而有的人为了一己之便,钻车、扒车、跳车,这些行为既严重危及行为者自身的生命安全,同时也扰乱正常的铁路运输作业程序,因此必须予以禁止。

13.禁止从列车上抛扔杂物。所谓杂物,是指旅行途中的各种废弃物。如塑料饭盒、酒瓶、剩菜剩饭、废纸、瓜皮、果壳等。从列车上抛扔杂物,不但影响铁路沿线的卫生,而且还容易造成伤害他人的严重后果。旅客从列车上往窗外扔酒瓶将巡道工和线路旁的行人砸伤的情况时有发生。目前,铁路沿线的杂物很多,大多数都是从列车上抛扔下来的。因此,从保护铁路沿线安全和环境卫生的目的出发,条例明确禁止从列车上抛扔杂物。

14.禁止在动车组列车上吸烟或者在其他列车的禁烟区域吸烟。本项是这次修订新增加的内容。近年来,随着我国高速铁路的发展,车辆装备水平的提高,动车组列车的数量大大增加。因动车组列车车辆密封性较好,对安全有特殊的要求，一旦在列车中吸烟引起火灾，后果不堪设想。目前，动车组列车上都装有烟雾报警装置，倘若有人吸烟，列车便会自动紧急停车，不但不利于列车正点安全到达，也会扰乱行车调度，造成安全隐患。因此，条例严禁在动车组列车上吸烟。在普通列车上，由于人员、行李较多，若放纵吸烟行为，不仅影响他人健康，也极易引发火灾，因此，在其他旅客列车上也设置了禁烟区域和禁烟标志。

15. 禁止强行登乘或者以拒绝下车等方式强占列车。铁路是大众化交通运输工具，面向的不是单独个体的乘客，如果因为某一个人的强行登乘或者拒绝下车，干扰了正常的运输秩序，其他旅客的切身利益也会受到影响，因此这种行为是禁止的。

16. 禁止冲击、堵塞、占用进出站通道或者候车区、站台。进出站通道是旅客、货物、车站工作人员进出站的通道，候车区是供旅客候车、休息的场所，以便旅客检票进站时，很方便地到达各个站台，站台是供旅客上下车的场所。进出站通道、候车区、站台这些场所如果遇到冲击、堵塞、占用等行为，一是会威胁到旅客的人身财产安全；二是正常的运输秩序被扰乱；三是对于人群聚集的车站来说，也容易引起秩序混乱，这些行为都是禁止的。

铁路是连接城乡、沟通全国的大众化交通工具，每天输送几百万旅客，一趟客车少则几百人，多则一千多人，铁路运输安全与广大人民群众的生命财产安全紧密相关。特别是高速铁路大批投产运营后，运输能力有较大增长。2005～2012 年，全国铁路旅客发送量由 11.6 亿人增长到 18.9 亿人，增长了 62.9%；货物发送量由 26.9 亿吨增长到 39 亿吨，增长 45%。这对铁路运输安全保护提出了更高的要求。本条规定的这些禁止性行为，都是严重威胁铁路运输安全的行为，必须加大执行力度，才能保障广大旅客货主和铁路沿线群众的生命财产安全。

第六章

监 督 检 查

本章以加强安全监督检查、落实政府监管职责为主旨，明确规定了铁路监管部门、地方人民政府及有关部门和安全监督检查人员的具体职责，并对铁路运输企业及有关单位配合监管工作的义务作出了规定。本章所称“铁路监管部门”，包括国务院铁路行业监督管理部门和铁路监督管理机构，这在本条例第三条中已有明确规定。国务院铁路行业监督管理部门可以根据实际需要，进一步细化明确监督检查的具体职责分工。

第七十八条　铁路监管部门应当对从事铁路建设、运输、设备制造维修的企业执行本条例的情况实施监督检查，依法查处违反本条例规定的行为，依法组织或者参与铁路安全事故的调查处理。

铁路监管部门应当建立企业违法行为记录和公告制度，对违反本条例被依法追究法律责任的从事铁路建设、运输、设备制造维修的企业予以公布。

【释义】　本条是对铁路监管部门职责的规定。

本条第一款明确了铁路监管部门三个方面的监管职责：

一是对从事铁路建设、运输、设备制造维修的企业执行本条例的情况实施监督检查。与2004年修订的《铁路运输安全保护条例》相比，《铁路安全管理条例》对铁路安全监管的范围作了较大扩展，从原来的铁路运输安全监管扩展到铁路运输安全、工程建设质量安全、专用设备质量安全三大领域,监管部门监督检查的范围也作了相应的调整补充。监督检查的内容,主要就是从事铁路建设、运输、设备制造维修的企业执行本条例的情况,即是否按照条例规定履行了法定义务。

二是依法查处违反本条例规定的行为,也就是我们通常所说的行政处罚。本条例第七章"法律责任",对违反本条例规定的行为,都有明确的处罚规定或要求,是铁路监管部门查处违反本条例规定行为的所依之法。其他法律法规对相关行为有处罚规定的,如违反本条例关于铁路建设质量安全管理的规定,在《建设工程安全生产管理条例》、《建设工程质量管理条例》中有相应的法律责任规定,铁路监管部门也应当依照执行。

三是依法组织或者参与铁路安全事故的调查处理。这里所称"铁路安全事故",包括铁路交通事故。鉴于对事故的调查处理,国务院有专门法规规定,本条例只是作了衔接性规定。

对铁路交通事故的调查处理,2007 年国务院发布的《铁路交通事故应急救援和调查处理条例》(国务院令第 501 号)有明确规定。依照该条例第二条规定:"铁路机车车辆在运行过程中与行人、机动车、非机动车、牲畜及其他障碍物相撞,或者铁路机车车辆发生冲突、脱轨、火灾、爆炸等影响铁路正常行车的铁路交通事故(以下简称事故)的应急救援和调查处理,适用本条例。"事故等级,分为特别重大事故、重大事故、较大事故和一般事故。其中,"特别重大事故由国务院或者国务院授权的部门组织事故调查组进行调查。重大事故由国务院铁路主管部门组织事故调查组进行调查。较大事故和一般事故由事故发生地铁路管理机构组织事故调查组进行调查;国务院铁路主管部门认为必要时,可以组织事故调查组对较大事故和一般事故进行调查。"

2013 年铁路政企分开改革后,依据《国务院办公厅关于印发国家铁路局主要职责内设机构和人员编制规定的通知》(国办发〔2013〕21 号)规定,国家铁路局的主要职责之一,就是"组织或参与铁路生产安全事故调查处理"。这里的"铁路生产安全事故",包括铁路交通事故。

本条第二款是对建立企业违法行为记录和公告制度的规定。包括从事铁路建设、运输、设备制造维修的企业,违反本条例被依法追究法律责任的,铁路监管部门要对其记录在案并予以公告。目的是建立企业信用制度，通过记录和公告，鼓励企业依法守信，惩戒违法失信，督促铁路建设、运输、设备制造维修企业加强安全管理，建立起良好的信誉，并借助良好的信誉增强其市场竞争力，逐步在全社会形成自觉守法、守信的良好风气。

第七十九条　铁路监管部门应当加强对铁路运输高峰期和恶劣气象条件下运输安全的监督管理，加强对铁路运输的关键环节、重要设施设备的安全状况以及铁路运输突发事件应急预案的建立和落实情况的监督检查。

【释义】　本条是对铁路运输高峰期和恶劣气象条件下加强安全监管的规定。

铁路运输高峰期，主要是指法定节假日或者传统节日等铁路客流量急剧增加、运输特别繁忙的一段时期。如五一、十一“黄金周”、春节、学生放寒暑假时，都是铁路运输的高峰期。

恶劣气象条件，主要是指台风、暴风雨雪、沙尘天气以及大雾等低能见度气象条件。恶劣气象条件对铁路行车安全影响十分严重，铁路运输企业必须采取相应的安全保障措施确保运输安全，以减少和避免铁路交通事故的发生，保障公众人身安全和财产安全。同时，铁路监管部门也要加强监督管理，防止和杜绝危险行车。

铁路运输的关键环节，主要是指在运输作业过程中，对总体安全形势起主导或关键作用的生产环节，如危险货物运输，就是影响货运安全的关键环节；又如机车车辆驾驶人员的管理，就是铁路行车安全管理中的关键环节之一。

重要设施设备，主要是指那些对保障运输安全具有重要影响，一旦出现安全故障，可能影响大局的运输设施设备。如车站、运输调度指挥系统，铁路机车车辆、桥梁、隧道、道岔、道口、通信信号设备等。

上述运输高峰期和恶劣气象条件下，运输关键环节、重要设施设备的安全生产状况及安全管理水平，对保障铁路运输安全具有十分重要的影响。本条为此专门规定了这种特定情况下铁路监管部门的监督检查职责：一是加强对关键环节、重要设施设备安全状况的监督检查,及时发现并督促企业消除安全隐患;二是加强对铁路运输突发事件应急预案建立和落实情况的监督检查。包括检查铁路运输企业是否建立健全了应急预案,预案规定的内容是否全面、科学,规定的人员、措施和制度是否落实等。

按照2007年颁布的《突发事件应对法》,突发事件主要"是指突然发生、造成或者可能造成严重社会危害,需要采取应急处置措施予以应对的自然灾害、事故灾难、公共卫生事件和社会安全事件"。铁路运输突发事件除了铁路交通事故造成的事故灾难外,也很有可能发生其他三种类型的突发事件,建立并落实相关应急预案,是铁路运输企业的法定职责,十分必要。一是通过应急预案的建立,总结汲取以往运输安全管理的经验教训,明确运输安全防范重点,提出预防事故的思路和办法;二是在事故发生后,按照应急预案组织开展应急救援,能够更加及时、有针对性地采取救援措施,防止事故的进一步扩大,减少人员伤亡和财产损失;三是根据应急预案要求,建立专业化的应急救援组织,能有效避免施救过程中的盲目性,减少事故救援过程中的伤亡和损失。

第八十条　铁路监管部门和县级以上人民政府安全生产监督管理部门应当建立信息通报制度和运输安全生产协调机制。发现重大安全隐患,铁路运输企业难以自行排除的,应当及时向铁路监管部门和有关地方人民政府报告。地方人民政府获悉铁路沿线有危及铁路运输安全的重要情况,应当及时通报有关的铁路运输企业和铁路监管部门。

【释义】 本条是关于铁路运输安全信息通报制度和运输安全生产协调机制的规定。

加强铁路安全监督管理,是政府各有关部门的共同责任。铁路运输安全保护涉及多个领域和部门,涉及企业和政府的多方面关系,必须建立畅通的安全信息渠道和安全生产协调机制,才能形成统一协调、责任明确、相互配合的铁路运输安全管理长效机制。本条所规定的铁路运输安全信息通报制度和运输安全生产协调机制,需要铁路监管部门、国家安全生产监督管理部门、县级以上地方人民政府安全生产监督管理部门的共同协作，目的是为加强铁路运输安全监管，解决安全生产中存在的突出问题，协调各个方面的关系，以健全和完善铁路运输安全综合治理机制，更有效地处理突发事件。这种互动的工作关系、工作机制，有利于维护铁路安全运输。

本条内容包括三层含义：

1. 铁路监管部门与县级以上人民政府安全生产监督管理部门之间，应建立安全信息通报制度和运输安全生产协调机制。

2. 铁路运输企业发现重大安全隐患，难以自行排除的，应当及时向铁路监管部门和地方人民政府报告。铁路运输企业作为安全生产责任主体，在例行巡查、日常检查等过程中，会发现不少安全隐患。这其中有些是铁路运输企业自身管理的问题，有些是偶发性、可以立即排除的一般隐患。对这些安全隐患，铁路运输企业应当严格落实安全生产主体责任，按照国家相关规定和企业内部的管理制度立即排除。但在现实中，还存在一些重大的安全隐患，可能涉及多个部门，或者影响特别巨大，铁路运输企业难以自行排除，如发现铁路桥梁、隧道等存在严重的质量问题或者可能发生地质灾害时，铁路运输企业就应当及时向铁路监管部门和地方人民政府报告。

3. 地方人民政府获悉铁路沿线有危及铁路运输安全的重要情况，应当及时向有关的铁路运输企业和铁路监管部门通报。如地方人民政府对知道的可能或者即将发生的自然灾害情况，对发现的铁路线路、桥梁、隧道、电气化设备等存在的安全隐患，应当及时向有关的铁路运输企业、铁路监管部门通报，以利于尽快消除安全隐患。

第八十一条　铁路监管部门发现安全隐患，应当责令有关单位立即排除。重大安全隐患排除前或者排除过程中无法保证安全的，应当责令从危险区域内撤出人员、设备，停止作业；重大安全隐患排除后方可恢复作业。

【释义】　本条是铁路监管部门对发现的安全隐患处理的规定。

本条包括三层含义：一是铁路监管部门对发现的安全隐患，应当责令有关单位立即排除；二是重大安全隐患排除前或者排除过程中无法保证安全的,应当责令从危险区域内撤出人员、设备,停止作业;三是重大安全隐患排除后方可恢复作业。

铁路“安全隐患”,包括各种可能危及铁路运输和建设安全的因素和情形;“重大安全隐患”通常是指比较严重的情形。加强铁路运输和建设安全监督检查的主要目的之一,就是发现安全隐患并及时处理。因此,铁路监管部门在检查中发现危险源时,有权责令铁路运输企业和铁路建设参建企业或其他有关单位立即采取措施予以排除;对于重大危险源在排除前或者排除过程中,无法保证安全或其他人员安全的,为了避免发生安全事故,给人民群众的生命财产造成不必要的损失,应责令有关单位撤出作业人员和设备,停止作业。需要提出的是,这里的“停止作业”只是一种临时性的行政强制措施,不必经过行政处罚的有关程序。在重大危险源排除后,铁路监管部门应当对隐患排除情况和安全生产条件依法进行审查,经审查确认重大安全隐患排除后,铁路运输企业方可恢复作业。

第八十二条　实施铁路安全监督检查的人员执行监督检查任务时,应当佩戴标志或者出示证件。任何单位和个人不得阻碍、干扰安全监督检查人员依法履行安全检查职责。

【释义】　本条是关于铁路安全监督检查人员履职的规定。

铁路安全监督检查人员执行监督检查任务,其目的是通过执法检查督促企业和个人履行法律法规赋予的法定义务,保障铁路安全。条例作此规定,一方面是要求执法人员严格依法行政,防止乱作为或不作为,树立公正执法的良好形象,取信于民;另一方面要树立执法人员的权威性,使其执法活动得到法律保障。

本条包括两层含义:

1.铁路监督检查人员执行监督检查任务时,应当佩戴标志或者出示证件。这是铁路安全监督检查人员行使安全检查职责时不可缺少的程序,是证明其主体资格合法、有效的重要方式,也体现了安全执法的严肃性。这里规定的“证件”,是铁路安全监管部门制发的专门执法证件,有别于一般的工作证。因此,仅仅出示监管部门的工作证,不能认为是出示了执法证件,不能表明其具备执法主体资格。本条例作出这一规定,使之成为铁路安全监督检查人员的一项法定义务,必须予以遵守。被检查单位也有权要求安全检查人员出示有效执法证件。对不出示证件,或者出示的证件不符合要求的人员,被检查单位有权拒绝接受其“监督检查”。

2. 铁路安全监督检查人员履行安全检查职责时,任何单位和个人均有义务接受、配合监督检查。这里规定的“任何单位和个人”既包括被检查的单位和个人,即铁路安全监督检查的对象,也包括其他相关单位和个人。由于铁路安全监督检查人员依法履行监督检查职责,是代表国家执行公务的行为,它与监督检查对象之间构成行政管理关系。因此,检查人员不需要监督检查对象事先同意,就可以依法履行监督检查职责,监督检查对象不得拒绝或者阻挠,必须予以配合。实践中,由于有的单位和个人对行政监督检查的性质和效力缺乏了解,对监督检查工作不支持、不配合,有的故意设置障碍,采取刁难、拖延的办法阻挠检查,有的甚至采取暴力或者威胁使用暴力的办法妨碍监督检查的进行,严重地影响了铁路运输安全监督检查的进行,不仅损害了法律的权威和尊严,也使铁路运输中存在的安全问题不能被及时发现和解决,埋下了安全隐患。为此,本条专门规定:铁路安全监督检查人员履行安全检查职责时,任何单位和个人必须接受依法进行的监督检查,不得阻挠。违反这一规定应承担相应的法律责任。使用暴力阻挠、拒绝监督检查,构成犯罪的,应当依法追究刑事责任。

第七章

法律责任

本章是关于法律责任的规定。本章共二十三条,规定了违反本条例有关规定所应承担的法律后果,即法律责任。

法律责任是指行为人(包括单位和个人)违反法律法规规定所应承担的法律后果,它是法律法规得以实施、获得普遍遵守的重要保障。法律责任以法律义务的存在为前提,行为人只有违反法律法规的明文规定,实施了违法行为,才可能引起法律后果,由本人承担相应的法律责任。违法者承担法律责任主要表现为受到法律制裁。只有通过这种制裁,才能使行为人受到应有的惩罚,发挥法的教育和威慑作用,达到预防和制止违法行为的目的。法律责任具有国家强制性,只能由国家专门机关或者国家授权的机构,在法律规定的权限范围内对违法行为人实施,通过国家强制力迫使行为人接受不利于自己的法律后果,保证法的贯彻施行。

法律责任分为刑事责任、民事责任和行政责任。刑事责任是依照刑事法律的规定应当承担的法律后果。这是最严厉的法律责任追究形式。根据《刑法》,刑事责任的制裁方式主要包括管制、拘役、有期徒刑、无期徒刑、死刑五种主刑和罚金、剥夺政治权利、没收财产三种附加刑。民事责任是依照民事法律的规定应当承担的法律后果。按照我国《民法通则》第一百三十四条的规定,承担民事责任的方式主要有以下十种:(1)停止侵害;(2)排除妨碍;(3)消除危险;(4)返还财产;(5)恢复原状;(6)修理、重作、更换;(7)赔偿损失;(8)支付违约金;(9)消除影响、恢复名誉;(10)赔礼道歉。以上承担民事责任的方式,可以单独适用,也可以合并适用。行政责任是指行政法律关系主体违反行政法律规范或者不履行行政法律义务而依法承担的行政法律后果。行政责任又根据制裁对象的不同分为对个人、组织的行政处罚和对行政机关、法律法规授权组织的行政处分。行政处罚，是特定行政机关、符合法定条件的授权或委托组织依法惩戒违反行政法律规范尚不够给予刑事处罚的个人、组织的一种具体行政行为。根据《行政处罚法》，行政处罚的种类主要有：警告；罚款；没收违法所得、没收非法财物；责令停产停业；暂扣或者吊销许可证。行政处分是行政机关、符合法定条件的授权或委托组织对其工作人员违法失职行为的内部惩戒措施，它是根据行政机关、符合法定条件的授权或委托组织与工作人员之间的所属关系作出的。根据《公务员法》第五十六条，行政处分分为：警告、记过、记大过、降级、撤职、开除。

本章规定的法律责任主要是行政责任。

第八十三条　铁路建设单位和铁路建设的勘察、设计、施工、监理单位违反本条例关于铁路建设质量安全管理的规定的，由铁路监管部门依照有关工程建设、招标投标管理的法律、行政法规的规定处罚。

【释义】　本条是关于铁路建设、勘察、设计、施工、监理单位违反本条例规定的法律责任。

1. 本条规定的违法主体。

本条规定的违法主体是违反本条例规定的铁路建设单位和铁路建设的勘察、设计、施工、监理单位。

2. 本条规定的违法行为。

条例专设第二章对铁路建设质量安全作了规定。一是要求铁路建设工程的勘察、设计、施工、监理以及建设物资、设备的采购，应当依法进行招标。二是明确铁路建设各参与方的质量安全责任，规定铁路建设工程的建设、勘察、设计、施工、监理应当遵守法律、行政法规关于建设工程质量和安全管理的规定，执行有关的国家标准、行业标准和技术规范；勘察、设计、施工单位依法对勘察、设计、施工的质量负责，监理单位依法对施工质量承担监理责任，建设单位应当对建设工程的质量安全进行监督检查，制作检查记录留存备查。三是明确铁路建设工程安全设施的“三同时”制度,要求铁路建设工程的安全设施应当与主体工程同时设计、同时施工、同时投入使用。四是规定铁路建设工程使用的材料、构件、设备等产品,应当符合有关产品质量的强制性国家标准、行业标准。五是针对实际中不合理压缩建设工期的问题,明确规定:铁路建设工程的建设工期,应当根据工程地质条件、技术复杂程度等因素,按照有关的国家标准、行业标准和技术规范合理确定、调整;任何单位和个人不得违反前款规定要求铁路建设单位、设计单位、施工单位压缩建设工期。六是严格竣工验收制度,规定铁路建设工程竣工后,应当按照国家有关规定组织验收,并由铁路运输企业进行运营安全评估,经验收、评估合格,符合运营安全要求的,方可投入运营。本条规定的违法行为,也就是违反条例上述规定的行为。

3. 本条规定的法律责任。

本条没有规定具体的处罚措施或法律责任,而规定依照有关工程建设、招标投标管理的法律、行政法规的规定处罚。工程建设方面我国相继出台了一系列专门的法律法规,如《建筑法》、《建设工程质量管理条例》、《建设工程安全生产管理条例》、《建设工程勘察设计管理条例》等,对铁路建设单位和铁路建设的勘察、设计、施工、监理单位违反本条例规定的可以依据上述法律法规规定进行处罚。

招标投标管理方面目前主要依据《招标投标法》和《招标投标法实施条例》等,《招标投标法》和《招标投标法实施条例》对违法本条例规定的违法招标行为都有相应的处罚规定,对铁路建设单位和铁路建设的勘察、设计、施工、监理违反条例有关招标投标规定的,可以依据相关法律法规条款进行处罚。

4. 本条规定的行政处罚实施机关。

铁路建设单位和铁路建设的勘察、设计、施工、监理单位违反本条例规定的,由铁路监管部门进行处罚。依照《建设工程质量管理条例》、《建设工程安全生产管理条例》和《建设工程勘察设计管理条例》的规定,国务院铁路、交通、水利等有关部门按照国务院规定的职责分工,负责对全国的有关专业建设工程活动的监督管理。根据这一授权,铁路监管部门有权对铁路建设单位和铁路建设的勘察、设计、施工、监理单位违反本条例规定的行为,按照建设工程专门条例规定的法律责任,实施行政处罚。

第八十四条　铁路建设单位未对高速铁路和地质构造复杂的铁路建设工程实行工程地质勘察监理，或者在铁路线路及其邻近区域进行铁路建设工程施工不执行铁路营业线施工安全管理规定，影响铁路运营安全的，由铁路监管部门责令改正，处10万元以上50万元以下的罚款。

【释义】　本条是关于铁路建设、施工单位违反工程地质勘察监理、营业线施工安全管理规定的处罚规定。

1.本条规定的违法主体。

本条规定的违法主体是违反本条例规定的铁路建设单位、施工单位。

2.本条规定的违法行为。

本条规定的违法行为主要有两种情形。第一种情形规定的是铁路建设单位未对高速铁路和地质构造复杂的铁路建设工程组织实行工程地质勘察监理；第二种情形是在铁路线路及邻近区域进行铁路建设工程施工，不执行铁路营业线施工安全管理规定，影响铁路运营安全的。

3.本条规定的法律责任。

本条针对上述违法行为规定了具体的法律责任：由铁路监管部门责令改正，处10万元以上50万元以下的罚款。本条规定的法律责任种类是罚款。这里所说的罚款，是指强迫违反本条规定的铁路建设、施工等单位向国家缴纳款项的行政处罚。其目的是通过使违法单位遭受经济上的损失，以制止和纠正违反本条规定的行为。

值得注意的是本条规定了“责令改正”这一行政措施，并且与“罚款”这一行政处罚并列，应当理解为，只要构成本条规定的违法行为，对行为人就应当责令其改正，并处10万元以上50万元以下的罚款。

4.本条规定的行政处罚实施机关。

本条规定授予了铁路监管部门对违法行为进行责令改正和处以罚款的行政处罚权，也就是说，违反本条规定的行政处罚实施机关为铁路监管部门。

第八十五条　依法应当进行产品认证的铁路专用设备未经

认证合格，擅自出厂、销售、进口、使用的，依照《中华人民共和国认证认可条例》的规定处罚。

【释义】 本条是对违反产品认证相关规定的处罚。

1. 本条规定的违法主体。

本条规定的违法主体是未经认证合格，擅自出厂、销售、进口、使用的铁路专用设备的生产厂商、经营销售者、进口商及其他不特定经营使用主体。

2. 本条规定的违法行为。

本条规定的违法行为主要是依法应当进行产品认证的铁路专用设备未经认证合格，擅自出厂、销售、进口、使用的行为。

3. 本条规定的法律责任。

本条没有规定具体的处罚措施，而是要求依照《认证认可条例》的规定进行处罚。该条例第六十七条规定："列入目录的产品未经认证，擅自出厂、销售、进口或者在其他经营活动中使用的，责令改正，处5万元以上20万元以下的罚款，有违法所得的，没收违法所得。"该条处罚规定，同样适用于对未经认证，擅自出厂、销售、进口、使用铁路专用设备者的处罚。

4. 本条规定的行政处罚的实施机关。

《认证认可条例》第七十二条规定："本条例规定的行政处罚，由国务院认证认可监督管理部门或者其授权的地方认证监督管理部门按照各自职责实施。法律、其他行政法规另有规定的，依照法律、其他行政法规的规定执行。"据此规定，对本条规定的行政处罚的实施机关是国务院认证认可监督管理部门或者其授权的地方认证监督管理部门。

第八十六条　铁路机车车辆以及其他专用设备制造者未按规定召回缺陷产品，采取措施消除缺陷的，由国务院铁路行业监督管理部门责令改正；拒不改正的，处缺陷产品货值金额1%以上10%以下的罚款；情节严重的，由国务院铁路行业监督管理部门吊销相应的许可证件。

【释义】本条是关于对铁路机车车辆以及其他专用设备制造者未按规定召回缺陷产品，采取措施消除缺陷的处罚规定。

1. 本条规定的违法主体。

本条规定的违法主体是未按规定召回缺陷产品，采取措施消除缺陷的铁路机车车辆以及其他专用设备制造者。

2. 本条规定的违法行为。

本条规定的违法行为主要是铁路机车车辆以及其他专用设备制造者未按条例第二十六条规定召回缺陷产品，采取措施消除缺陷的行为。

3. 本条规定的法律责任。

本条针对铁路机车车辆以及其他专用设备制造者未按规定召回缺陷产品，采取措施消除缺陷的违法行为，规定了下列处罚：

一是责令改正；对拒不改正的，处缺陷产品货值金额1%以上10%以下的罚款。值得注意的是本条规定的"责令改正"这一行政措施与"罚款"这一行政处罚不是并列关系，应当理解为，首先责令改正，如果铁路机车车辆以及其他专用设备制造者按照国务院铁路行业监督管理部门要求予以改正，及时按规定召回了缺陷产品，采取措施消除了缺陷的，不再进行处罚。但是国务院铁路行业监督管理部门要求责令改正后，铁路机车车辆以及其他专用设备制造者仍拒不改正的，则处缺陷产品货值金额1%以上10%以下的罚款。这里所说的缺陷产品货值金额1%以上10%以下的罚款，是指按缺陷产品货物价值金额的1%以上10%以下幅度内，根据其危害程度和违法情节轻重进行相应处罚。

二是对情节严重的，吊销相应的许可证件。这里所说的情节严重，一方面是指产品缺陷严重，即使及时召回或采取相应措施仍无法保证质量安全的，则应当吊销铁路机车车辆以及其他专用设备制造者的产品生产许可证等；而另一方面是指，铁路机车车辆以及其他专用设备制造者未按规定召回缺陷产品，未采取措施消除缺陷，由国务院铁路行业监督管理部门责令改正；拒不改正，情节严重的，由国务院铁路行业监督管理部门在处缺陷产品货值金额1%以上10%以下的罚款同时，吊销相应的许可证件。这里情节严重既包括主观方面违法行为情节严重，也包括客观方面产品存在严重缺陷，不适合继续投入生产和适用。

4. 本条规定的行政处罚的实施机关。

根据本条规定，由国务院铁路行业监督管理部门责令改正；情节严重的，由国务院铁路行业监督管理部门吊销相应的许可证件。据此规定，实施本条规定的行政处罚机关是国务院铁路行业监督管理部门。本条只授权国务院铁路行业监督管理部门，一方面要求召回的产品是由于设计、制造、标识等原因导致在同一批次、型号或者类别的铁路专用设备中普遍存在不符合保障人身、财产安全的国家标准、行业标准的情形或者其他危及人身、财产安全的不合理危险的，具有普遍危险性，涉及面广，影响大，铁路监督管理机构无法进行有效的处理；另一方面铁路机车车辆以及其他专用设备的许可都是由国务院铁路行业监督管理部门审批的，按照谁许可谁监管的原则，应由许可实施机关进行处罚。

第八十七条　有下列情形之一的，由铁路监督管理机构责令改正，处2万元以上10万元以下的罚款：

（一）用于铁路运输的安全检测、监控、防护设施设备，集装箱和集装化用具等运输器具、专用装卸机械、索具、篷布、装载加固材料或者装置、运输包装、货物装载加固等，不符合国家标准、行业标准和技术规范；

（二）不按照国家有关规定和标准设置、维护铁路封闭设施、安全防护设施；

（三）架设、铺设铁路信号和通信线路、杆塔不符合国家标准、行业标准和铁路安全防护要求，或者未对铁路信号和通信线路、杆塔进行维护和管理；

（四）运输危险货物不依照法律法规和国家其他有关规定使用专用的设施设备。

【释义】　本条是关于违反本条例第二十五、二十八、四十四、四十五、六十九条规定的法律责任的规定。

1.本条规定的违法行为主体。

本条没有明确规定违法行为的主体，但从本条规定的违法行为看，是指违反本条例第二十五、二十八、四十四、四十五、六十九条规定的托运人、铁路运输企业、铁路建设施工单位、道路管理部门或道路经营企业等。

2. 本条规定的违法行为。

本条规定的违法行为主要包括以下五类违法行为:

一是用于铁路运输的安全检测、监控、防护设施设备,集装箱和集装化用具等运输器具、专用装卸机械、索具、篷布、装载加固材料或者装置、运输包装、货物装载加固等,不符合国家标准、行业标准和技术规范;

二是不按照国家有关规定和标准设置、维护铁路封闭设施、安全防护设施;

三是架设、铺设铁路信号和通信线路、杆塔不符合有关国家标准、行业标准和铁路安全防护要求,或者未对铁路信号和通信线路、杆塔进行维护和管理;

四是运输危险货物不依照法律法规和国家其他有关规定使用专用的设施设备。

本条规定的违法行为是选择性的违法行为,行为人只要实施了上述四类行为中的任何一种行为,即构成本条规定的违法行为。

3. 本条规定的法律责任。

本条规定的法律责任种类是责令改正和罚款:

这里所说的罚款,是指违反本条例第二十五、二十八、四十四、四十五、六十九条规定的托运人、铁路运输企业、铁路建设施工单位、道路管理部门或道路经营企业向国家缴纳款项的行政处罚。根据本条规定,对违反本条例相应规定的托运人、铁路运输企业、铁路建设施工单位、道路管理部门或道路经营企业,处2万元以上10万元以下的罚款。

本条也规定了"责令改正"这一行政措施,并且与"罚款"这一行政处罚并列,应当理解为,只要构成本条规定的违法行为,对行为人就应当责令其改正,并处本条规定数额的罚款。

4. 本条规定行政处罚的实施机关。

本条规定的行政处罚实施主体是铁路监督管理机构。在适用中应当注意把握以下原则:违法行为发生在一个铁路监督管理机构管辖范围内的,由该铁路监督管理机构负责处罚;违法行为跨越两个及以上铁路监督管理机构管辖区域,或者国务院铁路行业监督管理部门认为应由其进行行政处罚的,由国务院铁路行业监督管理部门处罚。

第八十八条　在铁路线路安全保护区内烧荒、放养牲畜、种植影响铁路线路安全和行车瞭望的树木等植物，或者向铁路线路安全保护区排污、倾倒垃圾或者其他危害铁路安全的物质的，由铁路监督管理机构责令改正，对单位可以处5万元以下的罚款，对个人可以处2000元以下的罚款。

【释义】　本条是关于违反第二十九条有关规定，在铁路线路安全保护区内实施危害铁路运输安全的行为所应承担的法律责任的规定。

1. 本条规定的违法主体。

本条规定的违法主体既包括个人，也包括单位。单位包括法人和非法人组织。任何单位和个人，只要实施了违反第二十九条相关规定的行为，都要依照本条规定承担相应的法律责任。

2. 本条规定的违法行为。

本条规定的违法行为是指违反本条例第二十九条有关规定，在铁路线路安全保护区内，实施的下列行为：烧荒、放养牲畜、种植影响铁路线路安全和行车瞭望的树木等植物；向铁路线路安全保护区排污、倾倒垃圾或者其他有害物质的行为。

本条规定的违法行为有两类：

一是在铁路线路安全保护区内烧荒、放养牲畜、种植影响铁路线路安全和行车瞭望的树木等植物。在铁路线路安全保护区内烧荒，可能破坏植被状况，造成水土流失；也可能因为烧荒形成浓烟，影响行车瞭望。放养牲畜可能破坏植被，破坏水土，而且实践中经常发生牲畜上道，造成行车事故的悲剧。因此应予以禁止。

二是向铁路线路安全保护区排污、倾倒垃圾或者其他有害物质。这一类行为的特点是，从铁路线路安全保护区外向区内实施排放有害物质的违法行为。这类行为可能破坏铁路线路安全保护区内的卫生环境，破坏保护区的功能，因而应当依法禁止。

3. 本条规定的法律责任。

(1)行政措施。

本条规定的行政措施是指对违反本条例第二十九条规定的行为人责令

其改正违法行为。这里所说的"责令改正",是指行政机关为了预防或制止正在发生或可能发生的违法行为、危险状态以及不利后果,而作出的要求违法行为人履行法定义务、停止违法行为、消除不良后果或恢复原状的具有强制性的决定。改正违法行为,包括以下内容:①必须停止违法;②消除违法所造成的后果。《行政处罚法》第二十三条规定,"行政机关实施行政处罚时,应当责令当事人改正或者限期改正违法行为"。本条所规定的违法行为,有很多是发生于日常生产、生活中,其特点:一是频繁发生;二是大量此类行为并未产生严重危害结果;三是有些行为情节显著轻微。但是,对这些行为所具有的潜在的危害性,绝不可掉以轻心。基于这些考虑,本条设置责令改正这一行政措施,是必要的。

(2)行政处罚。

本条规定的行政处罚是罚款。这里所说的"罚款",是指行政机关依法强制违法行为人在一定期限内缴纳一定数额货币的行政处罚。罚款的幅度,根据违法主体的不同而有所区别:对单位可以并处5万元以下的罚款,对个人可以并处2000元以下的罚款。这主要是考虑到在绝大多数情况下,单位比个人违法所造成的危害后果更大,单位的经济实力即其承受处罚的能力更强,相同数额的处罚对单位的影响较之对个人的影响可能会弱,因而难以起到惩罚、警戒作用,因此对单位规定了比个人更高的罚款起点和更大的幅度。

对本条规定的违法行为,铁路监督管理机构都必须责令违法行为人改正。能立即予以改正的,或者是情势要求必须立即予以改正的,应当要求违法行为人立即改正。不能立即改正,且情势不是特别紧急的,可以责令限期改正。除责令改正外,铁路监督管理机构还可以对违法行为人处以罚款的行政处罚。依据《行政处罚法》的规定,只有对公民处以50元以下、对法人或者其他组织处以1000元以下罚款的,才可以适用简易程序,当场作出行政处罚决定。本条规定的处罚幅度都远远超出这一幅度,因此不能适用简易程序,应当适用《行政处罚法》所规定的一般程序,即必须全面、客观、公正地调查,收集有关证据;必要时,依照法律、法规的规定,可以进行检查。调查终结,行政机关负责人应当对调查结果进行审查,根据不同情况,作出是否处罚的决定。本条规定的罚款,只是一种选择性的行政处罚。有本条规定的违法行为的,不一定都要给予罚款的行政处罚。是否罚款,以及罚款数额如何,由铁路监督管理机构根据违法行为危害性的大小、实际的危害结果以及违法情节的具体情况合理的自由裁量。

4. 本条规定的实施行政处罚的主体。

对本条规定的违法行为,只有铁路监督管理机构才有权实施行政处罚,即在违法行为发生地所在区域内,实施铁路安全监督管理工作职责的铁路监督管理机构。其他任何单位和个人都无权实施本条所规定的行政处罚。

第八十九条　未经铁路运输企业同意或者未签订安全协议,在铁路线路安全保护区内建造建筑物、构筑物等设施,取土、挖砂、挖沟、采空作业或者堆放、悬挂物品,或者违反保证铁路安全的国家标准、行业标准和施工安全规范,影响铁路运输安全的,由铁路监督管理机构责令改正,可以处10万元以下罚款。

铁路运输企业未派员对铁路线路安全保护区内施工现场进行安全监督的,由铁路监督管理机构责令改正,可以处3万元以下的罚款。

【释义】 本条是关于违反第三十、三十一条有关规定,在铁路线路安全保护区内实施危害铁路运输安全的行为所应承担的法律责任的规定。

1. 本条规定的违法主体。

本条规定的违法主体既包括个人,也包括单位。单位,既包括法人,也包括非法人组织。任何单位和个人,只要实施了违反第三十、三十一条相关规定的行为,都要依照本条规定承担相应的法律责任。其中,铁路运输企业未派员对铁路线路安全保护区内施工现场进行安全监督的,也要承担相应的法律责任。

2. 本条规定的违法行为。

本条规定的违法行为是指违反本条例第三十、三十一条有关规定的下列三类行为:

一是未经铁路运输企业同意或者签订安全协议，在铁路线路安全保护区内建造建筑物、构筑物等设施，取土、挖砂、挖沟、采空作业或者堆放、悬挂物品的行为。

二是在铁路线路安全保护区内建造建筑物、构筑物等设施违反保证铁路安全的国家标准、行业标准和施工安全规范，影响铁路运输安全的行为。

三是铁路运输企业未派员对铁路线路安全保护区内施工现场进行安全监督的行为。

3. 本条规定的法律责任。

(1)行政措施。

本条规定的行政措施是指对违反本条例第三十、三十一条规定的行为人责令其改正违法行为。这里所说的“责令改正”，是指行政机关为了预防或制止正在发生或可能发生的违法行为、危险状态以及不利后果，而作出的要求违法行为人履行法定义务、停止违法行为、消除不良后果或恢复原状的具有强制性的决定。改正违法行为，包括以下内容：①必须停止违法；②消除违法所造成的后果。《行政处罚法》第二十三条规定，“行政机关实施行政处罚时，应当责令当事人改正或者限期改正违法行为”。

(2)行政处罚。

本条规定的行政处罚是罚款。罚款的幅度，根据违法主体和违法行为的不同而有所区别：对第一款所述违法行为可以并处5万元以下的罚款；对第二款所述违法行为可以并处5万元以上20万元以下的罚款；对第三款所述违法行为可以并处3万元以下的罚款。

对本条规定的违法行为，铁路监督管理机构都必须责令违法行为人改正。能立即予以改正的，或者是情势要求必须立即予以改正的，应当要求违法行为人立即改正。不能立即改正，且情势不是特别紧急的，可以责令限期改正。除责令改正外，铁路监督管理机构还可以对违法行为人处以罚款的行政处罚。依据《行政处罚法》的规定，只有对公民处以50元以下、对法人或者其他组织处以1000元以下罚款的，才可以适用简易程序，当场作出行政处罚决定。本条规定的处罚幅度都远远超出这一幅度，因此不能适用简易程序，应当适用《行政处罚法》所规定的一般程序，即必须全面、客观、公正地调查，收集有关证据；必要时，依照法律、法规的规定，可以进行检查。调查终结，行政机关负责人应当对调查结果进行审查，根据不同情况，作出是否处罚的决定。本条规定的罚款，只是一种选择性的行政处罚。有本条规定的违法行为的，不一定都要给予罚款的行政处罚。是否罚款，以及罚款数额如何，由铁路监督管理机构根据违法行为危害性的大小、实际的危害结果以及违法情节的具体情况合理的自由裁量。

4. 本条规定的实施行政处罚的主体。

对本条规定的违法行为，只有铁路监督管理机构才有权实施行政处罚，即在违法行为发生地所在区域内，实施铁路安全监督管理工作职责的铁路监督管理机构。其他任何单位和个人都无权实施本条所规定的行政处罚。

第九十条　在铁路线路安全保护区及其邻近区域建造或者设置的建筑物、构筑物、设备等进入国家规定的铁路建筑限界，或者在铁路线路两侧建造、设立生产、加工、储存或者销售易燃、易爆或者放射性物品等危险物品的场所、仓库不符合国家标准、行业标准规定的安全防护距离的，由铁路监督管理机构责令改正，对单位处5万元以上20万元以下的罚款，对个人处1万元以上5万元以下的罚款。

【释义】　本条是关于违反本条例第三十二、三十三条的法律责任的规定。

1. 本条规定的违法主体。

本条没有明确规定违法主体，但从本条规定的违法行为看，单位和个人都可能成为违法主体。

2. 本条规定的违法行为。

本条规定的违法行为主要是以下两类违法行为：

一是在铁路线路安全保护区内及其邻近区域建造或者设置的建筑物、构筑物、设备等进入国家规定的铁路建筑限界的违法行为；

二是在铁路线路两侧建造、设立生产、加工、储存或者销售易燃、易爆或者放射性物品等危险物品的场所、仓库不符合国家标准、行业标准规定的安全防护距离的违法行为。

3. 本条规定的法律责任。

本条规定的法律责任是责令改正,对单位处5万元以上20万元以下的罚款,对个人处1万元以上5万元以下的罚款。值得注意的是,责令改正的同时还应当对违法行为实施罚款。

4. 本条规定行政处罚的实施机关。

本条规定的行政处罚实施主体是铁路监督管理机构。

第九十一条　有下列行为之一的,分别由铁路沿线所在地县级以上地方人民政府水行政主管部门、国土资源主管部门或者无线电管理机构等依照有关水资源管理、矿产资源管理、无线电管理等法律、行政法规的规定处罚:

(一)未经批准在铁路线路两侧各1000米范围内从事露天采矿、采石或者爆破作业;

(二)在地下水禁止开采区或者限制开采区抽取地下水;

(三)在铁路桥梁跨越处河道上下游各1000米范围内围垦造田、拦河筑坝、架设浮桥或者修建其他影响铁路桥梁安全的设施;

(四)在铁路桥梁跨越处河道上下游禁止采砂、淘金的范围内采砂、淘金;

(五)干扰铁路运营指挥调度无线电频率正常使用。

【释义】　本条是关于违反本条例第三十四、三十五、三十七、三十八、七十四条规定,危害铁路安全的行为所应承担的法律责任的规定。

1. 本条规定的违法主体。

条例第三十四、三十五、三十七、三十八、七十四条分别作了以下规定:

第三十四条规定:在铁路线路两侧从事采矿、采石或者爆破作业,应当遵守有关采矿和民用爆破的法律法规,符合国家标准、行业标准和铁路安全保护要求。

在铁路线路路堤坡脚、路堑坡顶、铁路桥梁外侧起向外各1000米范围内,以及在铁路隧道上方中心线两侧向1000米范围内,确需从事露天采矿、采石或者爆破作业的,应当与铁路运输企业协商一致,依照有关法律法规的规定报县级以上地方人民政府有关部门批准,采取安全防护措施后方可进行。

第三十五条规定:高速铁路线路路堤坡脚、路堑坡顶或者铁路桥梁外侧起向外各200米范围内禁止抽取地下水。

在前款规定范围外,高速铁路线路经过的区域属于地面沉降区域,抽取地下水危及高速铁路安全的,应当设置地下水禁止开采区或者限制开采区,具体范围由铁路监督管理机构会同县级以上地方人民政府水行政主管部门提出方案,报省、自治区、直辖市人民政府批准并公告。

第三十七条规定:任何单位和个人不得擅自在铁路桥梁跨越处河道上下游各1000米范围内围垦造田、拦河筑坝、架设浮桥或者修建其他影响铁路桥梁安全的设施。

因特殊原因确需在前款规定的范围内进行围垦造田、拦河筑坝、架设浮桥等活动的,应当进行安全论证,负责审批的机关在批准前应当征求有关铁路运输企业的意见。

第三十八条规定:禁止在铁路桥梁跨越处河道上下游的下列范围内采砂、淘金:

(一)跨河桥长500米以上的铁路桥梁,河道上游500米,下游3000米;

(二)跨河桥长100米以上不足500米的铁路桥梁,河道上游500米,下游2000米;

(三)跨河桥长不足100米的铁路桥梁,河道上游500米,下游1000米。

有关部门依法在铁路桥梁跨越处河道上下游划定的禁采范围大于前款规定的禁采范围的,按照划定的禁采范围执行。

县级以上地方人民政府水行政主管部门、国土资源主管部门应当按照各自职责划定禁采区域、设置禁采标志,制止非法采砂、淘金行为。

第七十四条规定:禁止使用无线电台(站)以及其他仪器、装置干扰铁路运营指挥调度无线电频率的正常使用。

铁路运营指挥调度无线电频率受到干扰的，铁路运输企业应当立即采取排查措施并报告无线电管理机构、铁路监管部门；无线电管理机构、铁路监管部门应当依法排除干扰。

综上，违反上述规定的单位和个人都是可能构成违法本条规定的违法主体。

2. 本条规定的违法行为。

本条规定的违法行为有五种情况：

一是未经批准在铁路线路两侧各1000米范围内从事露天采矿、采石或者爆破作业；

二是在地下水禁止开采区或者限制开采区抽取地下水；

三是在铁路桥梁跨越处河道上下游各1000米范围内围垦造田、拦河筑坝、架设浮桥或者修建其他影响铁路桥梁安全的设施；

四是在铁路桥梁跨越处河道上下游规定范围内采砂、淘金；

五是干扰铁路运营指挥调度无线电频率正常使用。

3. 本条规定的法律责任。

本条未直接点明所指违法行为应承担何种行政处罚，而是规定"分别由铁路沿线所在地县级以上地方人民政府水行政主管部门、国土资源主管部门或者无线电管理机构等依照有关水资源管理、矿产资源管理、无线电管理等法律、行政法规的规定处罚"，即依照其他有关法律、行政法规的规定来处罚。这种规范在学术上称为准用性规范，即准许适用某一法律文件中某个规范。这是一种常见的立法技术，其功能是避免法律法规之间的矛盾冲突，同时避免行政管理部门之间推诿、扯皮或者造成职责交叉、重叠。

本条所称"依照有关水资源管理、矿产资源管理、无线电管理等法律、行政法规的规定"，主要是指依照《防洪法》、《水法》、《水土保持法》、《矿产资源法》《无线电管理条例》等法律、行政法规。例如《防洪法》第二十二条、第二十三条对禁止围垦造田、拦河筑坝、架设浮桥，及修建其他影响或者危害铁路桥梁安全的设施等行为有规定。同时对违反上述规定的行为还明确了法律责任。该法第五十六条规定"在河道、湖泊管理范围内建设妨碍行洪的建筑物、构筑物的或者在河道、湖泊管理范围内倾倒垃圾、渣土，从事影响河势稳定、危害河岸堤防安全和其他妨碍河道行洪的活动的，水行政部门可以责令停止违法行为,排除阻碍或者采取其他补救措施,可以处五万元以下的罚款”。第五十七条规定,围海造地、围湖造地、围垦河道的,水行政部门可以责令停止违法行为,恢复原状或者采取其他补救措施,可以处五万元以下的罚款;既不恢复原状也不采取其他补救措施的,代为恢复原状或者采取其他补救措施,所需费用由违法者承担。《水法》对围垦造田、抽取地下水、拦河筑坝、架设浮桥,及修建其他影响或者危害铁路桥梁安全的设施等行为也有规定。该法第三十一条规定“从事水资源开发、利用、节约、保护和防治水害等水事活动,应当遵守经批准的规划;因违反规划造成江河和湖泊水域使用功能降低、地下水超采、地面沉降、水体污染的,应当承担治理责任。开采矿藏或者建设地下工程,因疏干排水导致地下水水位下降、水源枯竭或者地面塌陷,采矿单位或者建设单位应当采取补救措施;对他人生活和生产造成损失的,依法给予补偿”。第三十七条第二款规定:“禁止在河道管理范围内建设妨碍行洪的建筑物、构筑物以及从事影响河势稳定、危害河岸堤防安全和其他妨碍河道行洪的活动。”第四十条规定:“禁止围湖造地。已经围垦的,应当按照国家规定的防洪标准有计划地退地还湖。”“禁止围垦河道。确需围垦的,应当经过科学论证,经省、自治区、直辖市人民政府水行政主管部门或者国务院水行政主管部门同意后,报本级人民政府批准。”对违反上述规定的违法行为,该法第四十五条规定:“违反本法规定,有下列行为之一的,由县级以上地方人民政府水行政主管部门或者有关主管部门责令其停止违法行为,限期清除障碍或者采取其他补救措施,可以并处罚款;对有关责任人员可以由其所在单位或者上级主管机关给予行政处分:(一)在江河、湖泊、水库、渠道内弃置、堆放阻碍行洪、航运的物体的,种植阻碍行洪的林木和高杆作物的,在航道内弃置沉船,设置碍航渔具、种植水生植物的;(二)未经批准在河床、河滩内修建建筑物的;(三)未经批准或者不按照批准的范围和作业方式,在河道、航道内开采砂石、砂金的;(四)违反本法第二十七条的规定,围垦湖泊、河流的。在铁路桥梁跨越的河道上下游规定范围内违规采砂、淘金的行为具有巨大的危害性”。对这种危害性特别大的违法行为,《河道管理条例》第四十四条规定:“违反本条例规定,有下列行为之一的,县级以上地方人民政府河道主管机关除责令其纠正违法行为、采取补救措施外,可以并处警告、罚款、没收非法所得;对有关责任人员,由其所在单位或者上级主管机关给予行政处分；构成犯罪的，依法追究刑事责任：（四）未经批准或者不按照河道主管机关的规定在河道管理范围内采砂、取土、淘金、弃置砂石或者淤泥、爆破、钻探、挖筑鱼塘的。”

对违反条例规定，违法抽取地下水、围垦造田、拦河筑坝、架设浮桥，采砂、淘金及修建其他影响或者危害铁路桥梁安全的设施等行为可根据《水法》、《河道管理条例》，要求违法者依法给予补偿外，由县级以上地方人民政府水行政主管部门或者河道主管机关除责令违法者纠正违法行为、采取补救措施外，可以并处警告、罚款、没收非法所得；对有关责任人员，由其所在单位或者上级主管机关给予行政处分；构成犯罪的，依法追究刑事责任。

《无线电管理条例》第四十三条规定：“对有下列行为之一的单位和个人，国家无线电管理机构或者地方无线电管理机构可以根据具体情况给予警告、查封或者没收设备、没收非法所得的处罚；情节严重的，可以并处一千元以上、五千元以下的罚款或者吊销其电台执照：（三）干扰无线电业务的。”

根据上述规定，干扰铁路运营指挥调度无线电频率正常使用的国家无线电管理机构或者地方无线电管理机构可以根据具体情况给予警告、查封或者没收设备、没收非法所得的处罚；情节严重的，可以并处一千元以上、五千元以下的罚款或者吊销其电台执照。

4. 本条规定的处罚实施机关。

本条规定的处罚实施机关是铁路沿线所在地县级以上地方人民政府水行政主管部门、国土资源主管部门或者无线电管理机构。

第九十二条　铁路运输企业、道路管理部门或者道路经营企业未履行铁路、道路两用桥检查、维护职责的，由铁路监督管理机构或者上级道路管理部门责令改正；拒不改正的，由铁路监督管理机构或者上级道路管理部门责令改正；拒不改正的，由铁路监督管理机构或者上级道路管理部门指定其他单位进行养护和维修，养护和维修费用由拒不履行义务的铁路运输企业、道路

管理部门或者道路经营企业承担。

【释义】 本条是关于不履行铁路、道路两用桥检查、维护职责的法律责任的规定。

1. 本条规定的违法主体。

本条规定的违法主体，是指不履行铁路、道路两用桥检查、维护职责的铁路运输企业、道路管理部门或者道路经营企业。

2. 本条规定的违法行为。

本条规定的违法行为是违反本条例第四十条规定的行为。本条例第四十条规定："铁路、道路两用桥由所在地铁路运输企业和道路管理部门或者道路经营企业定期检查、共同维护，保证桥梁处于安全的技术状态"，"铁路、道路两用桥的墩、梁等共用部分的检测、维修由铁路运输企业和道路管理部门或者道路经营企业共同负责，所需费用按照公平合理的原则分担"。因此，本条规定的违法行为，是指下列两个行为：

(1)铁路、道路两用桥所在地的铁路运输企业和道路管理部门或者道路经营企业未定期检查、共同维护，影响道路、铁路两用桥安全技术状态的行为。

(2)铁路运输企业和道路管理部门或者道路经营企业不按规定检测、维修铁路、道路两用桥的墩、梁等共用部分的行为。

3. 本条规定的行政处罚措施。

本条规定的行政处罚措施是责令改正和强制养护、维修。

(1)责令改正。

这里所说的责令改正，是指对违反本条例第四十条规定的行为人责令其改正违法行为。责令改正的内容包括：①必须停止违法行为；②主动协助调查处理；③消除违法行为造成的不良后果。

(2)强制养护和维修。

强制养护和维修，是指违反本条例第四十条规定的道路管理部门、铁路运输企业或者道路经营企业拒不承担按规定定期检查、维护铁路、道路两用桥，铁路、道路两用桥的墩、梁等共用部分的义务，由铁路监督管理机构或者上级道路管理部门指定其他单位进行养护和维修，养护和维修费用由拒不履行义务的道路管理部门、铁路运输企业或者道路经营企业承担。适用这一行政强制执行的前提是，未按规定定期检查、维护铁路、道路两用桥，铁路、道路两用桥的墩、梁等共用部分，且拒不改正。因强制养护和维修发生的费用分别由拒不履行义务的道路管理部门、铁路运输企业或者道路经营企业承担。

4. 本条规定行政处罚措施的实施机关。

本条规定的行政处罚措施实施主体是铁路监督管理机构或者上级道路管理部门。

值得注意的是，本条规定的行政处罚措施的实施主体是选择性的，即铁路监督管理机构或者上级道路管理部门。在适用中可以按照以下原则来掌握：对有违反本条例第四十条规定行为的铁路运输企业，由铁路监督管理机构实施行政强制措施；对有违反本条例第四十条规定行为的道路管理部门或者道路经营企业，由上级道路管理部门实施行政强制措施。

第九十三条　机动车通过下穿铁路桥梁、涵洞的道路未遵守限高、限宽规定的，由公安机关依照道路交通安全管理法律、行政法规的规定处罚。

【释义】　本条是关于机动车通过下穿铁路桥梁、涵洞的道路未遵守限高、限宽规定的法律责任的规定。

1. 本条规定的违法主体。

本条没有明确规定违法主体，但从本条规定的违法行为看，是指违反本条例规定机动车通过下穿铁路桥梁、涵洞的道路未遵守限高、限宽规定的机动车所有人、经营人或管理人。

2. 本条规定的违法行为。

本条规定的违法行为是违反本条例第四十三条规定的行为。本条例第四十三条第二款、第三款分别规定："机动车通过下穿铁路桥梁、涵洞的道路时，应当遵守限高、限宽规定。"，"下穿铁路涵洞的管理单位负责涵洞的日常管理、维护，防止淤塞、积水"。因此，本条规定的违法行为，是指下列两类违法行为：

(1)机动车通过下穿铁路桥梁、涵洞的道路时，不遵守限高、限宽规定，冲击限高防护架的行为。

(2)下穿铁路涵洞的管理单位不按规定加强涵洞的日常管理、维护，造成淤塞、积水的行为。

3.本条规定的法律责任。

本条规定由公安机关依照道路交通安全管理法律、行政法规的规定处罚。“道路交通安全管理法律、行政法规”主要是指《道路交通安全法》、《道路交通安全法实施条例》等相关法律、行政法规。根据《道路交通安全法》第九十九条规定，故意损毁、移动、涂改交通设施，造成危害后果，尚不构成犯罪的，由公安机关交通管理部门处二百元以上二千元以下罚款，可以并处十五日以下拘留。

4.本条规定行政处罚的实施机关。

本条规定的行政处罚实施主体是公安机关交通管理部门。根据《道路交通安全法》第九十九条第(七)项的规定，故意损毁交通设施，造成危害后果，尚不构成犯罪的，由公安机关交通管理部门处二百元以上二千元以下罚款，可以并处十五日以下拘留。

第九十四条　违反本条例第四十八条、第四十九条关于铁路道口安全管理的规定的，由铁路监督管理机构责令改正，处1000元以上5000元以下的罚款。

【释义】　本条是关于违反本条例第四十八条、第四十九条关于铁路道口安全管理的规定的法律责任的规定。

1.本条规定的违法主体。

本条没有明确规定违法主体，但从本条规定的违法行为看，是指违反本条例第四十八条、第四十九条规定的机动车、非机动车以及履带车辆等可能损坏铁路设施设备的车辆、物体的所有人、经营人和管理人。

2.本条规定的违法行为。

本条规定的违法行为是违反本条例第四十八条、第四十九条规定的行为。根据本条例第四十八条、第四十九条的规定，“机动车或者非机动车在铁路道口内发生故障或者装载物掉落的，应当立即将故障车辆或者掉落的装载物移至铁路道口停止线以外或者铁路线路最外侧钢轨 5 米以外的安全地点。无法立即移至安全地点的，应当立即报告铁路道口看守人员；在无人看守道口，应当立即在道口两端采取措施拦停列车，并就近通知铁路车站或者公安机关”，“履带车辆等可能损坏铁路设施设备的车辆、物体通过铁路道口，应当提前通知铁路道口管理单位，在其协助、指导下通过，并采取相应的安全防护措施”，因此，本条规定的违法行为，包括下列三类违法行为：

（一）违反本条例第四十八条的规定，即机动车在铁路道口内发生故障或者装载物掉落时，不立即将故障车辆或者掉落的装载物移至铁路道口停止线以外或者铁路线路最外侧钢轨 5 米以外的安全地点。

（二）违反本条例第四十八规定的行为，即机动车在铁路道口内发生故障或者装载物掉落，无法立即移至安全地点的，在有人看守道口处，不立即报告铁路道口看守人员；在无人看守道口处，不立即在道口两端采取措施拦停列车，并通知就近铁路车站采取紧急措施。

（三）违反本条例第四十九规定的行为，即履带车辆等可能损坏铁路设施设备的车辆、物体通过铁路道口，没有提前通知铁路道口管理单位并在其协助、指导下通过，没有采取相应的安全防护措施。

3. 本条规定的法律责任。

本条规定的法律责任种类是责令改正和罚款。这里所说的罚款，是指强迫违反本条条例第四十八条、四十九条规定的单位和个人向国家缴纳款项的行政处罚。根据本条规定，对有违反本条例第四十八条、四十九条规定的，处 1000 元以上 5000 元以下的罚款。

4. 本条规定行政处罚的实施机关。

本条规定的行政处罚实施主体是铁路监督管理机构。

第九十五条　违反本条例第五十一条、第五十二条、第五十三条、第七十七条规定的，由公安机关责令改正，对单位处 1 万元以上 5 万元以下的罚款，对个人处 500 元以上 2000 元以下的罚款。

【释义】 本条是关于违反本条例第五十一条、第五十二条、第五十三条、第七十七条规定的法律责任的规定。

1. 本条规定的违法主体。

本条没有明确规定违法主体，但从本条规定的违法行为看，是指违反本条例第五十一条、第五十二条、第五十三条、第七十七条规定的单位和个人。

2. 本条规定的违法行为。

本条规定的违法行为是违反本条例第五十一条、第五十二条、第五十三条、第七十七条规定的行为。根据本条例第五十一条、第五十二条、第五十三条、第七十七条的规定，本条规定的违法行为，是指实施下列四类危及铁路线路、设施及铁路运输安全的行为：

一是毁坏铁路线路、站台等设施设备和铁路路基、护坡、排水沟、防护林木、护坡草坪、铁路线路封闭网及其他铁路防护设施的违法行为。

二是实施下列危及铁路通信、信号设施安全的行为：

（一）在埋有地下光（电）缆设施的地面上方进行钻探，堆放重物、垃圾，焚烧物品，倾倒腐蚀性物质；

（二）在地下光（电）缆两侧各 1 米的范围内建造、搭建建筑物、构筑物等设施；

（三）在地下光（电）缆两侧各 1 米的范围内挖砂、取土；

（四）在过河光（电）缆两侧各 100 米的范围内挖砂、抛锚或者进行其他危及光（电）缆安全的作业。

三是实施下列危害电气化铁路设施的行为：

（一）向电气化铁路接触网抛掷物品；

（二）在铁路电力线路导线两侧各 500 米的范围内升放风筝、气球等低空飘浮物体；

（三）攀登铁路电力线路杆塔或者在杆塔上架设、安装其他设施设备；

（四）在铁路电力线路杆塔、拉线周围 20 米范围内取土、打桩、钻探或者倾倒有害化学物品；

（五）触碰电气化铁路接触网。

四是实施下列危害铁路安全的行为：

（一）非法拦截列车、阻断铁路运输；

（二）扰乱铁路运输指挥调度机构以及车站、列车的正常秩序；

（三）在铁路线路上放置、遗弃障碍物；

（四）击打列车；

（五）擅自移动铁路线路上的机车车辆，或者擅自开启列车车门、违规操纵列车紧急制动设备；

（六）拆盗、损毁或者擅自移动铁路设施设备、机车车辆配件、标桩和安全标志；

（七）在铁路线路上行走、坐卧或者在未设道口、人行过道的铁路线路上通过；

（八）擅自进入铁路线路封闭区域或者在未设置行人通道的铁路桥梁、隧道通行；

（九）擅自开启、关闭列车的货车阀、盖或者破坏施封状态；

（十）擅自开启列车的集装箱箱门，破坏箱体、阀、盖或者施封状态；

（十一）擅自松动、拆解、移动列车中货物装载加固材料、装置和设备；

（十二）钻车、扒车、跳车；

（十三）从列车上抛扔杂物；

（十四）在动车组列车上吸烟或者在其他列车的禁烟区域吸烟；

（十五）强行登乘或者以拒绝下车等方式强占列车；

（十六）冲击、堵塞、占用进出站通道或者候车区、站台。

3. 本条规定的法律责任。

本条规定的法律责任除责令改正外，还包括罚款。

责令改正，责令改正是指对不履行本条例第五十一条、五十二条、五十三条、七十七条规定义务的有关单位和个人给予行政处罚的同时，责令其改正违法行为。有些违法行为人在受到行政处罚之后，能立即改正，有些需要一段时间，应当限期改正。责令改正的内容包括：(1)必须停止违法；(2)主动协助调查处理；(3)消除违法行为造成的不良后果。严格地说，责令改正不是一种制裁，而是对违法行为的后果及其违法行为本身的纠正。在实施行政处罚的同时，往往还责令违法行为人纠正违法行为的后果及其违法行为本身。《行政处罚法》第二十三条规定，行政机关实施行政处罚时，应当责令当事人改正或者限期改正违法行为,目的是强制当事人履行法定义务。

罚款,本条例规定处以罚款的情形较多,罚款的数额也不尽相同。根据本条规定,给予罚款应当区分不同的对象,适用不同的罚款幅度:对单位处1万元以上5万元以下的罚款;对个人处500元以上2000元以下的罚款。

4. 本条规定行政处罚的实施机关。

本条规定的行政处罚实施主体是公安机关。

第九十六条　铁路运输托运人托运货物、行李、包裹时匿报、谎报货物品名、性质、重量,或者装车、装箱超过规定重量的,由铁路监督管理机构责令改正,可以处2000元以下的罚款;情节较重的,处2000元以上2万元以下的罚款;将危险化学品谎报或者匿报为普通货物托运的,处10万元以上20万元以下的罚款。

铁路运输托运人在普通货物中夹带危险货物,或者在危险货物中夹带禁止配装的货物的,由铁路监督管理机构责令改正,处3万元以上20万元以下的罚款。

【释义】　本条是关于铁路运输托运人违反本条例第六十七条、第七十一条规定的法律责任。

1. 本条规定的违法主体。

本条规定的违法主体是违反本条例第六十七条、第七十一条规定的铁路运输托运人。

2. 本条规定的违法行为。

本条规定的违法行为是违反本条例第六十七条、第七十一条规定的行为。根据本条例第六十七条规定,铁路运输托运人托运货物、行李、包裹,不得有下列行为:

一是匿报、谎报货物品名、性质、重量;

二是在普通货物中夹带危险货物,或者在危险货物中夹带禁止配装的货物;

三是装车、装箱超过规定重量。

危险货物运输直接涉及公共安全和他人人身安全，国家长期以来实行严格的管理制度。本条规定的违法行为是选择性违法行为，托运人只要实施了违反本条例第六十七条、第七十一条规定之中的一个行为，即构成本条规定的违法行为。

3. 本条规定的法律责任。

本条规定的法律责任种类是责令改正和罚款。这里所说的罚款，是指强迫违反本条例第六十七条和第七十一条规定的铁路运输托运人向国家缴纳款项的行政处罚。根据本条规定，对违反本条例第六十七条和第七十一条规定的铁路运输托运人处以罚款应当区别不同的违法行为，给予相应的罚款。

一是匿报、谎报货物品名、性质、重量，或者装车、装箱超过规定重量的，责令改正，可以处2000元以下的罚款；情节较重的，处2000元以上2万元以下的罚款；

二是将危险化学品谎报或者匿报为普通货物托运的，处10万元以上20万元以下的罚款；

三是在普通货物中夹带危险货物，在危险货物中夹带禁止配装的货物，责令改正，处3万元以上20万元以下的罚款。

需要特别指出的是，对于国务院铁路行业监督管理部门规定的危险货物匿报为普通货物托运的，均适用于本条处罚规定。

4. 本条规定行政处罚的实施机关。

本条规定的行政处罚实施主体是铁路监督管理机构。

第九十七条　铁路运输托运人运输危险货物未配备必要的应急处理器材、设备、防护用品，或者未按照操作规程包装、装卸、运输危险货物的，由铁路监督管理机构责令改正，处1万元以上5万元以下的罚款。

【释义】　本条是关于托运人运输危险货物未配备必要的应急处理器材、设备、防护用品，或者未按照操作规程包装、装卸、运输危险货物的处罚规定。

1. 本条规定的违法主体。

本条规定的违法主体是违反本条例第六十九条、第七十一条规定的运输危险货物未配备必要的应急处理器材、设备、防护用品，或者未按照国家规定的操作规程包装、装卸、运输危险货物的铁路运输托运人。

2. 本条规定的违法行为。

本条规定的违法行为是违反本条例第六十九条、第七十一条规定的行为。本条例第六十九条规定，运输危险货物应当按照法律法规和国家其他有关规定使用专用的设施设备，托运人应当配备必要的押运人员和应急处理器材、设备以及防护用品，并使危险货物始终处于押运人员的监管之下；危险货物发生被盗、丢失、泄漏等情况，应当按照国家有关规定及时报告。本条例第七十一条规定，托运人应当按照规定的操作规程包装、装卸、运输危险货物，防止危险货物泄漏、爆炸。

违反上述规定的违法行为主要是以下两类：

一是运输危险货物未配备必要的应急处理器材、设备、防护用品的违法行为；

二是未按照国家规定的操作规程包装、装卸、运输危险货物的违法行为。本条规定的违法行为是选择性违法行为，托运人只要实施上述两类行为中的任意一个行为，即构成本条规定的违法行为。

3. 本条规定的法律责任。

本条规定的法律责任是责令改正和罚款，即责令改正同时，根据违法情节轻重，并处 1 万元以上 5 万元以下的罚款。

4. 本条规定行政处罚的实施机关。

本条规定的行政处罚实施主体是铁路监督管理机构。

第九十八条　铁路运输托运人运输危险货物不按照规定配备必要的押运人员，或者发生危险货物被盗、丢失、泄漏等情况不按照规定及时报告的，由公安机关责令改正，处 1 万元以上 5 万元以下的罚款。

【释义】　本条是关于托运人运输危险货物违反本条例第六十九条的规

定,不按照规定配备必要的押运人员或者发生危险货物被盗、丢失、泄漏等情况不按照规定及时报告的处罚规定。

1. 本条规定的违法主体。

本条规定的违法主体是托运人运输危险货物不按照规定配备必要的押运人员,或者发生危险货物被盗、丢失、泄漏等情况不按照规定及时报告的铁路运输托运人。

2. 本条规定的违法行为。

本条例第六十九条规定,运输危险货物应当依照法律法规和国家其他有关规定使用专用的设施设备,托运人应当配备必要的押运人员和应急处理器材、设备以及防护用品,并使危险货物始终处于押运人员的监管之下;危险货物发生被盗、丢失、泄漏等情况,应当按照国家有关规定及时报告。

本条规定的铁路运输托运人违法行为主要是以下两类:

一是运输危险货物不按照规定配备必要的押运人员;

二是发生危险货物被盗、丢失、泄漏等情况不按照规定及时报告。

只要触犯上述两类行为中的任何一个行为都构成违法行为。

3. 本条规定的法律责任。

本条规定的法律责任也是责令改正和罚款,在责令危险货物运输托运人改正错误同时,根据违法情节对其处1万元以上5万元以下的罚款。

4. 本条规定行政处罚的实施机关。

本条规定的行政处罚实施主体是公安机关。

第九十九条　旅客违法携带、夹带管制器具或者违法携带、托运烟花爆竹、枪支弹药等危险物品或者其他违禁物品的,由公安机关依法给予治安管理处罚。

【释义】 本条是关于旅客违反本条例规定违法携带、夹带管制器具或者违法携带、托运烟花爆竹、枪支弹药等危险物品或者其他违禁物品的法律责任的规定。

1. 本条规定的违法主体。

本条规定的违法主体是违法携带、夹带管制器具或者违法携带、托运烟花爆竹、枪支弹药等危险物品或者其他违禁物品的旅客。

2. 本条规定的违法行为。

本条规定的违法行为是旅客违反本条例第六十六条规定，违法携带、夹带或者随身托运危险物品、违禁物品进站、上车的行为。本条例第六十六条规定："旅客应当接受并配合铁路运输企业在车站、列车实施的安全检查，不得违法携带、夹带管制器具，不得违法携带、托运烟花爆竹、枪支弹药等危险物品或者其他违禁物品"，"禁止或者限制携带的物品种类及其数量由国务院铁路行业监督管理部门会同公安机关规定，并在车站、列车等场所公布"。《铁路法》第四十八条第二款也明确规定，"禁止旅客携带危险品进站上车。铁路公安人员和国务院铁路行业监督管理部门规定的铁路职工，有权对旅客携带的物品进行运输安全检查。"

3. 本条规定的法律责任。

本条规定的法律责任种类是治安管理处罚，没有规定具体处罚的种类和幅度，但《铁路法》和《治安管理处罚法》对此均做了规定。《铁路法》第六十条规定，违反本法规定，携带危险品进站上车或者以非危险品品名托运危险品，导致发生重大事故的，依照刑法有关规定追究刑事责任。携带炸药、雷管或者非法携带枪支弹药、管制刀具进站上车的，比照刑法有关规定追究刑事责任。第六十七条规定，违反本法规定，尚不构成刑事处罚，应当给予治安管理处罚的，依照治安管理处罚条例的规定处罚。《治安管理处罚法》第三十二条规定："非法携带枪支、弹药或者弩、匕首等国家规定的管制器具的，处五日以下拘留，可以并处五百元以下罚款；情节较轻的，处警告或者二百元以下罚款。非法携带枪支、弹药或者弩、匕首等国家规定的管制器具进入公共场所或者公共交通工具的，处五日以上十日以下拘留，可以并处五百元以下罚款。"

4. 本条规定行政处罚的实施机关。

本条规定的行政处罚实施主体是公安机关。按照现行铁路公安机关和地方公安机关的职责分工，车站和列车等铁路场所的治安秩序，由铁路公安机关负责维护；铁路沿线的治安秩序，由地方公安机关和铁路公安机关共同维护，以地方公安机关为主。

第一百条　铁路运输企业有下列情形之一的，由铁路监管部门责令改正，处2万元以上10万元以下的罚款：

（一）在非危险货物办理站办理危险货物承运手续；

（二）承运未接受安全检查的货物；

（三）承运不符合安全规定、可能危害铁路运输安全的货物；

（四）未按照操作规程包装、装卸、运输危险货物。

【释义】　本条是关于铁路运输企业办理承运业务时违规操作的处罚规定。

1.本条规定的违法主体。

本条规定的违法主体是办理承运业务时违反本条例第六十八条、第七十一条有关办理危险货物承运规定和操作规程的铁路运输企业。

2.本条规定的违法行为。

从本条规定的违法行为看，是指违反本条例第六十八条、第七十一规定的违法行为。条例第六十八条规定，铁路运输企业应当对承运的货物进行安全检查，并不得有下列行为：

（一）在非危险货物办理站办理危险货物承运手续；

（二）承运未接受安全检查的货物；

（三）承运不符合安全规定、可能危害铁路运输安全的货物。

条例第七十一条还规定，铁路运输企业应当按照操作规程包装、装卸、运输危险货物，防止危险货物泄漏、爆炸。

根据以上规定，本条规定了以下四类违法行为：一是在非危险货物办理站办理危险货物承运手续；二是承运未接受安全检查的物品；三是承运不符合安全规定、可能危害铁路运输安全的物品；四是未按照操作规程包装、装卸、运输危险货物。只要铁路运输企业在承运货物时有其中任何一个行为即构成本条违法行为。

3.本条规定的法律责任。

本条规定的法律责任是指强迫违反本条例第六十八条、第七十一条规定的铁路运输企业向国家缴纳款项的行政处罚。根据本条规定，对有违反本条例第六十八条、第七十一条规定行为的铁路运输企业，铁路监管部门在责令其改正同时,并处2万元以上10万元以下的罚款。

4. 本条规定行政处罚的实施机关。

本条规定的行政处罚实施主体是铁路监管部门。但在适用中应当把握以下原则:承运人的违法行为发生在一个铁路监督管理机构管辖范围内的,由该铁路监督管理机构负责处罚;承运人的违法行为跨越两个及以上铁路监督管理机构管理区域,或者国务院铁路行业监督管理部门认为应由其负责行政处罚的,由国务院铁路行业监督管理部门处罚。

第一百零一条　铁路监管部门及其工作人员应当严格按照本条例规定的处罚种类和幅度,根据违法行为的性质和具体情节行使行政处罚权,具体办法由国务院铁路行业监督管理部门制定。

【释义】　本条是对铁路监管部门及其工作人员行使行政处罚权的原则性规定。对本条的理解,应该抓住两项行政处罚的基本原则。

一是处罚法定原则。《行政处罚法》第三条明确规定:"公民、法人或者其他组织违反行政管理秩序的行为,应当给予行政处罚的,依照本法由法律、法规或者规章规定,并由行政机关依照本法规定的程序实施。没有法定依据或者不遵守法定程序的,行政处罚无效。"处罚法定原则是行政处罚中最重要的原则,其主要内容或基本要求如下:

1. 实施行政处罚的主体是法定的。行政处罚必须由具有法定行政处罚权的行政主体实施或适用,没有法定行政处罚权的机关或组织,无权实施行政处罚。

2. 处罚依据是法定的。处罚依据,就是行政机关据以认定相对人行为违法和处罚的判断标准。所谓法定依据是指:(1)判断相对人行为是非的标准应当是法定的,即所谓"法无禁止规定不为过"。(2)"法无明文规定不得给予行政处罚",从行政处罚制度来讲,判断人们是非的标准是法,同样,人们的违法行为是否应当给予行政处罚的标准也是法所规定的标准。(3)对相对人给予何种行政处罚必须要有法定的依据。行政处罚机关不能在法定依据之外"自行创造",也不能违反法所规定的处罚种类、适用范围而任意选择调整。

3. 程序法定。行政处罚的法定原则,不仅体现在实体内容方面,同时还体现在程序的形式方面,这就是行政处罚适用的程序是法定的,处罚机关在适用行政处罚时,必须严格遵守法定程序,否则,违反该法定程序的行政处罚,也是违法无效的。

本条例根据行政处罚法定的基本原则,明确了铁路监管部门及其工作人员在行使行政处罚权的过程中必须严格按照本条例规定的处罚种类和幅度进行。

二是公正原则。《行政处罚法》第四条规定:"行政处罚遵循公正、公开的原则。设定和实施行政处罚必须以事实为依据,与违法行为的事实、性质、情节以及社会危害程度相当……"根据这项原则,行政机关在行使处罚权的过程中不能机械地照搬条文,而是应当根据违法行为的事实、性质、情节、社会危害程度等多方面因素,在法律赋予的自由裁量幅度内,准确界定违法行为,给予相应的处罚,坚持实体公正与程序公正并重。有鉴于此,条例规定铁路监管部门及其工作人员要"根据违法行为的性质和具体情节行使行政处罚权"。

由于行政法规篇幅有限,对行政处罚往往仅作出原则性的规定,对具体的管辖、程序等相关事宜,条例明确规定由国务院铁路行业监督管理部门制定,以切实规范铁路行政处罚行为,保障铁路执法人员正确履行职责,保护行政处罚相对人的合法权益。

第一百零二条　铁路运输企业工作人员窃取、泄露旅客身份信息的,由公安机关依法处罚。

【释义】 本条是关于铁路运输企业工作人员窃取、泄露旅客身份信息的处罚规定。

1. 本条规定的违法主体。

本条规定的违法主体是窃取、泄露旅客身份信息的铁路运输企业工作人员。

2. 本条规定的违法行为。

从本条规定的违法行为看,主要是铁路运输企业工作人员窃取、泄露旅客身份信息的违法行为。条例第六十四条第三款规定，铁路运输企业应当采取有效措施为旅客实名购票、乘车提供便利，并加强对旅客身份信息的保护。铁路运输企业工作人员不得窃取、泄露旅客身份信息。这里的“旅客身份信息”，主要是指旅客为实名制购票提供的个人身份证记载的旅客个人身份信息。公民个人信息涉及公民的人身、财产安全，涉及公民的个人隐私，如果将这些信息泄露出去，极有可能给违法犯罪分子以可乘之机，给公民人身、财产安全以及其他利益造成严重的损害。

3. 本条规定的法律责任。

违反本条例第六十四条第三款规定的铁路运输企业工作人员由公安机关依法处罚。《居民身份证法》第十九条第一款规定：“国家机关或者金融、电信、交通、教育、医疗等单位的工作人员泄露在履行职责或者提供服务过程中获得的居民身份证记载的公民个人信息，构成犯罪的，依法追究刑事责任；尚不构成犯罪的，由公安机关处十日以上十五日以下拘留，并处五千元罚款，有违法所得的，没收违法所得。”

4. 本条规定行政处罚的实施机关。

本条规定的行政处罚实施主体是公安机关。

第一百零三条　从事铁路建设、运输、设备制造维修的单位违反本条例规定，对直接负责的主管人员和其他直接责任人员依法给予处分。

【释义】　本条是关于对铁路建设、运输、设备制造维修单位违反条例规定，对其直接负责的主管人员和其他直接责任人员的处分规定。

1. 本条规定的违法主体。

本条规定的违法主体是违反条例规定的铁路建设、运输、设备制造维修单位中，直接负责的主管人员和其他直接责任人员。条例对从事铁路建设、运输、设备制造维修的单位违反本条例规定，依法作了责令改正、罚款等行政处罚，但这只是对单位处罚。为从根本上解决问题，必须在对单位进行行政处罚的同时，对单位直接负责的主管人员和其他直接责任人员给予相应的处分，这样才能惩戒违法人员，督促违法企业及其工作人员充分履行安全责任,确保铁路安全。为此,本条规定从事铁路建设、运输、设备制造维修的单位违反本条例规定,对直接负责的主管人员和其他直接责任人员依法给予处分。

2. 本条规定的违法行为。

本条例规定的违法行为主要是从事铁路建设、运输、设备制造维修的单位违反本条例的行为,也就是因单位违法,进一步追究其直接负责的主管人员和其他直接责任人员的渎职行为。因为单位违法的根源是单位主管人员没有切实尽到管理职责,直接责任人员没有履行相应的职责,归根结底是一种渎职行为。

3. 本条规定的法律责任及实施机关。

本条规定的法律责任是处分,根据本条的规定,对从事铁路建设、运输、设备制造维修的单位违反本条例依法受到行政处罚的,对直接负责的主管人员和其他直接责任人员依法给予处分。具体给予何种处分应当由该单位或其上级主管部门的处分决定机关,根据责任人的职责、单位违反条例受行政处罚造成的后果,以及直接负责的主管人员和其他直接责任人员对造成这种后果承担的责任,情节轻重来确定。

第一百零四条　铁路监管部门及其工作人员不依照本条例规定履行职责的,对负有责任的领导人员和直接责任人员依法给予处分。

【释义】 本条是关于铁路监管部门及其工作人员不依照本条例规定履行职责的法律责任。

1. 本条规定的违法主体。

本条规定的违法主体是不依照本条例规定履行职责的国务院铁路行业监督管理部门和铁路监督管理机构及其工作人员。本条例第三条和第六章明确规定了国务院铁路行业监督管理部门、铁路监督管理机构及其工作人员的职责。这里所说的"负有责任的领导人员"是指对违反本条例规定的行为有监督管理权的部门的负责人。这里所说的"直接责任人员",是指直接负责具体事务的经办人员。这些部门及其工作人员不认真履行法定的职责,应当承担相应的法律责任。

2. 本条规定的违法行为。

本条例规定的违法行为主要是不依照本条例规定履行职责的行为,也就是渎职或滥用职权的行为。其行为特点是不作为或乱作为。

3. 本条规定的法律责任。

本条规定的法律责任是处分,根据本条的规定,对负有责任的领导人员和直接责任人员依法给予处分,可根据情节轻重,依法给予警告直至开除的处分。根据《公务员法》第五十六条的规定:“处分分为:警告、记过、记大过、降级、撤职、开除”。具体适用其中哪种行政处分,应当根据情节轻重决定。这六种处分划分为三类:一是精神惩罚,也称申诫罚或声誉罚,其一般用于严重程度较低的违纪行为,主要是对公务员名誉的贬责,是有关机关向违纪者发出警戒,申明其有违纪行为,通过对其名誉、荣誉、信誉等施加影响,引起其精神上的警惕,使其不再违法违纪的惩罚形式。对公务员处分中的精神惩罚包括警告、记过、记大过。二是实质惩罚,我国处分制度中的实质惩罚,包括降级与撤职。降级与撤职都是较为严重的惩罚形式,是对犯有严重违法违纪行为的公务员所给予的惩戒,会使公务员在名誉、地位与经济等方面受到损失。降级是降低级别,根据人事部的有关规定,给予公务员降级处分,一般降低一个级别,如果本人级别为最低级的,可给予记大过处分。撤职是撤销职务,撤职后按降低一级以上职务另行确定职务,根据新任职务确定相应的级别和职务工资档次。我国实行职务与级别相结合的工资制度,降级会导致级别工资的降低,受撤职处分的同时降低级别,因此将导致职务工资与级别工资的降低。三是开除,这是对违法违纪公务员最为严重的一种处分形式。对于严重违法违纪,不适宜继续担任公务员职务的,有关机关应给予其开除处分。给予公务员开除处分,自处分之日起,解除其与机关的人事关系。在给予公务员处分时,应根据其错误性质、情节轻重、危害大小及本人对错误的认识态度,区别处理。

4. 本条规定的处分的实施机关。

本条并没有明确规定处分的实施机关,但根据本条例的有关规定和国家其他有关规定看,主要是行政监察机关、人事部门等。原人事部《关于国家公务员纪律惩戒有关问题的通知》(人发〔1996〕82 号)按照管人与管事互相结合又互相制约的原则,对公务员的处分一般由公务员的任免机关批准。其中“开除”处分是最严重的处分,关系到公务员的去留,因此更要慎重。凡给予公务员开除处分的,应当报上级机关备案。县级以下的国家行政机关无权批准对公务员的开除处分。即使违纪公务员的任免机关达不到县一级的政府,也要报县政府批准。各级行政监察机关在必要时也可以给予公务员处分。具体来说,给予公务员处分的批准权限为:(1)给予各级行政机关任命的公务员处分,由任免机关批准。其中给予行政开除处分,需报上级机关备案。给予县级以下行政机关公务员开除处分,必须报县级人民政府批准。(2)给予各级人大选举或各级人大常委会决定、任命的公务员行政处分,须报上级行政机关批准,同时报本级人大常委会。对于严重违纪,不宜继续担任现任职务的公务员,应由本级人大予以罢免,或由本级人大常委会按照职权范围予以撤销职务,并由本级人民政府报上级机关备案。在罢免前上级机关可以先行停止职务,必要时上级行政机关也可以予以撤职。(3)监察机关直接立案调查的违纪案,需要给予公务员处分时,监察机关应向公务员所在机关提出处分建议,由公务员所在机关按规定的审批权限办理。必要时监察机关也可以按照有关规定直接给予处分。

国家行政机关发现所属机关做出的行政处分不适当或者错误时,要本着认真负责、有错必纠的精神,及时予以改正。根据具体情况,分别做出予以加重、减轻或者撤销的决定。

第一百零五条　违反本条例规定,给铁路运输企业或者其他单位、个人财产造成损失的,依法承担民事责任。

违反本条例规定,构成违反治安管理行为的,由公安机关依法给予治安管理处罚;构成犯罪的,依法追究刑事责任。

【释义】　本条是关于给铁路运输企业或者其他单位、个人财产造成损失的法律责任以及违反治安管理和涉嫌犯罪行为的处罚。

1.本条规定的违法主体。

本条第一款并没有规定违法主体,但根据本条例的有关规定和国家有关规定是可以推理出来的。如我国《民法通则》第一百零六条规定:“公民、法人由于过错侵害国家的、集体的财产，侵害他人财产、人身的应当承担民事责任。”第一百二十一条还规定：“国家机关或者国家机关工作人员在执行职务，侵犯公民、法人的合法权益造成损害的，应当承担民事责任。”因此，本条第一款规定的违法行为主体，是指给铁路运输企业及其他单位、个人财产造成损失的公民、法人和其他组织，其中包括给铁路运输企业及其他单位、个人财产造成损失的国家机关或者国家机关工作人员。

本条第二款也没有规定具体违法主体，但这一款其实是一条兜底的条款，只要违反本条例规定，构成违反治安管理行为的，由公安机关依法给予治安管理处罚；构成犯罪的，依法追究刑事责任。

2. 本条规定的违法行为。

本条第一款规定的违法行为是违反本条例规定，给铁路运输企业及其他单位、个人财产造成损失的行为。根据本条规定，应当依法承担赔偿责任的行为，具有两个基本特征：一是侵害他人合法财产权益的违法行为。也就是说是一种侵权行为。在某种情况下，当事人即使实施行为造成一定的损害，但由于该行为不具有违法性，也就不一定是侵权行为，如正当防卫、紧急避险、法定的职务行为等。二是造成财产损失是承担民事赔偿责任的根据。财产损失是指非法地损毁或者破坏铁路运输企业或者其他单位、个人财产。例如破坏、损坏铁路运输的设施、设备、铁路标志等。如果没有造成财产损失，就可以不承担相应的民事责任。

本条第二款规定的违法行为分两部分，一部分是违反本条例规定构成违反治安管理行为的，对此《治安管理处罚法》专门作了下列规定，第二十三条规定，“有下列行为之一的，处警告或者二百元以下罚款；情节较重的，处五日以上十日以下拘留，可以并处五百元以下罚款：(二)扰乱车站、港口、码头、机场、商场、公园、展览馆或者其他公共场所秩序的；(三)扰乱公共汽车、电车、火车、船舶、航空器或者其他公共交通工具上的秩序的；(四)非法拦截或者强登、扒乘机动车、船舶、航空器以及其他交通工具，影响交通工具正常行驶的；聚众实施前款行为的，对首要分子处十日以上十五日以下拘留，可以并处一千元以下罚款”；第三十二条规定，“非法携带枪支、弹药或者弩、匕首等国家规定的管制器具的，处五日以下拘留，可以并处五百元以下罚款；情节较轻的，处警告或者二百元以下罚款。非法携带枪支、弹药或者弩、匕首等国家规定的管制器具进入公共场所或者公共交通工具的,处五日以上十日以下拘留,可以并处五百元以下罚款";第三十五条规定,"有下列行为之一的,处五日以上十日以下拘留,可以并处五百元以下罚款;情节较轻的,处五日以下拘留或者五百元以下罚款:(一)盗窃、损毁或者擅自移动铁路设施、设备、机车车辆配件或者安全标志的;(二)在铁路线路上放置障碍物,或者故意向列车投掷物品的;(三)在铁路线路、桥梁、涵洞处挖掘坑穴、采石取沙的;(四)在铁路线路上私设道口或者平交过道的";第三十六条规定,"擅自进入铁路防护网或者火车来临时在铁路线路上行走坐卧、抢越铁路,影响行车安全的,处警告或者二百元以下罚款"。

第二部分是构成犯罪的行为,这里所说的"构成犯罪",是指触犯《刑法》、同时符合犯罪构成要件的行为,如触犯刑法构成破坏交通设施罪、过失损坏交通设施罪、破坏交通工具罪、过失损坏交通工具罪、破坏电力设备罪、过失损坏电力设备罪、聚众扰乱公共秩序罪、故意毁坏财物罪、铁路运营安全事故罪、滥用职权罪和玩忽职守罪等。

3. 本条规定的法律责任。

本条第一款规定的法律责任是依法承担民事责任。这里的依法包括依照我国《民法通则》、《民事诉讼法》,还包括其他相关法律法规和司法解释等。

是否应当承担民事责任,要考虑这样几个方面的因素:一是要有致害人的实际侵害行为,二是要有实际的损害结果,三是致害人要有相应的过错,四是侵害行为与损害结果之间要有明确的因果关系。只有这四个方面的因素同时具备,才能判定民事责任成立。

对于侵权行为的民事责任的规定,有两个基本原则。一是恢复原状,即要求恢复到损害没有发生以前的状态。二是赔偿损失,即以金钱赔偿损失。《民法通则》第一百一十七条的规定,"侵占国家的、集体的财产或者他人财产的 ,应当返还财产,不能返还财产的,应当折价赔偿","损坏国家的、集体的财产或者他人财产的,应当恢复原状或者折价赔偿"。考虑到铁路运输的设施、设备、铁路标志具有很强的技术性和专业性,本条例规定对财产损失以承担赔偿责任为原则。赔偿损失要坚持完全赔偿的原则,凡是应由侵害人赔偿的财产损失,侵害人都应当赔偿;同时,又要坚持公平合理的原则,可以考虑当事人的经济状况，酌情确定具体赔偿数额，以保证赔偿财产损失后侵权人能够维持正常生活。

本条第二款规定的法律责任分两种情况，第一种情况是违反本条例规定，构成违反治安管理行为的，对这种违法行为由公安机关依法给予治安管理处罚，也就是说公安机关依照《治安管理处罚法》规定，根据其违法行为和情节，处以警告、罚款或者拘留。

第二种情况是违反本条例规定构成犯罪的。对涉嫌犯罪的行为应依法移送司法机关处理，也就是说违反本条例的规定，情节严重构成犯罪的，应当依法移送司法机关处理。这里司法机关包括公安、检察院和法院。针对这种行为，司法机关将依照《刑事诉讼法》、《刑法》及其他有关法律法规、司法解释等，根据具体犯罪行为和情节，依法追究刑事责任。

第八章

附　则

第一百零六条　专用铁路、铁路专用线的安全管理参照本条例的规定执行。

【释义】 本条是对参照条例管理的事项规定。

依据《铁路法》第二条规定:“专用铁路是指由企业或者其他单位管理,专为本企业或单位内部提供运输服务的铁路。”“铁路专用线是指由企业或者其他单位管理的与国家铁路或者其他铁路线路接轨的岔线。”专用铁路和铁路专用线一般不用于公共运输,主要满足企业生产经营活动之需。

条例着眼于保障铁路运输安全和畅通,保护人身安全和财产安全,规定了铁路建设质量安全、专用设备质量安全、线路安全、运营安全等方面的安全管理内容,对全国铁路具有普遍的针对性。其中有些规定,如企业安全管理、设备维修使用、线路施工管理、危险货物运输、与公用路网接轨等,不仅对从事公共运输活动的铁路运输企业适用,对铁路专用线、专用铁路也适用。条例第三条规定“国务院铁路行业监督管理部门负责全国铁路安全监督管理工作”,也包括对铁路专用线、专用铁路有关活动的监督管理。

另一方面,专用铁路、铁路专用线确有自身特点,如主要为特定的企业或单位服务,运营范围较小,安全管理环境和要求也不同于那些从事公共运输经营业务的铁路。管理专用铁路、铁路专用线的企业或单位,也不一定就是运输企业。如果要求这些企业或单位执行条例所有规定,不符合专用铁路、铁路专用线管理的实际。比如,条例规定设置线路安全保护区,但专用铁路、铁路专用线有的仅在厂区内运行，受社会环境影响很小，就没有必要设置。因此，条例规定专用铁路、铁路专用线的安全管理参照条例规定执行，既要求专用铁路、铁路专用线的管理遵循条例规定的安全管理方针，执行相关制度规定，也为从实际出发加强这类铁路的安全管理，留出必要的灵活空间。

第一百零七条　本条例所称高速铁路，是指设计开行时速250公里以上（含预留），并且初期运营时速200公里以上的客运列车专线铁路。

【释义】 本条是关于高速铁路定义的规定。

目前，国际上对高速铁路没有统一的标准规定，各国对高速铁路的定义不尽相同，但在速度目标值方面大多为时速200公里或者250公里，并考虑了新线建设和既有线改造的不同情形。国际铁路联盟（UIC）分两种情况定义高速铁路：一是专门修建的高速线，其允许速度达到或大于时速250公里；二是专门改造的高速线，其允许速度达到时速约200公里，同时强调这些线路由于受地形、地貌、城镇规划限制而具有特殊性，在这些线路上，列车的运行速度必须适应这些特殊情况。欧盟的表述与国际铁路联盟一致。联合国欧洲经济委员会2003年对高速铁路定义也是分为两种情形：一是高速专用线，专门修建的高速线，在主要区段的允许速度达到或大于时速250公里；包括一些联络线，尤其是连接城镇中心站的联络线，在这些联络线上，速度可以根据线路状况而定。二是改造高速线，主要区段的允许速度达到时速约200公里。美国根据运输距离、最高速度和线路用途将高速铁路划分为三种类别，第一层次：开行时速240公里及以上，采用全立交高速列车专用线的铁路。第二层次：开行时速176公里至240公里，采用立交，部分线路为高速列车专用线，部分线路为非高速列车线的铁路。第三层次：开行时速145公里至176公里，采用平交或立交道口，线路基本为非高速列车线的铁路。日本对高速铁路没有专门进行界定，但自20世纪60年代，日本修建新干线铁路时，列车时速普遍为200公里至210公里，经过几十年的发展，目前，日本新干线列车时速已普遍超过250公里。

本条对“高速铁路”的定义，既参考了国外发达国家的表述与分类，更注重国内高速铁路发展的特点。一是明确设计时速250公里以上的铁路为高速铁路，与现行的《高速铁路设计规范（试行）》（TB 10020—2009）一致。二是设计时速为250公里以上符合国际标准，为我国标准与国际标准接轨并走向世界打好基础。三是初期运营时速200公里以上，兼顾了目前部分动车组列车运营的实际情况。四是明确高速铁路为客运列车专线铁路，体现了客货分线运输的发展方向。

第一百零八条　本条例自2014年1月1日起施行。2004年12月27日国务院公布的《铁路运输安全保护条例》同时废止。

【释义】　本条是对本条例施行时间和旧条例废止时间的规定。

这里所说的年月日，是指公元纪年的日期。这里所说的“施行”，是指发生法律效力。这里所说的“废止”，是指失去法律效力。

本条规定包括两层含义：

1. 本条例的生效时间是2014年1月1日。

2. 旧条例同时失效，即《铁路运输安全保护条例》自2014年1月1日起废止。

法律、法规和规章的施行时间和废止时间，是法律、法规和规章对其所调整的社会关系发生或者失去约束力的具体时间。因此，任何法律、法规、规章都必须规定其施行时间，即法律、法规和规章发生法律效力的时间；如果有旧的法律、法规和规章，同时还要规定旧的法律、法规和规章废止时间，即旧的法律、法规和规章失去法律效力的时间。

施行日期的规定，是一部法律、法规和规章的重要组成部分，关系到公民、法人及其他组织从何时起享有该法律、法规和规章规定的权利并履行有关的义务，关系法律、法规和规章的实施和适用。《立法法》第51条规定：“法律应当明确规定施行日期。”《行政法规制定程序条例》第27条第二款明确规定：“签署公布行政法规的国务院令应载明该行政法规的施行日期。”从有关法律、行政法规的规定和我国的立法实践看，法律、法规和规章的施行日期，主要有两种：一种是自公布之日起开始施行，另一种是自公布后某一特定的时间起开始施行。本条例采用了第二种方式。这主要是考虑到：本条例设立了许多新的铁路安全管理制度，实施这些制度，需要做大量的具体准备工作；一些原有的规章制度和文件需要进行清理、修改；根据本条例设定的行政许可事项，还需要制定或修改具体实施办法。同时，本条例还涉及到社会公众的权利与义务，需要留有一定的时间让社会各界和广大人民群众学习和了解。

法律、法规和规章的施行，还涉及一个溯及力问题，即新的法律、法规和规章公布后，它对其施行前所发生的行为是否适用？如果适用，法律、法规和规章就有溯及力；如果不适用，就没有溯及力。根据《立法法》第八十四条的规定："法律、行政法规、地方性法规、自治条例和单行条例、规章不溯及既往，但为了更好地保护公民、法人和其他组织的权利和利益而作的特别规定除外。"因此，本条例只对其生效后的行为有约束力，对它生效前的行为不具有约束力。也就是说，在本条例生效前的铁路运输安全保护行为应适用其发生时的法律、法规，如旧的《铁路运输安全保护条例》等，而不适用本条例的规定。

第三部分

相关法律、法规和文件汇编

一、中华人民共和国铁路法

（1990 年 9 月 7 日第七届全国人民代表大会常务委员会第十五次会议通过,1990 年 9 月 7 日中华人民共和国主席令第 32 号公布,自 1991 年 5 月 1 日起施行。根据 2009 年 8 月 27 日第十一届全国人民代表大会常务委员会第十次会议《关于修改部分法律的决定》修正。）

第一章　总　　则

第一条　为了保障铁路运输和铁路建设的顺利进行,适应社会主义现代化建设和人民生活的需要,制定本法。

第二条　本法所称铁路,包括国家铁路、地方铁路、专用铁路和铁路专用线。

国家铁路是指由国务院铁路主管部门管理的铁路。

地方铁路是指由地方人民政府管理的铁路。

专用铁路是指由企业或者其他单位管理,专为本企业或者本单位内部提供运输服务的铁路。

铁路专用线是指由企业或者其他单位管理的与国家铁路或者其他铁路线路接轨的岔线。

第三条　国务院铁路主管部门主管全国铁路工作,对国家铁路实行高度集中、统一指挥的运输管理体制,对地方铁路、专用铁路和铁路专用线进行指导、协调、监督和帮助。

国家铁路运输企业行使法律、行政法规授予的行政管理职能。

第四条　国家重点发展国家铁路,大力扶持地方铁路的发展。

第五条　铁路运输企业必须坚持社会主义经营方向和为人民服务的宗旨,改善经营管理,切实改进路风,提高运输服务质量。

第六条　公民有爱护铁路设施的义务。禁止任何人破坏铁路设施,扰乱铁路运输的正常秩序。

第七条　铁路沿线各级地方人民政府应当协助铁路运输企业保证铁路运输安全畅通，车站、列车秩序良好，铁路设施完好和铁路建设顺利进行。

第八条　国家铁路的技术管理规程，由国务院铁路主管部门制定，地方铁路、专用铁路的技术管理办法，参照国家铁路的技术管理规程制定。

第九条　国家鼓励铁路科学技术研究，提高铁路科学技术水平。对在铁路科学技术研究中有显著成绩的单位和个人给予奖励。

第二章　铁路运输营业

第十条　铁路运输企业应当保证旅客和货物运输的安全，做到列车正点到达。

第十一条　铁路运输合同是明确铁路运输企业与旅客、托运人之间权利义务关系的协议。

旅客车票、行李票、包裹票和货物运单是合同或者合同的组成部分。

第十二条　铁路运输企业应当保证旅客按车票载明的日期、车次乘车，并到达目的站。因铁路运输企业的责任造成旅客不能按车票载明的日期、车次乘车的，铁路运输企业应当按照旅客的要求，退还全部票款或者安排改乘到达相同目的站的其他列车。

第十三条　铁路运输企业应当采取有效措施做到旅客运输服务工作，做到文明礼貌、热情周到，保持车站和车厢内的清洁卫生，提供饮用开水，做好列车上的饮食供应工作。

铁路运输企业应当采取措施，防止对铁路沿线环境的污染。

第十四条　旅客乘车应当持有效车票。对无票乘车或者持失效车票乘车的，应当补收票款，并按照规定加收票款；拒不交付的，铁路运输企业可以责令下车。

第十五条　国家铁路和地方铁路根据发展生产、搞活流通的原则，安排货物运输计划。

对抢险救灾物资和国家规定需要优先运输的其他物资，应予优先运输。

地方铁路运输的物资需要经由国家铁路运输的，其运输计划应当纳入国家铁路的运输计划。

第十六条　铁路运输企业应当按照全国约定的期限或者国务院铁路主

管部门规定的期限，将货物、包裹、行李运到目的站；逾期运到的，铁路运输企业应当支付违约金。

铁路运输企业逾期三十日仍未将货物、包裹、行李交付收货人或者旅客的，托运人、收货人或者旅客有权按货物、包裹、行李灭失向铁路运输企业要求赔偿。

第十七条 铁路运输企业应当对承运的货物、包裹、行李自接受承运时起到交付时止发生的灭失、短少、变质、污染或者损坏，承担赔偿责任：

（一）托运人或者旅客根据自愿申请办理保价运输的，按照实际损失赔偿，但最高不超过保价额。

（二）未按保价运输承运的，按照实际损失赔偿，但最高不超过国务院铁路主管部门规定的赔偿限额；如果损失是由于铁路运输企业的故意或者重大过失造成的，不适用赔偿限额的规定，按照实际损失赔偿。

托运人或者旅客根据自愿可以向保险公司办理货物运输保险，保险公司按照保险合同的约定承担赔偿责任。

托运人或者旅客根据自愿，可以办理保价运输，也可以办理货物运输保险；还可以既不办理保价运输，也不办理货物运输保险。不得以任何方式强迫办理保价运输或者货物运输保险。

第十八条 由于下列原因造成的货物、包裹、行李损失的，铁路运输企业不承担赔偿责任：

（一）不可抗力。

（二）货物或者包裹、行李中的物品本身的自然属性，或者合理损耗。

（三）托运人、收货人或者旅客的过错。

第十九条 托运人应当如实填报托运单，铁路运输企业有权对填报的货物和包裹的品名、重量、数量进行检查。经检查，申报与实际不符的，检查费用由托运人承担；申报与实际相符的，检查费用由铁路运输企业承担，因检查对货物和包裹中的物品造成的损坏由铁路运输企业赔偿。

托运人因申报不实而少交的运费和其他费用应当补交，铁路运输企业按照国务院铁路主管部门的规定加收运费和其他费用。

第二十条 托运货物需要包装的，托运人应当按照国家包装标准或者行业包装标准包装；没有国家包装标准或者行业包装标准的，应当妥善包装，使货物在运输途中不因包装原因而受损坏。

铁路运输企业对承运的容易腐烂变质的货物和活动物，应当按照国务院铁路主管部门的规定和合同的约定，采取有效的保护措施。

第二十一条 货物、包裹、行李到站后，收货人或者旅客应当按照国务院铁路主管部门规定的期限及时领取，并支付托运人未付或者少付的运费和其他费用；逾期领取的，收货人或者旅客应当按照规定交付保管费。

第二十二条 自铁路运输企业发出领取货物通知之日起满三十日仍无人领取的货物，或者收货人书面通知铁路运输企业拒绝领取的货物，铁路运输企业应当通知托运人，托运人自接到通知之日起满三十日未作答复的，由铁路运输企业变卖；所得价款在扣除保管等费用后尚有余款的，应当退还托运人，无法退还、自变卖之日起一百八十日内托运人又未领回的，上缴国库。

自铁路运输企业发出领取通知之日起满九十日仍无人领取的包裹或者到站后满九十日仍无人领取的行李，铁路运输企业应当公告，公告满九十日仍无人领取的，可以变卖；所得价款在扣除保管等费用后尚有余款的，托运人、收货人或者旅客可以自变卖之日起一百八十日内领回，逾期不领回的，上缴国库。

对危险物品和规定限制运输的物品，应当移交公安机关或者有关部门处理，不得自行变卖。

对不宜长期保存的物品，可以按照国务院铁路主管部门的规定缩短处理期限。

第二十三条 因旅客、托运人或者收货人的责任给铁路运输企业造成财产损失的，由旅客、托运人或者收货人承担赔偿责任。

第二十四条 国家鼓励专用铁路兼办公共旅客、货物运输营业；提倡铁路专用线与有关单位按照协议共用。

专用铁路兼办公共旅客、货物运输营业的，应当报经省、自治区、直辖市人民政府批准。

专用铁路兼办公共旅客、货物运输营业的，适用本法关于铁路运输企业的规定。

第二十五条 国家铁路的旅客票价率和货物、包裹、行李的运价率由国务院铁路主管部门拟订,报国务院批准。国家铁路的旅客、货物运输杂费的收费项目和收费标准由国务院铁路主管部门规定。国家铁路的特定运营线的运价率、特定货物的运价率和临时运营线的运价率,由国务院铁路主管部门商得国务院物价主管部门同意后规定。

地方铁路的旅客票价率、货物运价率和旅客、货物运输杂费的收费项目和收费标准,由省、自治区、直辖市人民政府物价主管部门会同国务院铁路主管部门授权的机构规定。

兼办公共旅客、货物运输营业的专用铁路的旅客票价率、货物运价率和旅客、货物运输杂费的收费项目和收费标准,以及铁路专用线共用的收费标准,由省、自治区、直辖市人民政府物价主管部门规定。

第二十六条 铁路的旅客票价,货物、包裹、行李的运价,旅客和货物运输杂费的收费项目和收费标准,必须公告;未公告的不得实施。

第二十七条 国家铁路、地方铁路和专用铁路印制使用的旅客、货物运输票证,禁止伪造和变造。

禁止倒卖旅客车票和其他铁路运输票证。

第二十八条 托运、承运货物、包裹、行李,必须遵守国家关于禁止或者限制运输物品的规定。

第二十九条 铁路运输企业与公路、航空或者水上运输企业相互间实行国内旅客、货物联运,依照国家有关规定办理;国家没有规定的,依照有关各方的协议办理。

第三十条 国家铁路、地方铁路参加国际联运,必须经国务院批准。

第三十一条 铁路军事运输依照国家有关规定办理。

第三十二条 发生铁路运输合同争议的,铁路运输企业和托运人、收货人或者旅客可以通过调解解决;不愿意调解解决或者调解不成的,可以依据合同中的仲裁条款或者事后达成的书面仲裁协议,向国家规定的仲裁机构申请仲裁。

当事人一方在规定的期限内不履行仲裁机构的仲裁决定的,另一方可以申请人民法院强制执行。

当事人没有在合同中订立仲裁条款,事后又没有达成书面仲裁协议的,可以向人民法院起诉。

第三章　铁路建设

第三十三条　铁路发展规划应当依据国民经济和社会发展以及国防建设的需要制定,并与其他方式的交通运输发展规划相协调。

第三十四条　地方铁路、专用铁路、铁路专用线的建设计划必须符合全国铁路发展规划,并征得国务院铁路主管部门或者国务院铁路主管部门授权的机构的同意。

第三十五条　在城市规划区范围内,铁路的线路、车站、枢纽以及其他有关设施的规划,应当纳入所在城市的总体规划。

铁路建设用地规划,应当纳入土地利用总体规划。为远期扩建、新建铁路需要的土地,由县级以上人民政府在土地利用总体规划中安排。

第三十六条　铁路建设用地,依照有关法律、行政法规的规定办理。

有关地方人民政府应当支持铁路建设,协助铁路运输企业做好铁路建设征收土地工作和拆迁安置工作。

第三十七条　已经取得使用权的铁路建设用地,应当依照批准的用途使用,不得擅自改作他用;其他单位或者个人不得侵占。

侵占铁路建设用地的,由县级以上地方人民政府土地管理部门责令停止侵占、赔偿损失。

第三十八条　铁路的标准轨距为1435毫米。新建国家铁路必须采用标准轨距。

窄轨铁路的轨距为762毫米或者1000毫米。

新建和改建铁路的其他技术要求应当符合国家标准或者行业标准。

第三十九条　铁路建成后,必须依照国家基本建设程序的规定,经验收合格,方能交付正式运行。

第四十条　铁路与道路交叉处,应当优先考虑设置立体交叉;未设立体交叉的,可以根据国家有关规定设置平交道口或者人行过道。在城市规划区内设置平交道口或者人行过道,由铁路运输企业或者建有专用铁路、铁路专用线的企业或者其他单位和城市规划主管部门共同决定。

拆除已经设置的平交道口或者人行过道,由铁路运输企业或者建有专用铁路、铁路专用线的企业或者其他单位和当地人民政府商定。

第四十一条 修建跨越河流的铁路桥梁,应当符合国家规定的防洪、通航和水流的要求。

第四章 铁路安全与保护

第四十二条 铁路运输企业必须加强对铁路的管理和保护,定期检查、维修铁路运输设施,保证铁路运输设施完好,保障旅客和货物运输安全。

第四十三条 铁路公安机关和地方公安机关分工负责共同维护铁路治安秩序。车站和列车内的治安秩序,由铁路公安机关负责维护;铁路沿线的治安秩序,由地方公安机关和铁路公安机关共同负责维护,以地方公安机关为主。

第四十四条 电力主管部门应当保证铁路牵引用电以及铁路运营用电中重要负荷的电力供应。铁路运营用电中重要负荷的供应范围国务院铁路主管部门和国务院电力主管部门商定。

第四十五条 铁路线路两侧地界以外的山坡地由当地人民政府作为水土保持的重点进行整治。铁路隧道顶上的山坡地由铁路运输企业协助当地人民政府进行整治。铁路地界以内的山坡地由铁路运输企业进行整治。

第四十六条 在铁路线路和铁路桥梁、涵洞两侧一定距离内,修建山塘、水库、堤坝,开挖河道、干渠,采石挖砂,打井取水,影响铁路路基稳定或者危害铁路桥梁、涵洞安全的,由县级以上地方人民政府责令停止建设或者采挖、打井等活动,限期恢复原状或者责令采取必要的安全防护措施。

在铁路线路上架设电力、通信线路,埋置电缆、管道设施,穿凿通过铁路路基的地下坑道,必须经铁路运输企业同意,并采取安全防护措施。

在铁路弯道内侧、平交道口和人行过道附近,不得修建妨碍行车瞭望的建筑物和种植妨碍行车瞭望的树木。修建妨碍行车瞭望的建筑物的,由县级以上地方人民政府责令限期拆除。种植妨碍行车瞭望的树木的,由县级以上地方人民政府责令有关单位或者个人限期迁移或者修剪、砍伐。

违反前三款的规定,给铁路运输企业造成损失的单位或者个人,应当赔偿损失。

第四十七条 禁止擅自在铁路线路上铺设平交道口和人行过道。

平交道口和人行过道必须按照规定设置必要的标志和防护设施。

行人和车辆通过铁路平交道口和人行过道时,必须遵守有关通行的规定。

第四十八条 运输危险品必须按照国务院铁路主管部门的规定办理,禁止以非危险品品名托运危险品。

禁止旅客携带危险品进站上车。铁路公安人员和国务院铁路主管部门规定的铁路职工,有权对旅客携带的物品进行运输安全检查。实施运输安全检查的铁路职工应当佩戴执勤标志。

危险品的品名由国务院铁路主管部门规定并公布。

第四十九条 对损毁、移动铁路信号装置及其他行车设施或者在铁路线路上放置障碍物的,铁路职工有权制止,可以扭送公安机关处理。

第五十条 禁止偷乘货车、攀附行进中的列车或者击打列车。对偷乘货车、攀附行进中的列车或者击打列车的,铁路职工有权制止。

第五十一条 禁止在铁路线路上行走、坐卧。对在铁路线路上行走、坐卧的,铁路职工有权制止。

第五十二条 禁止在铁路线路两侧二十米以内或者铁路防护林地内放牧。对在铁路线路两侧二十米以内或者铁路防护林地内放牧的,铁路职工有权制止。

第五十三条 对聚众拦截列车或者聚众冲击铁路行车调度机构的,铁路职工有权制止;不听制止的,公安人员现场负责人有权命令解散;拒不解散的,公安人员现场负责人有权依照国家有关规定决定采取必要手段强行驱散,并对拒不服从的人员强行带离现场或者予以拘留。

第五十四条 对哄抢铁路运输物资的,铁路职工有权制止,可以扭送公安机关处理;现场公安人员可以予以拘留。

第五十五条 在列车内,寻衅滋事,扰乱公共秩序,危害旅客人身、财产安全的,铁路职工有权制止,铁路公安人员可以予以拘留。

第五十六条 在车站和旅客列车内,发生法律规定需要检疫的传染病时,由铁路卫生检疫机构进行检疫;根据铁路卫生检疫机构的请求,地方卫生检疫机构应予协助。

货物运输的检疫,依照国家规定办理。

第五十七条 发生铁路交通事故,铁路运输企业应当依照国务院和国务院有关主管部门关于事故调查处理的规定办理,并及时恢复正常行车,任何单位和个人不得阻碍铁路线路开通和列车运行。

第五十八条 因铁路行车事故及其他铁路运营事故造成人身伤亡的,铁路运输企业应当承担赔偿责任;如果人身伤亡是因不可抗力或者由于受害人自身的原因造成的,铁路运输企业不承担赔偿责任。

违章通过平交道口或者人行过道,或者在铁路线路上行走、坐卧造成的人身伤亡,属于受害人自身的原因造成的人身伤亡。

第五十九条 国家铁路的重要桥梁和隧道,由中国人民武装警察部队负责守卫。

第五章 法律责任

第六十条 违反本法规定,携带危险品进站上车或者以非危险品品名托运危险品,导致发生重大事故的,依照刑法有关规定追究刑事责任。企业事业单位、国家机关、社会团体犯本款罪的,处以罚金,对其主管人员和直接责任人员依法追究刑事责任。

携带炸药、雷管或者非法携带枪支子弹、管制刀具进站上车的,依照刑法有关规定追究刑事责任。

第六十一条 故意损毁、移动铁路行车信号装置或者在铁路线路上放置足以使列车倾覆的障碍物的,依照刑法有关规定追究刑事责任。

第六十二条 盗窃铁路线路上行车设施的零件、部件或者铁路线路上的器材,危及行车安全的,依照刑法有关规定追究刑事责任。

第六十三条 聚众拦截列车、冲击铁路行车调度机构不听制止的,对首要分子和骨干分子依照刑法有关规定追究刑事责任。

第六十四条 聚众哄抢铁路运输物资的,对首要分子和骨干分子依照刑法有关规定追究刑事责任。

铁路职工与其他人员勾结犯前款罪的,从重处罚。

第六十五条 在列车内,抢劫旅客财物,伤害旅客的,依照刑法有关规定从重处罚。

在列车内,寻衅滋事,侮辱妇女,情节恶劣的,依照刑法有关规定追究刑事责任;敲诈勒索旅客财物的,依照刑法有关规定追究刑事责任。

第六十六条　倒卖旅客车票，构成犯罪的，依照刑法有关规定追究刑事责任。铁路职工倒卖旅客车票或者与其他人员勾结倒卖旅客车票的，依照刑法有关规定追究刑事责任。

第六十七条　违反本法规定，尚不够刑事处罚，应当给予治安管理处罚的，依照治安管理处罚条例的规定处罚。

第六十八条　擅自在铁路线路上铺设平交道口、人行过道的，由铁路公安机关或者地方公安机关责令限期拆除，可以并处罚款。

第六十九条　铁路运输企业违反本法规定，多收运费、票款或者旅客、货物运输杂费的，必须将多收的费用退还付款人，无法退还的上缴国库。将多收的费用据为己有或者侵吞私分的，依照刑法有关规定追究刑事责任。

第七十条　铁路职工利用职务之便走私的，或者与其他人员勾结走私的，依照刑法有关规定追究刑事责任。

第七十一条　铁路职工玩忽职守、违反规章制度造成铁路运营事故的，滥用职权、利用办理运输业务之便谋取私利的，给予行政处分；情节严重、构成犯罪的，依照刑法有关规定追究刑事责任。

第六章　附　　则

第七十二条　本法所称国家铁路运输企业是指铁路局和铁路分局。

第七十三条　国务院根据本法制定实施条例。

第七十四条　本法自1991年5月1日起施行。

二、中华人民共和国安全生产法

（2002年6月29日第九届全国人民代表大会常务委员会第二十八次会议通过，根据2009年8月27日第十一届全国人民代表大会常务委员会第十次会议《关于修改部分法律的决定》修正。）

第一章　总　　则

第一条　为了加强安全生产监督管理，防止和减少生产安全事故，保障人民群众生命和财产安全，促进经济发展，制定本法。

第二条　在中华人民共和国领域内从事生产经营活动的单位（以下统称生产经营单位）的安全生产，适用本法；有关法律、行政法规对消防安全和道路交通安全、铁路交通安全、水上交通安全、民用航空安全另有规定的，适用其规定。

第三条　安全生产管理，坚持安全第一、预防为主的方针。

第四条　生产经营单位必须遵守本法和其他有关安全生产的法律、法规，加强安全生产管理，建立、健全安全生产责任制度，完善安全生产条件，确保安全生产。

第五条　生产经营单位的主要负责人对本单位的安全生产工作全面负责。

第六条　生产经营单位的从业人员有依法获得安全生产保障的权利，并应当依法履行安全生产方面的义务。

第七条　工会依法组织职工参加本单位安全生产工作的民主管理和民主监督，维护职工在安全生产方面的合法权益。

第八条　国务院和地方各级人民政府应当加强对安全生产工作的领导，支持、督促各有关部门依法履行安全生产监督管理职责。

县级以上人民政府对安全生产监督管理中存在的重大问题应当及时予以协调、解决。

第九条 国务院负责安全生产监督管理的部门依照本法,对全国安全生产工作实施综合监督管理;县级以上地方各级人民政府负责安全生产监督管理的部门依照本法,对本行政区域内安全生产工作实施综合监督管理。

国务院有关部门依照本法和其他有关法律、行政法规的规定,在各自的职责范围内对有关的安全生产工作实施监督管理;县级以上地方各级人民政府有关部门依照本法和其他有关法律、法规的规定,在各自的职责范围内对有关的安全生产工作实施监督管理。

第十条 国务院有关部门应当按照保障安全生产的要求,依法及时制定有关的国家标准或者行业标准,并根据科技进步和经济发展适时修订。

生产经营单位必须执行依法制定的保障安全生产的国家标准或者行业标准。

第十一条 各级人民政府及其有关部门应当采取多种形式,加强对有关安全生产的法律、法规和安全生产知识的宣传,提高职工的安全生产意识。

第十二条 依法设立的为安全生产提供技术服务的中介机构,依照法律、行政法规和执业准则,接受生产经营单位的委托为其安全生产工作提供技术服务。

第十三条 国家实行生产安全事故责任追究制度,依照本法和有关法律、法规的规定,追究生产安全事故责任人员的法律责任。

第十四条 国家鼓励和支持安全生产科学技术研究和安全生产先进技术的推广应用,提高安全生产水平。

第十五条 国家对在改善安全生产条件、防止生产安全事故、参加抢险救护等方面取得显著成绩的单位和个人,给予奖励。

第二章 生产经营单位的安全生产保障

第十六条 生产经营单位应当具备本法和有关法律、行政法规和国家标准或者行业标准规定的安全生产条件;不具备安全生产条件的,不得从事生产经营活动。

第十七条 生产经营单位的主要负责人对本单位安全生产工作负有下列职责:

(一)建立、健全本单位安全生产责任制；

(二)组织制定本单位安全生产规章制度和操作规程；

(三)保证本单位安全生产投入的有效实施；

(四)督促、检查本单位的安全生产工作，及时消除生产安全事故隐患；

(五)组织制定并实施本单位的生产安全事故应急救援预案；

(六)及时、如实报告生产安全事故。

第十八条 生产经营单位应当具备的安全生产条件所必需的资金投入，由生产经营单位的决策机构、主要负责人或者个人经营的投资人予以保证，并对由于安全生产所必需的资金投入不足导致的后果承担责任。

第十九条 矿山、建筑施工单位和危险物品的生产、经营、储存单位，应当设置安全生产管理机构或者配备专职安全生产管理人员。

前款规定以外的其他生产经营单位，从业人员超过三百人的，应当设置安全生产管理机构或者配备专职安全生产管理人员；从业人员在三百人以下的，应当配备专职或者兼职的安全生产管理人员，或者委托具有国家规定的相关专业技术资格的工程技术人员提供安全生产管理服务。

生产经营单位依照前款规定委托工程技术人员提供安全生产管理服务的，保证安全生产的责任仍由本单位负责。

第二十条 生产经营单位的主要负责人和安全生产管理人员必须具备与本单位所从事的生产经营活动相应的安全生产知识和管理能力。

危险物品的生产、经营、储存单位以及矿山、建筑施工单位的主要负责人和安全生产管理人员，应当由有关主管部门对其安全生产知识和管理能力考核合格后方可任职。考核不得收费。

第二十一条 生产经营单位应当对从业人员进行安全生产教育和培训，保证从业人员具备必要的安全生产知识，熟悉有关的安全生产规章制度和安全操作规程，掌握本岗位的安全操作技能。未经安全生产教育和培训合格的从业人员，不得上岗作业。

第二十二条 生产经营单位采用新工艺、新技术、新材料或者使用新设备，必须了解、掌握其安全技术特性，采取有效的安全防护措施，并对从业人员进行专门的安全生产教育和培训。

第二十三条 生产经营单位的特种作业人员必须按照国家有关规定经

专门的安全作业培训，取得特种作业操作资格证书，方可上岗作业。

特种作业人员的范围由国务院负责安全生产监督管理的部门会同国务院有关部门确定。

第二十四条 生产经营单位新建、改建、扩建工程项目（以下统称建设项目）的安全设施，必须与主体工程同时设计、同时施工、同时投入生产和使用。安全设施投资应当纳入建设项目概算。

第二十五条 矿山建设项目和用于生产、储存危险物品的建设项目，应当分别按照国家有关规定进行安全条件论证和安全评价。

第二十六条 建设项目安全设施的设计人、设计单位应当对安全设施设计负责。

矿山建设项目和用于生产、储存危险物品的建设项目的安全设施设计应当按照国家有关规定报经有关部门审查，审查部门及其负责审查的人员对审查结果负责。

第二十七条 矿山建设项目和用于生产、储存危险物品的建设项目的施工单位必须按照批准的安全设施设计施工，并对安全设施的工程质量负责。

矿山建设项目和用于生产、储存危险物品的建设项目竣工投入生产或者使用前，必须依照有关法律、行政法规的规定对安全设施进行验收；验收合格后，方可投入生产和使用。验收部门及其验收人员对验收结果负责。

第二十八条 生产经营单位应当在有较大危险因素的生产经营场所和有关设施、设备上，设置明显的安全警示标志。

第二十九条 安全设备的设计、制造、安装、使用、检测、维修、改造和报废，应当符合国家标准或者行业标准。

生产经营单位必须对安全设备进行经常性维护、保养，并定期检测，保证正常运转。维护、保养、检测应当作好记录，并由有关人员签字。

第三十条 生产经营单位使用的涉及生命安全、危险性较大的特种设备，以及危险物品的容器、运输工具，必须按照国家有关规定，由专业生产单位生产，并经取得专业资质的检测、检验机构检测、检验合格，取得安全使用证或者安全标志，方可投入使用。检测、检验机构对检测、检验结果负责。

涉及生命安全、危险性较大的特种设备的目录由国务院负责特种设备安全监督管理的部门制定，报国务院批准后执行。

第三十一条 国家对严重危及生产安全的工艺、设备实行淘汰制度。

生产经营单位不得使用国家明令淘汰、禁止使用的危及生产安全的工艺、设备。

第三十二条 生产、经营、运输、储存、使用危险物品或者处置废弃危险物品的，由有关主管部门依照有关法律、法规的规定和国家标准或者行业标准审批并实施监督管理。

生产经营单位生产、经营、运输、储存、使用危险物品或者处置废弃危险物品，必须执行有关法律、法规和国家标准或者行业标准，建立专门的安全管理制度，采取可靠的安全措施，接受有关主管部门依法实施的监督管理。

第三十三条 生产经营单位对重大危险源应当登记建档，进行定期检测、评估、监控，并制定应急预案，告知从业人员和相关人员在紧急情况下应当采取的应急措施。

生产经营单位应当按照国家有关规定将本单位重大危险源及有关安全措施、应急措施报有关地方人民政府负责安全生产监督管理的部门和有关部门备案。

第三十四条 生产、经营、储存、使用危险物品的车间、商店、仓库不得与员工宿舍在同一座建筑物内，并应当与员工宿舍保持安全距离。

生产经营场所和员工宿舍应当设有符合紧急疏散要求、标志明显、保持畅通的出口。禁止封闭、堵塞生产经营场所或者员工宿舍的出口。

第三十五条 生产经营单位进行爆破、吊装等危险作业，应当安排专门人员进行现场安全管理，确保操作规程的遵守和安全措施的落实。

第三十六条 生产经营单位应当教育和督促从业人员严格执行本单位的安全生产规章制度和安全操作规程；并向从业人员如实告知作业场所和工作岗位存在的危险因素、防范措施以及事故应急措施。

第三十七条 生产经营单位必须为从业人员提供符合国家标准或者行业标准的劳动防护用品，并监督、教育从业人员按照使用规则佩戴、使用。

第三十八条 生产经营单位的安全生产管理人员应当根据本单位的生产经营特点，对安全生产状况进行经常性检查；对检查中发现的安全问题，应当立即处理；不能处理的，应当及时报告本单位有关负责人。检查及处理情况应当记录在案。

第三十九条 生产经营单位应当安排用于配备劳动防护用品、进行安全生产培训的经费。

第四十条 两个以上生产经营单位在同一作业区域内进行生产经营活动,可能危及对方生产安全的,应当签订安全生产管理协议,明确各自的安全生产管理职责和应当采取的安全措施,并指定专职安全生产管理人员进行安全检查与协调。

第四十一条 生产经营单位不得将生产经营项目、场所、设备发包或者出租给不具备安全生产条件或者相应资质的单位或者个人。

生产经营项目、场所有多个承包单位、承租单位的,生产经营单位应当与承包单位、承租单位签订专门的安全生产管理协议,或者在承包合同、租赁合同中约定各自的安全生产管理职责;生产经营单位对承包单位、承租单位的安全生产工作统一协调、管理。

第四十二条 生产经营单位发生重大生产安全事故时,单位的主要负责人应当立即组织抢救,并不得在事故调查处理期间擅离职守。

第四十三条 生产经营单位必须依法参加工伤社会保险,为从业人员缴纳保险费。

第三章 从业人员的权利和义务

第四十四条 生产经营单位与从业人员订立的劳动合同,应当载明有关保障从业人员劳动安全、防止职业危害的事项,以及依法为从业人员办理工伤社会保险的事项。

生产经营单位不得以任何形式与从业人员订立协议,免除或者减轻其对从业人员因生产安全事故伤亡依法应承担的责任。

第四十五条 生产经营单位的从业人员有权了解其作业场所和工作岗位存在的危险因素、防范措施及事故应急措施,有权对本单位的安全生产工作提出建议。

第四十六条 从业人员有权对本单位安全生产工作中存在的问题提出批评、检举、控告;有权拒绝违章指挥和强令冒险作业。

生产经营单位不得因从业人员对本单位安全生产工作提出批评、检举、控告或者拒绝违章指挥、强令冒险作业而降低其工资、福利等待遇或者解除与其订立的劳动合同。

第四十七条 从业人员发现直接危及人身安全的紧急情况时,有权停止作业或者在采取可能的应急措施后撤离作业场所。

生产经营单位不得因从业人员在前款紧急情况下停止作业或者采取紧急撤离措施而降低其工资、福利等待遇或者解除与其订立的劳动合同。

第四十八条 因生产安全事故受到损害的从业人员,除依法享有工伤社会保险外,依照有关民事法律尚有获得赔偿的权利的,有权向本单位提出赔偿要求。

第四十九条 从业人员在作业过程中,应当严格遵守本单位的安全生产规章制度和操作规程,服从管理,正确佩戴和使用劳动防护用品。

第五十条 从业人员应当接受安全生产教育和培训,掌握本职工作所需的安全生产知识,提高安全生产技能,增强事故预防和应急处理能力。

第五十一条 从业人员发现事故隐患或者其他不安全因素,应当立即向现场安全生产管理人员或者本单位负责人报告;接到报告的人员应当及时予以处理。

第五十二条 工会有权对建设项目的安全设施与主体工程同时设计、同时施工、同时投入生产和使用进行监督,提出意见。

工会对生产经营单位违反安全生产法律、法规,侵犯从业人员合法权益的行为,有权要求纠正;发现生产经营单位违章指挥、强令冒险作业或者发现事故隐患时,有权提出解决的建议,生产经营单位应当及时研究答复;发现危及从业人员生命安全的情况时,有权向生产经营单位建议组织从业人员撤离危险场所,生产经营单位必须立即作出处理。

工会有权依法参加事故调查,向有关部门提出处理意见,并要求追究有关人员的责任。

第四章 安全生产的监督管理

第五十三条 县级以上地方各级人民政府应当根据本行政区域内的安全生产状况,组织有关部门按照职责分工,对本行政区域内容易发生重大生产安全事故的生产经营单位进行严格检查;发现事故隐患,应当及时处理。

第五十四条　依照本法第九条规定对安全生产负有监督管理职责的部门(以下统称负有安全生产监督管理职责的部门)依照有关法律、法规的规定,对涉及安全生产的事项需要审查批准(包括批准、核准、许可、注册、认证、颁发证照等,下同)或者验收的,必须严格依照有关法律、法规和国家标准或者行业标准规定的安全生产条件和程序进行审查;不符合有关法律、法规和国家标准或者行业标准规定的安全生产条件的,不得批准或者验收通过。对未依法取得批准或者验收合格的单位擅自从事有关活动的,负责行政审批的部门发现或者接到举报后应当立即予以取缔,并依法予以处理。对已经依法取得批准的单位,负责行政审批的部门发现其不再具备安全生产条件的,应当撤销原批准。

第五十五条　负有安全生产监督管理职责的部门对涉及安全生产的事项进行审查、验收,不得收取费用;不得要求接受审查、验收的单位购买其指定品牌或者指定生产、销售单位的安全设备、器材或者其他产品。

第五十六条　负有安全生产监督管理职责的部门依法对生产经营单位执行有关安全生产的法律、法规和国家标准或者行业标准的情况进行监督检查,行使以下职权:

(一)进入生产经营单位进行检查,调阅有关资料,向有关单位和人员了解情况。

(二)对检查中发现的安全生产违法行为,当场予以纠正或者要求限期改正;对依法应当给予行政处罚的行为,依照本法和其他有关法律、行政法规的规定作出行政处罚决定。

(三)对检查中发现的事故隐患,应当责令立即排除;重大事故隐患排除前或者排除过程中无法保证安全的,应当责令从危险区域内撤出作业人员,责令暂时停产停业或者停止使用;重大事故隐患排除后,经审查同意,方可恢复生产经营和使用。

(四)对有根据认为不符合保障安全生产的国家标准或者行业标准的设施、设备、器材予以查封或者扣押,并应当在十五日内依法作出处理决定。

监督检查不得影响被检查单位的正常生产经营活动。

第五十七条　生产经营单位对负有安全生产监督管理职责的部门的监督检查人员(以下统称安全生产监督检查人员)依法履行监督检查职责,应当予以配合,不得拒绝、阻挠。

第五十八条 安全生产监督检查人员应当忠于职守,坚持原则,秉公执法。

安全生产监督检查人员执行监督检查任务时,必须出示有效的监督执法证件;对涉及被检查单位的技术秘密和业务秘密,应当为其保密。

第五十九条 安全生产监督检查人员应当将检查的时间、地点、内容、发现的问题及其处理情况,作出书面记录,并由检查人员和被检查单位的负责人签字;被检查单位的负责人拒绝签字的,检查人员应当将情况记录在案,并向负有安全生产监督管理职责的部门报告。

第六十条 负有安全生产监督管理职责的部门在监督检查中,应当互相配合,实行联合检查;确需分别进行检查的,应当互通情况,发现存在的安全问题应当由其他有关部门进行处理的,应当及时移送其他有关部门并形成记录备查,接受移送的部门应当及时进行处理。

第六十一条 监察机关依照行政监察法的规定,对负有安全生产监督管理职责的部门及其工作人员履行安全生产监督管理职责实施监察。

第六十二条 承担安全评价、认证、检测、检验的机构应当具备国家规定的资质条件,并对其作出的安全评价、认证、检测、检验的结果负责。

第六十三条 负有安全生产监督管理职责的部门应当建立举报制度,公开举报电话、信箱或者电子邮件地址,受理有关安全生产的举报;受理的举报事项经调查核实后,应当形成书面材料;需要落实整改措施的,报经有关负责人签字并督促落实。

第六十四条 任何单位或者个人对事故隐患或者安全生产违法行为,均有权向负有安全生产监督管理职责的部门报告或者举报。

第六十五条 居民委员会、村民委员会发现其所在区域内的生产经营单位存在事故隐患或者安全生产违法行为时,应当向当地人民政府或者有关部门报告。

第六十六条 县级以上各级人民政府及其有关部门对报告重大事故隐患或者举报安全生产违法行为的有功人员,给予奖励。具体奖励办法由国务院负责安全生产监督管理的部门会同国务院财政部门制定。

第六十七条 新闻、出版、广播、电影、电视等单位有进行安全生产宣传教育的义务，有对违反安全生产法律、法规的行为进行舆论监督的权利。

第五章　生产安全事故的应急救援与调查处理

第六十八条　县级以上地方各级人民政府应当组织有关部门制定本行政区域内特大生产安全事故应急救援预案，建立应急救援体系。

第六十九条　危险物品的生产、经营、储存单位以及矿山、建筑施工单位应当建立应急救援组织；生产经营规模较小，可以不建立应急救援组织的，应当指定兼职的应急救援人员。

危险物品的生产、经营、储存单位以及矿山、建筑施工单位应当配备必要的应急救援器材、设备，并进行经常性维护、保养，保证正常运转。

第七十条　生产经营单位发生生产安全事故后，事故现场有关人员应当立即报告本单位负责人。

单位负责人接到事故报告后，应当迅速采取有效措施，组织抢救，防止事故扩大，减少人员伤亡和财产损失，并按照国家有关规定立即如实报告当地负有安全生产监督管理职责的部门，不得隐瞒不报、谎报或者拖延不报，不得故意破坏事故现场、毁灭有关证据。

第七十一条　负有安全生产监督管理职责的部门接到事故报告后，应当立即按照国家有关规定上报事故情况。负有安全生产监督管理职责的部门和有关地方人民政府对事故情况不得隐瞒不报、谎报或者拖延不报。

第七十二条　有关地方人民政府和负有安全生产监督管理职责的部门的负责人接到重大生产安全事故报告后，应当立即赶到事故现场，组织事故抢救。

任何单位和个人都应当支持、配合事故抢救，并提供一切便利条件。

第七十三条　事故调查处理应当按照实事求是、尊重科学的原则，及时、准确地查清事故原因，查明事故性质和责任，总结事故教训，提出整改措施，并对事故责任者提出处理意见。事故调查和处理的具体办法由国务院制定。

第七十四条　生产经营单位发生生产安全事故，经调查确定为责任事故的，除了应当查明事故单位的责任并依法予以追究外，还应当查明对安全生产的有关事项负有审查批准和监督职责的行政部门的责任，对有失职、渎职行为的,依照本法第七十七条的规定追究法律责任。

第七十五条 任何单位和个人不得阻挠和干涉对事故的依法调查处理。

第七十六条 县级以上地方各级人民政府负责安全生产监督管理的部门应当定期统计分析本行政区域内发生生产安全事故的情况,并定期向社会公布。

第六章 法律责任

第七十七条 负有安全生产监督管理职责的部门的工作人员,有下列行为之一的,给予降级或者撤职的行政处分;构成犯罪的,依照刑法有关规定追究刑事责任:

(一)对不符合法定安全生产条件的涉及安全生产的事项予以批准或者验收通过的;

(二)发现未依法取得批准、验收的单位擅自从事有关活动或者接到举报后不予取缔或者不依法予以处理的;

(三)对已经依法取得批准的单位不履行监督管理职责,发现其不再具备安全生产条件而不撤销原批准或者发现安全生产违法行为不予查处的。

第七十八条 负有安全生产监督管理职责的部门,要求被审查、验收的单位购买其指定的安全设备、器材或者其他产品的,在对安全生产事项的审查、验收中收取费用的,由其上级机关或者监察机关责令改正,责令退还收取的费用;情节严重的,对直接负责的主管人员和其他直接责任人员依法给予行政处分。

第七十九条 承担安全评价、认证、检测、检验工作的机构,出具虚假证明,构成犯罪的,依照刑法有关规定追究刑事责任;尚不够刑事处罚的,没收违法所得,违法所得在五千元以上的,并处违法所得二倍以上五倍以下的罚款,没有违法所得或者违法所得不足五千元的,单处或者并处五千元以上二万元以下的罚款,对其直接负责的主管人员和其他直接责任人员处五千元以上五万元以下的罚款;给他人造成损害的,与生产经营单位承担连带赔偿责任。

对有前款违法行为的机构,撤销其相应资格。

第八十条 生产经营单位的决策机构、主要负责人、个人经营的投资人不依照本法规定保证安全生产所必需的资金投入，致使生产经营单位不具备安全生产条件的，责令限期改正，提供必需的资金；逾期未改正的，责令生产经营单位停产停业整顿。

有前款违法行为，导致发生生产安全事故，构成犯罪的，依照刑法有关规定追究刑事责任；尚不够刑事处罚的，对生产经营单位的主要负责人给予撤职处分，对个人经营的投资人处二万元以上二十万元以下的罚款。

第八十一条 生产经营单位的主要负责人未履行本法规定的安全生产管理职责的，责令限期改正；逾期未改正的，责令生产经营单位停产停业整顿。

生产经营单位的主要负责人有前款违法行为，导致发生生产安全事故，构成犯罪的，依照刑法有关规定追究刑事责任；尚不够刑事处罚的，给予撤职处分或者处二万元以上二十万元以下的罚款。

生产经营单位的主要负责人依照前款规定受刑事处罚或者撤职处分的，自刑罚执行完毕或者受处分之日起，五年内不得担任任何生产经营单位的主要负责人。

第八十二条 生产经营单位有下列行为之一的，责令限期改正；逾期未改正的，责令停产停业整顿，可以并处二万元以下的罚款：

（一）未按照规定设立安全生产管理机构或者配备安全生产管理人员的；

（二）危险物品的生产、经营、储存单位以及矿山、建筑施工单位的主要负责人和安全生产管理人员未按照规定经考核合格的；

（三）未按照本法第二十一条、第二十二条的规定对从业人员进行安全生产教育和培训，或者未按照本法第三十六条的规定如实告知从业人员有关的安全生产事项的；

（四）特种作业人员未按照规定经专门的安全作业培训并取得特种作业操作资格证书，上岗作业的。

第八十三条 生产经营单位有下列行为之一的，责令限期改正；逾期未改正的，责令停止建设或者停产停业整顿，可以并处五万元以下的罚款；造成严重后果，构成犯罪的，依照刑法有关规定追究刑事责任：

（一）矿山建设项目或者用于生产、储存危险物品的建设项目没有安全设施设计或者安全设施设计未按照规定报经有关部门审查同意的；

（二）矿山建设项目或者用于生产、储存危险物品的建设项目的施工单位未按照批准的安全设施设计施工的；

（三）矿山建设项目或者用于生产、储存危险物品的建设项目竣工投入生产或者使用前，安全设施未经验收合格的；

（四）未在有较大危险因素的生产经营场所和有关设施、设备上设置明显的安全警示标志的；

（五）安全设备的安装、使用、检测、改造和报废不符合国家标准或者行业标准的；

（六）未对安全设备进行经常性维护、保养和定期检测的；

（七）未为从业人员提供符合国家标准或者行业标准的劳动防护用品的；

（八）特种设备以及危险物品的容器、运输工具未经取得专业资质的机构检测、检验合格，取得安全使用证或者安全标志，投入使用的；

（九）使用国家明令淘汰、禁止使用的危及生产安全的工艺、设备的。

第八十四条　未经依法批准，擅自生产、经营、储存危险物品的，责令停止违法行为或者予以关闭，没收违法所得，违法所得十万元以上的，并处违法所得一倍以上五倍以下的罚款，没有违法所得或者违法所得不足十万元的，单处或者并处二万元以上十万元以下的罚款；造成严重后果，构成犯罪的，依照刑法有关规定追究刑事责任。

第八十五条　生产经营单位有下列行为之一的，责令限期改正；逾期未改正的，责令停产停业整顿，可以并处二万元以上十万元以下的罚款；造成严重后果，构成犯罪的，依照刑法有关规定追究刑事责任：

（一）生产、经营、储存、使用危险物品，未建立专门安全管理制度、未采取可靠的安全措施或者不接受有关主管部门依法实施的监督管理的；

（二）对重大危险源未登记建档，或者未进行评估、监控，或者未制定应急预案的；

（三）进行爆破、吊装等危险作业，未安排专门管理人员进行现场安全管理的。

第八十六条 生产经营单位将生产经营项目、场所、设备发包或者出租给不具备安全生产条件或者相应资质的单位或者个人的，责令限期改正，没收违法所得；违法所得五万元以上的，并处违法所得一倍以上五倍以下的罚款；没有违法所得或者违法所得不足五万元的，单处或者并处一万元以上五万元以下的罚款；导致发生生产安全事故给他人造成损害的，与承包方、承租方承担连带赔偿责任。

生产经营单位未与承包单位、承租单位签订专门的安全生产管理协议或者未在承包合同、租赁合同中明确各自的安全生产管理职责，或者未对承包单位、承租单位的安全生产统一协调、管理的，责令限期改正；逾期未改正的，责令停产停业整顿。

第八十七条 两个以上生产经营单位在同一作业区域内进行可能危及对方安全生产的生产经营活动，未签订安全生产管理协议或者未指定专职安全生产管理人员进行安全检查与协调的，责令限期改正；逾期未改正的，责令停产停业。

第八十八条 生产经营单位有下列行为之一的，责令限期改正；逾期未改正的，责令停产停业整顿；造成严重后果，构成犯罪的，依照刑法有关规定追究刑事责任：

（一）生产、经营、储存、使用危险物品的车间、商店、仓库与员工宿舍在同一座建筑内，或者与员工宿舍的距离不符合安全要求的；

（二）生产经营场所和员工宿舍未设有符合紧急疏散需要、标志明显、保持畅通的出口，或者封闭、堵塞生产经营场所或者员工宿舍出口的。

第八十九条 生产经营单位与从业人员订立协议，免除或者减轻其对从业人员因生产安全事故伤亡依法应承担的责任的，该协议无效；对生产经营单位的主要负责人、个人经营的投资人处二万元以上十万元以下的罚款。

第九十条 生产经营单位的从业人员不服从管理，违反安全生产规章制度或者操作规程的，由生产经营单位给予批评教育，依照有关规章制度给予处分；造成重大事故，构成犯罪的，依照刑法有关规定追究刑事责任。

第九十一条 生产经营单位主要负责人在本单位发生重大生产安全事故时，不立即组织抢救或者在事故调查处理期间擅离职守或者逃匿的，给予降职、撤职的处分，对逃匿的处十五日以下拘留；构成犯罪的，依照刑法有关规定追究刑事责任。

生产经营单位主要负责人对生产安全事故隐瞒不报、谎报或者拖延不报的，依照前款规定处罚。

第九十二条 有关地方人民政府、负有安全生产监督管理职责的部门，对生产安全事故隐瞒不报、谎报或者拖延不报的，对直接负责的主管人员和其他直接责任人员依法给予行政处分；构成犯罪的，依照刑法有关规定追究刑事责任。

第九十三条 生产经营单位不具备本法和其他有关法律、行政法规和国家标准或者行业标准规定的安全生产条件，经停产停业整顿仍不具备安全生产条件的，予以关闭；有关部门应当依法吊销其有关证照。

第九十四条 本法规定的行政处罚，由负责安全生产监督管理的部门决定；予以关闭的行政处罚由负责安全生产监督管理的部门报请县级以上人民政府按照国务院规定的权限决定；给予拘留的行政处罚由公安机关依照治安管理处罚法的规定决定。有关法律、行政法规对行政处罚的决定机关另有规定的，依照其规定。

第九十五条 生产经营单位发生生产安全事故造成人员伤亡、他人财产损失的，应当依法承担赔偿责任；拒不承担或者其负责人逃匿的，由人民法院依法强制执行。

生产安全事故的责任人未依法承担赔偿责任，经人民法院依法采取执行措施后，仍不能对受害人给予足额赔偿的，应当继续履行赔偿义务；受害人发现责任人有其他财产的，可以随时请求人民法院执行。

第七章 附 则

第九十六条 本法下列用语的含义：

危险物品，是指易燃易爆物品、危险化学品、放射性物品等能够危及人身安全和财产安全的物品。

重大危险源，是指长期地或者临时地生产、搬运、使用或者储存危险物品，且危险物品的数量等于或者超过临界量的单元（包括场所和设施）。

第九十七条 本法自2002年11月1日起施行。

三、中华人民共和国招标投标法

（1999 年 8 月 30 日第九届全国人民代表大会常务委员会第十一次会议通过，中华人民共和国主席令（第二十一号）公布，2000 年 1 月 1 日起施行。）

第一章 总 则

第一条 为了规范招标投标活动，保护国家利益、社会公共利益和招标投标活动当事人的合法权益，提高经济效益，保证项目质量，制定本法。

第二条 在中华人民共和国境内进行招标投标活动，适用本法。

第三条 在中华人民共和国境内进行下列工程建设项目包括项目的勘察、设计、施工、监理以及与工程建设有关的重要设备、材料等的采购，必须进行招标：

（一）大型基础设施、公用事业等关系社会公共利益、公众安全的项目；

（二）全部或者部分使用国有资金投资或者国家融资的项目；

（三）使用国际组织或者外国政府贷款、援助资金的项目。

前款所列项目的具体范围和规模标准，由国务院发展计划部门会同国务院有关部门制订，报国务院批准。

法律或者国务院对必须进行招标的其他项目的范围有规定的，依照其规定。

第四条 任何单位和个人不得将依法必须进行招标的项目化整为零或者以其他任何方式规避招标。

第五条 招标投标活动应当遵循公开、公平、公正和诚实信用的原则。

第六条 依法必须进行招标的项目，其招标投标活动不受地区或者部门的限制。任何单位和个人不得违法限制或者排斥本地区、本系统以外的法人或者其他组织参加投标，不得以任何方式非法干涉招标投标活动。

第七条 招标投标活动及其当事人应当接受依法实施的监督。

有关行政监督部门依法对招标投标活动实施监督，依法查处招标投标活动中的违法行为。

对招标投标活动的行政监督及有关部门的具体职权划分，由国务院规定。

第二章　招　　标

第八条　招标人是依照本法规定提出招标项目、进行招标的法人或者其他组织。

第九条　招标项目按照国家有关规定需要履行项目审批手续的，应当先履行审批手续，取得批准。

招标人应当有进行招标项目的相应资金或者资金来源已经落实，并应当在招标文件中如实载明。

第十条　招标分为公开招标和邀请招标。

公开招标，是指招标人以招标公告的方式邀请不特定的法人或者其他组织投标。

邀请招标，是指招标人以投标邀请书的方式邀请特定的法人或者其他组织投标。

第十一条　国务院发展计划部门确定的国家重点项目和省、自治区、直辖市人民政府确定的地方重点项目不适宜公开招标的，经国务院发展计划部门或者省、自治区、直辖市人民政府批准，可以进行邀请招标。

第十二条　招标人有权自行选择招标代理机构，委托其办理招标事宜。任何单位和个人不得以任何方式为招标人指定招标代理机构。

招标人具有编制招标文件和组织评标能力的，可以自行办理招标事宜。任何单位和个人不得强制其委托招标代理机构办理招标事宜。

依法必须进行招标的项目，招标人自行办理招标事宜的，应当向有关行政监督部门备案。

第十三条　招标代理机构是依法设立、从事招标代理业务并提供相关服务的社会中介组织。

招标代理机构应当具备下列条件：

（一）有从事招标代理业务的营业场所和相应资金；

（二）有能够编制招标文件和组织评标的相应专业力量；

（三）有符合本法第三十七条第三款规定条件、可以作为评标委员会成员人选的技术、经济等方面的专家库。

第十四条 从事工程建设项目招标代理业务的招标代理机构，其资格由国务院或者省、自治区、直辖市人民政府的建设行政主管部门认定。具体办法由国务院建设行政主管部门会同国务院有关部门制定。从事其他招标代理业务的招标代理机构，其资格认定的主管部门由国务院规定。

招标代理机构与行政机关和其他国家机关不得存在隶属关系或者其他利益关系。

第十五条 招标代理机构应当在招标人委托的范围内办理招标事宜，并遵守本法关于招标人的规定。

第十六条 招标人采用公开招标方式的，应当发布招标公告。依法必须进行招标的项目的招标公告，应当通过国家指定的报刊、信息网络或者其他媒介发布。

招标公告应当载明招标人的名称和地址、招标项目的性质、数量、实施地点和时间以及获取招标文件的办法等事项。

第十七条 招标人采用邀请招标方式的，应当向三个以上具备承担招标项目的能力、资信良好的特定的法人或者其他组织发出投标邀请书。

投标邀请书应当载明本法第十六条第二款规定的事项。

第十八条 招标人可以根据招标项目本身的要求，在招标公告或者投标邀请书中，要求潜在投标人提供有关资质证明文件和业绩情况，并对潜在投标人进行资格审查；国家对投标人的资格条件有规定的，依照其规定。

招标人不得以不合理的条件限制或者排斥潜在投标人，不得对潜在投标人实行歧视待遇。

第十九条 招标人应当根据招标项目的特点和需要编制招标文件。招标文件应当包括招标项目的技术要求、对投标人资格审查的标准、投标报价要求和评标标准等所有实质性要求和条件以及拟签订合同的主要条款。

国家对招标项目的技术、标准有规定的，招标人应当按照其规定在招标文件中提出相应要求。

招标项目需要划分标段、确定工期的，招标人应当合理划分标段、确定工期，并在招标文件中载明。

第二十条 招标文件不得要求或者标明特定的生产供应者以及含有倾向或者排斥潜在投标人的其他内容。

第二十一条 招标人根据招标项目的具体情况,可以组织潜在投标人踏勘项目现场。

第二十二条 招标人不得向他人透露已获取招标文件的潜在投标人的名称、数量以及可能影响公平竞争的有关招标投标的其他情况。

招标人设有标底的,标底必须保密。

第二十三条 招标人对已发出的招标文件进行必要的澄清或者修改的,应当在招标文件要求提交投标文件截止时间至少十五日前,以书面形式通知所有招标文件收受人。该澄清或者修改的内容为招标文件的组成部分。

第二十四条 招标人应当确定投标人编制投标文件所需要的合理时间;但是,依法必须进行招标的项目,自招标文件开始发出之日起至投标人提交投标文件截止之日止,最短不得少于二十日。

第三章 投 标

第二十五条 投标人是响应招标、参加投标竞争的法人或者其他组织。

依法招标的科研项目允许个人参加投标的,投标的个人适用本法有关投标人的规定。

第二十六条 投标人应当具备承担招标项目的能力;国家有关规定对投标人资格条件或者招标文件对投标人资格条件有规定的,投标人应当具备规定的资格条件。

第二十七条 投标人应当按照招标文件的要求编制投标文件。投标文件应当对招标文件提出的实质性要求和条件作出响应。

招标项目属于建设施工的,投标文件的内容应当包括拟派出的项目负责人与主要技术人员的简历、业绩和拟用于完成招标项目的机械设备等。

第二十八条 投标人应当在招标文件要求提交投标文件的截止时间前,将投标文件送达投标地点。招标人收到投标文件后,应当签收保存,不得开启。投标人少于三个的,招标人应当依照本法重新招标。

在招标文件要求提交投标文件的截止时间后送达的投标文件,招标人应当拒收。

第二十九条　投标人在招标文件要求提交投标文件的截止时间前，可以补充、修改或者撤回已提交的投标文件，并书面通知招标人。补充、修改的内容为投标文件的组成部分。

第三十条　投标人根据招标文件载明的项目实际情况，拟在中标后将中标项目的部分非主体、非关键性工作进行分包的，应当在投标文件中载明。

第三十一条　两个以上法人或者其他组织可以组成一个联合体，以一个投标人的身份共同投标。

联合体各方均应当具备承担招标项目的相应能力；国家有关规定或者招标文件对投标人资格条件有规定的，联合体各方均应当具备规定的相应资格条件。由同一专业的单位组成的联合体，按照资质等级较低的单位确定资质等级。

联合体各方应当签订共同投标协议，明确约定各方拟承担的工作和责任，并将共同投标协议连同投标文件一并提交招标人。联合体中标的，联合体各方应当共同与招标人签订合同，就中标项目向招标人承担连带责任。

招标人不得强制投标人组成联合体共同投标，不得限制投标人之间的竞争。

第三十二条　投标人不得相互串通投标报价，不得排挤其他投标人的公平竞争，损害招标人或者其他投标人的合法权益。

投标人不得与招标人串通投标，损害国家利益、社会公共利益或者他人的合法权益。

禁止投标人以向招标人或者评标委员会成员行贿的手段谋取中标。

第三十三条　投标人不得以低于成本的报价竞标，也不得以他人名义投标或者以其他方式弄虚作假，骗取中标。

第四章　开标、评标和中标

第三十四条　开标应当在招标文件确定的提交投标文件截止时间的同一时间公开进行；开标地点应当为招标文件中预先确定的地点。

第三十五条　开标由招标人主持，邀请所有投标人参加。

第三十六条　开标时，由投标人或者其推选的代表检查投标文件的密封情况，也可以由招标人委托的公证机构检查并公证；经确认无误后，由工作人员当众拆封，宣读投标人名称、投标价格和投标文件的其他主要内容。

招标人在招标文件要求提交投标文件的截止时间前收到的所有投标文件，开标时都应当当众予以拆封、宣读。

开标过程应当记录，并存档备查。

第三十七条　评标由招标人依法组建的评标委员会负责。

依法必须进行招标的项目，其评标委员会由招标人的代表和有关技术、经济等方面的专家组成，成员人数为五人以上单数，其中技术、经济等方面的专家不得少于成员总数的三分之二。

前款专家应当从事相关领域工作满八年并具有高级职称或者具有同等专业水平，由招标人从国务院有关部门或者省、自治区、直辖市人民政府有关部门提供的专家名册或者招标代理机构的专家库内的相关专业的专家名单中确定；一般招标项目可以采取随机抽取方式，特殊招标项目可以由招标人直接确定。

与投标人有利害关系的人不得进入相关项目的评标委员会；已经进入的应当更换。

评标委员会成员的名单在中标结果确定前应当保密。

第三十八条　招标人应当采取必要的措施，保证评标在严格保密的情况下进行。

任何单位和个人不得非法干预、影响评标的过程和结果。

第三十九条　评标委员会可以要求投标人对投标文件中含义不明确的内容作必要的澄清或者说明，但是澄清或者说明不得超出投标文件的范围或者改变投标文件的实质性内容。

第四十条　评标委员会应当按照招标文件确定的评标标准和方法，对投标文件进行评审和比较；设有标底的，应当参考标底。评标委员会完成评标后，应当向招标人提出书面评标报告，并推荐合格的中标候选人。

招标人根据评标委员会提出的书面评标报告和推荐的中标候选人确定中标人。招标人也可以授权评标委员会直接确定中标人。

国务院对特定招标项目的评标有特别规定的，从其规定。

第四十一条　中标人的投标应当符合下列条件之一：

（一）能够最大限度地满足招标文件中规定的各项综合评价标准；

（二）能够满足招标文件的实质性要求，并且经评审的投标价格最低；但是投标价格低于成本的除外。

第四十二条　评标委员会经评审，认为所有投标都不符合招标文件要求的，可以否决所有投标。

依法必须进行招标的项目的所有投标被否决的，招标人应当依照本法重新招标。

第四十三条　在确定中标人前，招标人不得与投标人就投标价格、投标方案等实质性内容进行谈判。

第四十四条　评标委员会成员应当客观、公正地履行职务，遵守职业道德，对所提出的评审意见承担个人责任。

评标委员会成员不得私下接触投标人，不得收受投标人的财物或者其他好处。

评标委员会成员和参与评标的有关工作人员不得透露对投标文件的评审和比较、中标候选人的推荐情况以及与评标有关的其他情况。

第四十五条　中标人确定后，招标人应当向中标人发出中标通知书，并同时将中标结果通知所有未中标的投标人。

中标通知书对招标人和中标人具有法律效力。中标通知书发出后，招标人改变中标结果的，或者中标人放弃中标项目的，应当依法承担法律责任。

第四十六条　招标人和中标人应当自中标通知书发出之日起三十日内，按照招标文件和中标人的投标文件订立书面合同。招标人和中标人不得再行订立背离合同实质性内容的其他协议。

招标文件要求中标人提交履约保证金的，中标人应当提交。

第四十七条　依法必须进行招标的项目，招标人应当自确定中标人之日起十五日内，向有关行政监督部门提交招标投标情况的书面报告。

第四十八条　中标人应当按照合同约定履行义务，完成中标项目。中标人不得向他人转让中标项目，也不得将中标项目肢解后分别向他人转让。

中标人按照合同约定或者经招标人同意，可以将中标项目的部分非主体、非关键性工作分包给他人完成。接受分包的人应当具备相应的资格条件,并不得再次分包。

中标人应当就分包项目向招标人负责,接受分包的人就分包项目承担连带责任。

第五章 法律责任

第四十九条 违反本法规定,必须进行招标的项目而不招标的,将必须进行招标的项目化整为零或者以其他任何方式规避招标的,责令限期改正,可以处项目合同金额千分之五以上千分之十以下的罚款;对全部或者部分使用国有资金的项目,可以暂停项目执行或者暂停资金拨付;对单位直接负责的主管人员和其他直接责任人员依法给予处分。

第五十条 招标代理机构违反本法规定,泄露应当保密的与招标投标活动有关的情况和资料的,或者与招标人、投标人串通损害国家利益、社会公共利益或者他人合法权益的,处五万元以上二十五万元以下的罚款,对单位直接负责的主管人员和其他直接责任人员处单位罚款数额百分之五以上百分之十以下的罚款;有违法所得的,并处没收违法所得;情节严重的,暂停直至取消招标代理资格;构成犯罪的,依法追究刑事责任。给他人造成损失的,依法承担赔偿责任。

前款所列行为影响中标结果的,中标无效。

第五十一条 招标人以不合理的条件限制或者排斥潜在投标人的,对潜在投标人实行歧视待遇的,强制要求投标人组成联合体共同投标的,或者限制投标人之间竞争的,责令改正,可以处一万元以上五万元以下的罚款。

第五十二条 依法必须进行招标的项目的招标人向他人透露已获取招标文件的潜在投标人的名称、数量或者可能影响公平竞争的有关招标投标的其他情况的,或者泄露标底的,给予警告,可以并处一万元以上十万元以下的罚款;对单位直接负责的主管人员和其他直接责任人员依法给予处分;构成犯罪的,依法追究刑事责任。

前款所列行为影响中标结果的,中标无效。

第五十三条 投标人相互串通投标或者与招标人串通投标的,投标人以向招标人或者评标委员会成员行贿的手段谋取中标的,中标无效,处中标项目金额千分之五以上千分之十以下的罚款，对单位直接负责的主管人员和其他直接责任人员处单位罚款数额百分之五以上百分之十以下的罚款；有违法所得的，并处没收违法所得；情节严重的，取消其一年至二年内参加依法必须进行招标的项目的投标资格并予以公告，直至由工商行政管理机关吊销营业执照；构成犯罪的，依法追究刑事责任。给他人造成损失的，依法承担赔偿责任。

第五十四条 投标人以他人名义投标或者以其他方式弄虚作假，骗取中标的，中标无效，给招标人造成损失的，依法承担赔偿责任；构成犯罪的，依法追究刑事责任。

依法必须进行招标的项目的投标人有前款所列行为尚未构成犯罪的，处中标项目金额千分之五以上千分之十以下的罚款，对单位直接负责的主管人员和其他直接责任人员处单位罚款数额百分之五以上百分之十以下的罚款；有违法所得的，并处没收违法所得；情节严重的，取消其一年至三年内参加依法必须进行招标的项目的投标资格并予以公告，直至由工商行政管理机关吊销营业执照。

第五十五条 依法必须进行招标的项目，招标人违反本法规定，与投标人就投标价格、投标方案等实质性内容进行谈判的，给予警告，对单位直接负责的主管人员和其他直接责任人员依法给予处分。

前款所列行为影响中标结果的，中标无效。

第五十六条 评标委员会成员收受投标人的财物或者其他好处的，评标委员会成员或者参加评标的有关工作人员向他人透露对投标文件的评审和比较、中标候选人的推荐以及与评标有关的其他情况的，给予警告，没收收受的财物，可以并处三千元以上五万元以下的罚款，对有所列违法行为的评标委员会成员取消担任评标委员会成员的资格，不得再参加任何依法必须进行招标的项目的评标；构成犯罪的，依法追究刑事责任。

第五十七条 招标人在评标委员会依法推荐的中标候选人以外确定中标人的，依法必须进行招标的项目在所有投标被评标委员会否决后自行确定中标人的，中标无效。责令改正，可以处中标项目金额千分之五以上千分之十以下的罚款；对单位直接负责的主管人员和其他直接责任人员依法给予处分。

第五十八条 中标人将中标项目转让给他人的,将中标项目肢解后分别转让给他人的,违反本法规定将中标项目的部分主体、关键性工作分包给他人的,或者分包人再次分包的,转让、分包无效,处转让、分包项目金额千分之五以上千分之十以下的罚款;有违法所得的,并处没收违法所得;可以责令停业整顿;情节严重的,由工商行政管理机关吊销营业执照。

第五十九条 招标人与中标人不按照招标文件和中标人的投标文件订立合同的,或者招标人、中标人订立背离合同实质性内容的协议的,责令改正;可以处中标项目金额千分之五以上千分之十以下的罚款。

第六十条 中标人不履行与招标人订立的合同的,履约保证金不予退还,给招标人造成的损失超过履约保证金数额的,还应当对超过部分予以赔偿;没有提交履约保证金的,应当对招标人的损失承担赔偿责任。

中标人不按照与招标人订立的合同履行义务,情节严重的,取消其二年至五年内参加依法必须进行招标的项目的投标资格并予以公告,直至由工商行政管理机关吊销营业执照。

因不可抗力不能履行合同的,不适用前两款规定。

第六十一条 本章规定的行政处罚,由国务院规定的有关行政监督部门决定。本法已对实施行政处罚的机关作出规定的除外。

第六十二条 任何单位违反本法规定,限制或者排斥本地区、本系统以外的法人或者其他组织参加投标的,为招标人指定招标代理机构的,强制招标人委托招标代理机构办理招标事宜的,或者以其他方式干涉招标投标活动的,责令改正;对单位直接负责的主管人员和其他直接责任人员依法给予警告、记过、记大过的处分,情节较重的,依法给予降级、撤职、开除的处分。

个人利用职权进行前款违法行为的,依照前款规定追究责任。

第六十三条 对招标投标活动依法负有行政监督职责的国家机关工作人员徇私舞弊、滥用职权或者玩忽职守,构成犯罪的,依法追究刑事责任;不构成犯罪的,依法给予行政处分。

第六十四条 依法必须进行招标的项目违反本法规定,中标无效的,应当依照本法规定的中标条件从其余投标人中重新确定中标人或者依照本法重新进行招标。

第六章　附　　则

第六十五条　投标人和其他利害关系人认为招标投标活动不符合本法有关规定的，有权向招标人提出异议或者依法向有关行政监督部门投诉。

第六十六条　涉及国家安全、国家秘密、抢险救灾或者属于利用扶贫资金实行以工代赈、需要使用农民工等特殊情况，不适宜进行招标的项目，按照国家有关规定可以不进行招标。

第六十七条　使用国际组织或者外国政府贷款、援助资金的项目进行招标，贷款方、资金提供方对招标投标的具体条件和程序有不同规定的，可以适用其规定，但违背中华人民共和国的社会公共利益的除外。

第六十八条　本法自2000年1月1日起施行。

四、铁路交通事故应急救援和调查处理条例

（2007年7月11日中华人民共和国国务院令第501号公布，根据2012年11月9日《国务院关于修改和废止部分行政法规的决定》修订，国务院令第628号。）

第一章　总　　则

第一条　为了加强铁路交通事故的应急救援工作，规范铁路交通事故调查处理，减少人员伤亡和财产损失，保障铁路运输安全和畅通，根据《中华人民共和国铁路法》和其他有关法律的规定，制定本条例。

第二条　铁路机车车辆在运行过程中与行人、机动车、非机动车、牲畜及其他障碍物相撞，或者铁路机车车辆发生冲突、脱轨、火灾、爆炸等影响铁路正常行车的铁路交通事故（以下简称事故）的应急救援和调查处理，适用本条例。

第三条　国务院铁路主管部门应当加强铁路运输安全监督管理，建立健全事故应急救援和调查处理的各项制度，按照国家规定的权限和程序，负责组织、指挥、协调事故的应急救援和调查处理工作。

第四条　铁路管理机构应当加强日常的铁路运输安全监督检查，指导、督促铁路运输企业落实事故应急救援的各项规定，按照规定的权限和程序，组织、参与、协调本辖区内事故的应急救援和调查处理工作。

第五条　国务院其他有关部门和有关地方人民政府应当按照各自的职责和分工，组织、参与事故的应急救援和调查处理工作。

第六条　铁路运输企业和其他有关单位、个人应当遵守铁路运输安全管理的各项规定，防止和避免事故的发生。

事故发生后，铁路运输企业和其他有关单位应当及时、准确地报告事故情况，积极开展应急救援工作，减少人员伤亡和财产损失，尽快恢复铁路正常行车。

第七条　任何单位和个人不得干扰、阻碍事故应急救援、铁路线路开

通、列车运行和事故调查处理。

第二章　事故等级

第八条　根据事故造成的人员伤亡、直接经济损失、列车脱轨辆数、中断铁路行车时间等情形,事故等级分为特别重大事故、重大事故、较大事故和一般事故。

第九条　有下列情形之一的,为特别重大事故:

(一)造成30人以上死亡,或者100人以上重伤(包括急性工业中毒,下同),或者1亿元以上直接经济损失的;

(二)繁忙干线客运列车脱轨18辆以上并中断铁路行车48小时以上的;

(三)繁忙干线货运列车脱轨60辆以上并中断铁路行车48小时以上的。

第十条　有下列情形之一的,为重大事故:

(一)造成10人以上30人以下死亡,或者50人以上100人以下重伤,或者5000万元以上1亿元以下直接经济损失的;

(二)客运列车脱轨18辆以上的;

(三)货运列车脱轨60辆以上的;

(四)客运列车脱轨2辆以上18辆以下,并中断繁忙干线铁路行车24小时以上或者中断其他线路铁路行车48小时以上的;

(五)货运列车脱轨6辆以上60辆以下,并中断繁忙干线铁路行车24小时以上或者中断其他线路铁路行车48小时以上的。

第十一条　有下列情形之一的,为较大事故:

(一)造成3人以上10人以下死亡,或者10人以上50人以下重伤,或者1000万元以上5000万元以下直接经济损失的;

(二)客运列车脱轨2辆以上18辆以下的;

(三)货运列车脱轨6辆以上60辆以下的;

(四)中断繁忙干线铁路行车6小时以上的;

(五)中断其他线路铁路行车10小时以上的。

第十二条　造成3人以下死亡,或者10人以下重伤,或者1000万元以下直接经济损失的,为一般事故。

除前款规定外,国务院铁路主管部门可以对一般事故的其他情形作出补充规定。

第十三条 本章所称的“以上”包括本数,所称的“以下”不包括本数。

第三章 事故报告

第十四条 事故发生后,事故现场的铁路运输企业工作人员或者其他人员应当立即报告邻近铁路车站、列车调度员或者公安机关。有关单位和人员接到报告后,应当立即将事故情况报告事故发生地铁路管理机构。

第十五条 铁路管理机构接到事故报告,应当尽快核实有关情况,并立即报告国务院铁路主管部门;对特别重大事故、重大事故,国务院铁路主管部门应当立即报告国务院并通报国家安全生产监督管理等有关部门。

发生特别重大事故、重大事故、较大事故或者有人员伤亡的一般事故,铁路管理机构还应当通报事故发生地县级以上地方人民政府及其安全生产监督管理部门。

第十六条 事故报告应当包括下列内容:

(一)事故发生的时间、地点、区间(线名、公里、米)、事故相关单位和人员;

(二)发生事故的列车种类、车次、部位、计长、机车型号、牵引辆数、吨数;

(三)承运旅客人数或者货物品名、装载情况;

(四)人员伤亡情况,机车车辆、线路设施、道路车辆的损坏情况,对铁路行车的影响情况;

(五)事故原因的初步判断;

(六)事故发生后采取的措施及事故控制情况;

(七)具体救援请求。

事故报告后出现新情况的,应当及时补报。

第十七条 国务院铁路主管部门、铁路管理机构和铁路运输企业应当向社会公布事故报告值班电话,受理事故报告和举报。

第四章　事故应急救援

第十八条　事故发生后，列车司机或者运转车长应当立即停车，采取紧急处置措施；对无法处置的，应当立即报告邻近铁路车站、列车调度员进行处置。

为保障铁路旅客安全或者因特殊运输需要不宜停车的，可以不停车；但是，列车司机或者运转车长应当立即将事故情况报告邻近铁路车站、列车调度员，接到报告的邻近铁路车站、列车调度员应当立即进行处置。

第十九条　事故造成中断铁路行车的，铁路运输企业应当立即组织抢修，尽快恢复铁路正常行车；必要时，铁路运输调度指挥部门应当调整运输径路，减少事故影响。

第二十条　事故发生后，国务院铁路主管部门、铁路管理机构、事故发生地县级以上地方人民政府或者铁路运输企业应当根据事故等级启动相应的应急预案；必要时，成立现场应急救援机构。

第二十一条　现场应急救援机构根据事故应急救援工作的实际需要，可以借用有关单位和个人的设施、设备和其他物资。借用单位使用完毕应当及时归还，并支付适当费用；造成损失的，应当赔偿。

有关单位和个人应当积极支持、配合救援工作。

第二十二条　事故造成重大人员伤亡或者需要紧急转移、安置铁路旅客和沿线居民的，事故发生地县级以上地方人民政府应当及时组织开展救治和转移、安置工作。

第二十三条　国务院铁路主管部门、铁路管理机构或者事故发生地县级以上地方人民政府根据事故救援的实际需要，可以请求当地驻军、武装警察部队参与事故救援。

第二十四条　有关单位和个人应当妥善保护事故现场以及相关证据，并在事故调查组成立后将相关证据移交事故调查组。因事故救援、尽快恢复铁路正常行车需要改变事故现场的，应当做出标记、绘制现场示意图、制作现场视听资料，并做出书面记录。

任何单位和个人不得破坏事故现场，不得伪造、隐匿或者毁灭相关证据。

第二十五条 事故中死亡人员的尸体经法定机构鉴定后,应当及时通知死者家属认领;无法查找死者家属的,按照国家有关规定处理。

第五章 事故调查处理

第二十六条 特别重大事故由国务院或者国务院授权的部门组织事故调查组进行调查。

重大事故由国务院铁路主管部门组织事故调查组进行调查。

较大事故和一般事故由事故发生地铁路管理机构组织事故调查组进行调查;国务院铁路主管部门认为必要时,可以组织事故调查组对较大事故和一般事故进行调查。

根据事故的具体情况,事故调查组由有关人民政府、公安机关、安全生产监督管理部门、监察机关等单位派人组成,并应当邀请人民检察院派人参加。事故调查组认为必要时,可以聘请有关专家参与事故调查。

第二十七条 事故调查组应当按照国家有关规定开展事故调查,并在下列调查期限内向组织事故调查组的机关或者铁路管理机构提交事故调查报告:

(一)特别重大事故的调查期限为60日;

(二)重大事故的调查期限为30日;

(三)较大事故的调查期限为20日;

(四)一般事故的调查期限为10日。

事故调查期限自事故发生之日起计算。

第二十八条 事故调查处理,需要委托有关机构进行技术鉴定或者对铁路设备、设施及其他财产损失状况以及中断铁路行车造成的直接经济损失进行评估的,事故调查组应当委托具有国家规定资质的机构进行技术鉴定或者评估。技术鉴定或者评估所需时间不计入事故调查期限。

第二十九条 事故调查报告形成后,报经组织事故调查组的机关或者铁路管理机构同意,事故调查组工作即告结束。组织事故调查组的机关或者铁路管理机构应当自事故调查组工作结束之日起15日内,根据事故调查报告,制作事故认定书。

事故认定书是事故赔偿、事故处理以及事故责任追究的依据。

第三十条 事故责任单位和有关人员应当认真吸取事故教训,落实防范和整改措施,防止事故再次发生。

国务院铁路主管部门、铁路管理机构以及其他有关行政机关应当对事故责任单位和有关人员落实防范和整改措施的情况进行监督检查。

第三十一条 事故的处理情况,除依法应当保密的外,应当由组织事故调查组的机关或者铁路管理机构向社会公布。

第六章 事故赔偿

第三十二条 事故造成人身伤亡的,铁路运输企业应当承担赔偿责任;但是人身伤亡是不可抗力或者受害人自身原因造成的,铁路运输企业不承担赔偿责任。

违章通过平交道口或者人行过道,或者在铁路线路上行走、坐卧造成的人身伤亡,属于受害人自身的原因造成的人身伤亡。

第三十三条 事故造成铁路旅客人身伤亡和自带行李损失的,铁路运输企业对每名铁路旅客人身伤亡的赔偿责任限额为人民币15万元,对每名铁路旅客自带行李损失的赔偿责任限额为人民币2000元。

铁路运输企业与铁路旅客可以书面约定高于前款规定的赔偿责任限额。(2012年11月9日删除)

第三十四条 事故造成铁路运输企业承运的货物、包裹、行李损失的,铁路运输企业应当依照《中华人民共和国铁路法》的规定承担赔偿责任。

第三十五条 除本条例第三十三条、第三十四条的规定外,事故造成其他人身伤亡或者财产损失的,依照国家有关法律、行政法规的规定赔偿。

第三十六条 事故当事人对事故损害赔偿有争议的,可以通过协商解决,或者请求组织事故调查组的机关或者铁路管理机构组织调解,也可以直接向人民法院提起民事诉讼。

第七章 法律责任

第三十七条 铁路运输企业及其职工违反法律、行政法规的规定,造成事故的,由国务院铁路主管部门或者铁路管理机构依法追究行政责任。

第三十八条 违反本条例的规定,铁路运输企业及其职工不立即组织救援，或者迟报、漏报、瞒报、谎报事故的，对单位，由国务院铁路主管部门或者铁路管理机构处10万元以上50万元以下的罚款；对个人，由国务院铁路主管部门或者铁路管理机构处4000元以上2万元以下的罚款；属于国家工作人员的，依法给予处分；构成犯罪的，依法追究刑事责任。

第三十九条 违反本条例的规定，国务院铁路主管部门、铁路管理机构以及其他行政机关未立即启动应急预案，或者迟报、漏报、瞒报、谎报事故的，对直接负责的主管人员和其他直接责任人员依法给予处分；构成犯罪的，依法追究刑事责任。

第四十条 违反本条例的规定，干扰、阻碍事故救援、铁路线路开通、列车运行和事故调查处理的，对单位，由国务院铁路主管部门或者铁路管理机构处4万元以上20万元以下的罚款；对个人，由国务院铁路主管部门或者铁路管理机构处2000元以上1万元以下的罚款；情节严重的，对单位，由国务院铁路主管部门或者铁路管理机构处20万元以上100万元以下的罚款；对个人，由国务院铁路主管部门或者铁路管理机构处1万元以上5万元以下的罚款；属于国家工作人员的，依法给予处分；构成违反治安管理行为的，由公安机关依法给予治安管理处罚；构成犯罪的，依法追究刑事责任。

第八章　附　　则

第四十一条 本条例于2007年9月1日起施行。1979年7月16日国务院批准发布的《火车与其他车辆碰撞和铁路路外人员伤亡事故处理暂行规定》和1994年8月13日国务院批准发布的《铁路旅客运输损害赔偿规定》同时废止。

五、建设工程安全生产管理条例

（2003年11月12日国务院第28次常务会议通过，2003年11月24日中华人民共和国国务院令（第393号）公布，自2004年2月1日起施行。）

第一章　总　　则

第一条　为了加强建设工程安全生产监督管理，保障人民群众生命和财产安全，根据《中华人民共和国建筑法》、《中华人民共和国安全生产法》，制定本条例。

第二条　在中华人民共和国境内从事建设工程的新建、扩建、改建和拆除等有关活动及实施对建设工程安全生产的监督管理，必须遵守本条例。

本条例所称建设工程，是指土木工程、建筑工程、线路管道和设备安装工程及装修工程。

第三条　建设工程安全生产管理，坚持安全第一、预防为主的方针。

第四条　建设单位、勘察单位、设计单位、施工单位、工程监理单位及其他与建设工程安全生产有关的单位，必须遵守安全生产法律、法规的规定，保证建设工程安全生产，依法承担建设工程安全生产责任。

第五条　国家鼓励建设工程安全生产的科学技术研究和先进技术的推广应用，推进建设工程安全生产的科学管理。

第二章　建设单位的安全责任

第六条　建设单位应当向施工单位提供施工现场及毗邻区域内供水、排水、供电、供气、供热、通信、广播电视等地下管线资料，气象和水文观测资料，相邻建筑物和构筑物、地下工程的有关资料，并保证资料的真实、准确、完整。

建设单位因建设工程需要，向有关部门或者单位查询前款规定的资料时，有关部门或者单位应当及时提供。

第七条 建设单位不得对勘察、设计、施工、工程监理等单位提出不符合建设工程安全生产法律、法规和强制性标准规定的要求,不得压缩合同约定的工期。

第八条 建设单位在编制工程概算时,应当确定建设工程安全作业环境及安全施工措施所需费用。

第九条 建设单位不得明示或者暗示施工单位购买、租赁、使用不符合安全施工要求的安全防护用具、机械设备、施工机具及配件、消防设施和器材。

第十条 建设单位在申请领取施工许可证时,应当提供建设工程有关安全施工措施的资料。

依法批准开工报告的建设工程,建设单位应当自开工报告批准之日起15日内,将保证安全施工的措施报送建设工程所在地的县级以上地方人民政府建设行政主管部门或者其他有关部门备案。

第十一条 建设单位应当将拆除工程发包给具有相应资质等级的施工单位。

建设单位应当在拆除工程施工15日前,将下列资料报送建设工程所在地的县级以上地方人民政府建设行政主管部门或者其他有关部门备案:

(一)施工单位资质等级证明;

(二)拟拆除建筑物、构筑物及可能危及毗邻建筑的说明;

(三)拆除施工组织方案;

(四)堆放、清除废弃物的措施。

实施爆破作业的,应当遵守国家有关民用爆炸物品管理的规定。

第三章 勘察、设计、工程监理及其他有关单位的安全责任

第十二条 勘察单位应当按照法律、法规和工程建设强制性标准进行勘察,提供的勘察文件应当真实、准确,满足建设工程安全生产的需要。

勘察单位在勘察作业时,应当严格执行操作规程,采取措施保证各类管线、设施和周边建筑物、构筑物的安全。

第十三条 设计单位应当按照法律、法规和工程建设强制性标准进行

设计，防止因设计不合理导致生产安全事故的发生。

设计单位应当考虑施工安全操作和防护的需要，对涉及施工安全的重点部位和环节在设计文件中注明，并对防范生产安全事故提出指导意见。

采用新结构、新材料、新工艺的建设工程和特殊结构的建设工程，设计单位应当在设计中提出保障施工作业人员安全和预防生产安全事故的措施建议。

设计单位和注册建筑师等注册执业人员应当对其设计负责。

第十四条 工程监理单位应当审查施工组织设计中的安全技术措施或者专项施工方案是否符合工程建设强制性标准。

工程监理单位在实施监理过程中，发现存在安全事故隐患的，应当要求施工单位整改；情况严重的，应当要求施工单位暂时停止施工，并及时报告建设单位。施工单位拒不整改或者不停止施工的，工程监理单位应当及时向有关主管部门报告。

工程监理单位和监理工程师应当按照法律、法规和工程建设强制性标准实施监理，并对建设工程安全生产承担监理责任。

第十五条 为建设工程提供机械设备和配件的单位，应当按照安全施工的要求配备齐全有效的保险、限位等安全设施和装置。

第十六条 出租的机械设备和施工机具及配件，应当具有生产（制造）许可证、产品合格证。

出租单位应当对出租的机械设备和施工机具及配件的安全性能进行检测，在签订租赁协议时，应当出具检测合格证明。

禁止出租检测不合格的机械设备和施工机具及配件。

第十七条 在施工现场安装、拆卸施工起重机械和整体提升脚手架、模板等自升式架设设施，必须由具有相应资质的单位承担。

安装、拆卸施工起重机械和整体提升脚手架、模板等自升式架设设施，应当编制拆装方案、制定安全施工措施，并由专业技术人员现场监督。

施工起重机械和整体提升脚手架、模板等自升式架设设施安装完毕后，安装单位应当自检，出具自检合格证明，并向施工单位进行安全使用说明，办理验收手续并签字。

第十八条 施工起重机械和整体提升脚手架、模板等自升式架设设施的使用达到国家规定的检验检测期限的,必须经具有专业资质的检验检测机构检测。经检测不合格的,不得继续使用。

第十九条 检验检测机构对检测合格的施工起重机械和整体提升脚手架、模板等自升式架设设施,应当出具安全合格证明文件,并对检测结果负责。

第四章 施工单位的安全责任

第二十条 施工单位从事建设工程的新建、扩建、改建和拆除等活动,应当具备国家规定的注册资本、专业技术人员、技术装备和安全生产等条件,依法取得相应等级的资质证书,并在其资质等级许可的范围内承揽工程。

第二十一条 施工单位主要负责人依法对本单位的安全生产工作全面负责。施工单位应当建立健全安全生产责任制度和安全生产教育培训制度,制定安全生产规章制度和操作规程,保证本单位安全生产条件所需资金的投入,对所承担的建设工程进行定期和专项安全检查,并做好安全检查记录。

施工单位的项目负责人应当由取得相应执业资格的人员担任,对建设工程项目的安全施工负责,落实安全生产责任制度、安全生产规章制度和操作规程,确保安全生产费用的有效使用,并根据工程的特点组织制定安全施工措施,消除安全事故隐患,及时、如实报告生产安全事故。

第二十二条 施工单位对列入建设工程概算的安全作业环境及安全施工措施所需费用,应当用于施工安全防护用具及设施的采购和更新、安全施工措施的落实、安全生产条件的改善,不得挪作他用。

第二十三条 施工单位应当设立安全生产管理机构,配备专职安全生产管理人员。

专职安全生产管理人员负责对安全生产进行现场监督检查。发现安全事故隐患,应当及时向项目负责人和安全生产管理机构报告;对违章指挥、违章操作的,应当立即制止。

专职安全生产管理人员的配备办法由国务院建设行政主管部门会同国务院其他有关部门制定。

第二十四条 建设工程实行施工总承包的,由总承包单位对施工现场的安全生产负总责。

总承包单位应当自行完成建设工程主体结构的施工。

总承包单位依法将建设工程分包给其他单位的,分包合同中应当明确各自的安全生产方面的权利、义务。总承包单位和分包单位对分包工程的安全生产承担连带责任。

分包单位应当服从总承包单位的安全生产管理,分包单位不服从管理导致生产安全事故的,由分包单位承担主要责任。

第二十五条 垂直运输机械作业人员、安装拆卸工、爆破作业人员、起重信号工、登高架设作业人员等特种作业人员,必须按照国家有关规定经过专门的安全作业培训,并取得特种作业操作资格证书后,方可上岗作业。

第二十六条 施工单位应当在施工组织设计中编制安全技术措施和施工现场临时用电方案,对下列达到一定规模的危险性较大的分部分项工程编制专项施工方案,并附具安全验算结果,经施工单位技术负责人、总监理工程师签字后实施,由专职安全生产管理人员进行现场监督:

(一)基坑支护与降水工程;

(二)土方开挖工程;

(三)模板工程;

(四)起重吊装工程;

(五)脚手架工程;

(六)拆除、爆破工程;

(七)国务院建设行政主管部门或者其他有关部门规定的其他危险性较大的工程。

对前款所列工程中涉及深基坑、地下暗挖工程、高大模板工程的专项施工方案,施工单位还应当组织专家进行论证、审查。

本条第一款规定的达到一定规模的危险性较大工程的标准,由国务院建设行政主管部门会同国务院其他有关部门制定。

第二十七条 建设工程施工前,施工单位负责项目管理的技术人员应当对有关安全施工的技术要求向施工作业班组、作业人员作出详细说明,并由双方签字确认。

第二十八条　施工单位应当在施工现场入口处、施工起重机械、临时用电设施、脚手架、出入通道口、楼梯口、电梯井口、孔洞口、桥梁口、隧道口、基坑边沿、爆破物及有害危险气体和液体存放处等危险部位，设置明显的安全警示标志。安全警示标志必须符合国家标准。

施工单位应当根据不同施工阶段和周围环境及季节、气候的变化，在施工现场采取相应的安全施工措施。施工现场暂时停止施工的，施工单位应当做好现场防护，所需费用由责任方承担，或者按照合同约定执行。

第二十九条　施工单位应当将施工现场的办公、生活区与作业区分开设置，并保持安全距离；办公、生活区的选址应当符合安全性要求。职工的膳食、饮水、休息场所等应当符合卫生标准。施工单位不得在尚未竣工的建筑物内设置员工集体宿舍。

施工现场临时搭建的建筑物应当符合安全使用要求。施工现场使用的装配式活动房屋应当具有产品合格证。

第三十条　施工单位对因建设工程施工可能造成损害的毗邻建筑物、构筑物和地下管线等，应当采取专项防护措施。

施工单位应当遵守有关环境保护法律、法规的规定，在施工现场采取措施，防止或者减少粉尘、废气、废水、固体废物、噪声、振动和施工照明对人和环境的危害和污染。

在城市市区内的建设工程，施工单位应当对施工现场实行封闭围挡。

第三十一条　施工单位应当在施工现场建立消防安全责任制度，确定消防安全责任人，制定用火、用电、使用易燃易爆材料等各项消防安全管理制度和操作规程，设置消防通道、消防水源，配备消防设施和灭火器材，并在施工现场入口处设置明显标志。

第三十二条　施工单位应当向作业人员提供安全防护用具和安全防护服装，并书面告知危险岗位的操作规程和违章操作的危害。

作业人员有权对施工现场的作业条件、作业程序和作业方式中存在的安全问题提出批评、检举和控告，有权拒绝违章指挥和强令冒险作业。

在施工中发生危及人身安全的紧急情况时，作业人员有权立即停止作业或者在采取必要的应急措施后撤离危险区域。

第三十三条　作业人员应当遵守安全施工的强制性标准、规章制度和操作规程，正确使用安全防护用具、机械设备等。

第三十四条 施工单位采购、租赁的安全防护用具、机械设备、施工机具及配件，应当具有生产（制造）许可证、产品合格证，并在进入施工现场前进行查验。

施工现场的安全防护用具、机械设备、施工机具及配件必须由专人管理，定期进行检查、维修和保养，建立相应的资料档案，并按照国家有关规定及时报废。

第三十五条 施工单位在使用施工起重机械和整体提升脚手架、模板等自升式架设设施前，应当组织有关单位进行验收，也可以委托具有相应资质的检验检测机构进行验收；使用承租的机械设备和施工机具及配件的，由施工总承包单位、分包单位、出租单位和安装单位共同进行验收。验收合格的方可使用。

《特种设备安全监察条例》规定的施工起重机械，在验收前应当经有相应资质的检验检测机构监督检验合格。

施工单位应当自施工起重机械和整体提升脚手架、模板等自升式架设设施验收合格之日起30日内，向建设行政主管部门或者其他有关部门登记。登记标志应当置于或者附着于该设备的显著位置。

第三十六条 施工单位的主要负责人、项目负责人、专职安全生产管理人员应当经建设行政主管部门或者其他有关部门考核合格后方可任职。

施工单位应当对管理人员和作业人员每年至少进行一次安全生产教育培训，其教育培训情况记入个人工作档案。安全生产教育培训考核不合格的人员，不得上岗。

第三十七条 作业人员进入新的岗位或者新的施工现场前，应当接受安全生产教育培训。未经教育培训或者教育培训考核不合格的人员，不得上岗作业。

施工单位在采用新技术、新工艺、新设备、新材料时，应当对作业人员进行相应的安全生产教育培训。

第三十八条 施工单位应当为施工现场从事危险作业的人员办理意外伤害保险。

意外伤害保险费由施工单位支付。实行施工总承包的，由总承包单位支付意外伤害保险费。意外伤害保险期限自建设工程开工之日起至竣工验收合格止。

第五章 监督管理

第三十九条 国务院负责安全生产监督管理的部门依照《中华人民共和国安全生产法》的规定,对全国建设工程安全生产工作实施综合监督管理。

县级以上地方人民政府负责安全生产监督管理的部门依照《中华人民共和国安全生产法》的规定,对本行政区域内建设工程安全生产工作实施综合监督管理。

第四十条 国务院建设行政主管部门对全国的建设工程安全生产实施监督管理。国务院铁路、交通、水利等有关部门按照国务院规定的职责分工,负责有关专业建设工程安全生产的监督管理。

县级以上地方人民政府建设行政主管部门对本行政区域内的建设工程安全生产实施监督管理。县级以上地方人民政府交通、水利等有关部门在各自的职责范围内,负责本行政区域内的专业建设工程安全生产的监督管理。

第四十一条 建设行政主管部门和其他有关部门应当将本条例第十条、第十一条规定的有关资料的主要内容抄送同级负责安全生产监督管理的部门。

第四十二条 建设行政主管部门在审核发放施工许可证时,应当对建设工程是否有安全施工措施进行审查,对没有安全施工措施的,不得颁发施工许可证。

建设行政主管部门或者其他有关部门对建设工程是否有安全施工措施进行审查时,不得收取费用。

第四十三条 县级以上人民政府负有建设工程安全生产监督管理职责的部门在各自的职责范围内履行安全监督检查职责时,有权采取下列措施:

(一)要求被检查单位提供有关建设工程安全生产的文件和资料;

(二)进入被检查单位施工现场进行检查;

(三)纠正施工中违反安全生产要求的行为;

（四）对检查中发现的安全事故隐患，责令立即排除；重大安全事故隐患排除前或者排除过程中无法保证安全的，责令从危险区域内撤出作业人员或者暂时停止施工。

第四十四条 建设行政主管部门或者其他有关部门可以将施工现场的监督检查委托给建设工程安全监督机构具体实施。

第四十五条 国家对严重危及施工安全的工艺、设备、材料实行淘汰制度。具体目录由国务院建设行政主管部门会同国务院其他有关部门制定并公布。

第四十六条 县级以上人民政府建设行政主管部门和其他有关部门应当及时受理对建设工程生产安全事故及安全事故隐患的检举、控告和投诉。

第六章 生产安全事故的应急救援和调查处理

第四十七条 县级以上地方人民政府建设行政主管部门应当根据本级人民政府的要求，制定本行政区域内建设工程特大生产安全事故应急救援预案。

第四十八条 施工单位应当制定本单位生产安全事故应急救援预案，建立应急救援组织或者配备应急救援人员，配备必要的应急救援器材、设备，并定期组织演练。

第四十九条 施工单位应当根据建设工程施工的特点、范围，对施工现场易发生重大事故的部位、环节进行监控，制定施工现场生产安全事故应急救援预案。实行施工总承包的，由总承包单位统一组织编制建设工程生产安全事故应急救援预案，工程总承包单位和分包单位按照应急救援预案，各自建立应急救援组织或者配备应急救援人员，配备救援器材、设备，并定期组织演练。

第五十条 施工单位发生生产安全事故，应当按照国家有关伤亡事故报告和调查处理的规定，及时、如实地向负责安全生产监督管理的部门、建设行政主管部门或者其他有关部门报告；特种设备发生事故的，还应当同时向特种设备安全监督管理部门报告。接到报告的部门应当按照国家有关规定，如实上报。

实行施工总承包的建设工程，由总承包单位负责上报事故。

第五十一条 发生生产安全事故后，施工单位应当采取措施防止事故扩大，保护事故现场。需要移动现场物品时，应当做出标记和书面记录，妥善保管有关证物。

第五十二条 建设工程生产安全事故的调查、对事故责任单位和责任人的处罚与处理，按照有关法律、法规的规定执行。

第七章 法律责任

第五十三条 违反本条例的规定，县级以上人民政府建设行政主管部门或者其他有关行政管理部门的工作人员，有下列行为之一的，给予降级或者撤职的行政处分；构成犯罪的，依照刑法有关规定追究刑事责任：

（一）对不具备安全生产条件的施工单位颁发资质证书的；

（二）对没有安全施工措施的建设工程颁发施工许可证的；

（三）发现违法行为不予查处的；

（四）不依法履行监督管理职责的其他行为。

第五十四条 违反本条例的规定，建设单位未提供建设工程安全生产作业环境及安全施工措施所需费用的，责令限期改正；逾期未改正的，责令该建设工程停止施工。

建设单位未将保证安全施工的措施或者拆除工程的有关资料报送有关部门备案的，责令限期改正，给予警告。

第五十五条 违反本条例的规定，建设单位有下列行为之一的，责令限期改正，处20万元以上50万元以下的罚款；造成重大安全事故，构成犯罪的，对直接责任人员，依照刑法有关规定追究刑事责任；造成损失的，依法承担赔偿责任：

（一）对勘察、设计、施工、工程监理等单位提出不符合安全生产法律、法规和强制性标准规定的要求的；

（二）要求施工单位压缩合同约定的工期的；

（三）将拆除工程发包给不具有相应资质等级的施工单位的。

第五十六条 违反本条例的规定，勘察单位、设计单位有下列行为之一的，责令限期改正，处10万元以上30万元以下的罚款；情节严重的，责令停业整顿，降低资质等级，直至吊销资质证书；造成重大安全事故，构成犯罪的，对直接责任人员，依照刑法有关规定追究刑事责任；造成损失的，依法承担赔偿责任：

（一）未按照法律、法规和工程建设强制性标准进行勘察、设计的；

（二）采用新结构、新材料、新工艺的建设工程和特殊结构的建设工程，设计单位未在设计中提出保障施工作业人员安全和预防生产安全事故的措施建议的。

第五十七条 违反本条例的规定，工程监理单位有下列行为之一的，责令限期改正；逾期未改正的，责令停业整顿，并处10万元以上30万元以下的罚款；情节严重的，降低资质等级，直至吊销资质证书；造成重大安全事故，构成犯罪的，对直接责任人员，依照刑法有关规定追究刑事责任；造成损失的，依法承担赔偿责任：

（一）未对施工组织设计中的安全技术措施或者专项施工方案进行审查的；

（二）发现安全事故隐患未及时要求施工单位整改或者暂时停止施工的；

（三）施工单位拒不整改或者不停止施工，未及时向有关主管部门报告的；

（四）未依照法律、法规和工程建设强制性标准实施监理的。

第五十八条 注册执业人员未执行法律、法规和工程建设强制性标准的，责令停止执业3个月以上1年以下；情节严重的，吊销执业资格证书，5年内不予注册；造成重大安全事故的，终身不予注册；构成犯罪的，依照刑法有关规定追究刑事责任。

第五十九条 违反本条例的规定，为建设工程提供机械设备和配件的单位，未按照安全施工的要求配备齐全有效的保险、限位等安全设施和装置的，责令限期改正，处合同价款1倍以上3倍以下的罚款；造成损失的，依法承担赔偿责任。

第六十条 违反本条例的规定，出租单位出租未经安全性能检测或者经检测不合格的机械设备和施工机具及配件的，责令停业整顿，并处5万元以上10万元以下的罚款；造成损失的，依法承担赔偿责任。

第六十一条 违反本条例的规定，施工起重机械和整体提升脚手架、模板等自升式架设设施安装、拆卸单位有下列行为之一的，责令限期改正，处5万元以上10万元以下的罚款；情节严重的，责令停业整顿，降低资质等级，直至吊销资质证书；造成损失的，依法承担赔偿责任：

（一）未编制拆装方案、制定安全施工措施的；

（二）未由专业技术人员现场监督的；

（三）未出具自检合格证明或者出具虚假证明的；

（四）未向施工单位进行安全使用说明，办理移交手续的。

施工起重机械和整体提升脚手架、模板等自升式架设设施安装、拆卸单位有前款规定的第（一）项、第（三）项行为，经有关部门或者单位职工提出后，对事故隐患仍不采取措施，因而发生重大伤亡事故或者造成其他严重后果，构成犯罪的，对直接责任人员，依照刑法有关规定追究刑事责任。

第六十二条 违反本条例的规定，施工单位有下列行为之一的，责令限期改正；逾期未改正的，责令停业整顿，依照《中华人民共和国安全生产法》的有关规定处以罚款；造成重大安全事故，构成犯罪的，对直接责任人员，依照刑法有关规定追究刑事责任：

（一）未设立安全生产管理机构、配备专职安全生产管理人员或者分部分项工程施工时无专职安全生产管理人员现场监督的；

（二）施工单位的主要负责人、项目负责人、专职安全生产管理人员、作业人员或者特种作业人员，未经安全教育培训或者经考核不合格即从事相关工作的；

（三）未在施工现场的危险部位设置明显的安全警示标志，或者未按照国家有关规定在施工现场设置消防通道、消防水源、配备消防设施和灭火器材的；

（四）未向作业人员提供安全防护用具和安全防护服装的；

（五）未按照规定在施工起重机械和整体提升脚手架、模板等自升式架设设施验收合格后登记的；

（六）使用国家明令淘汰、禁止使用的危及施工安全的工艺、设备、材料的。

第六十三条 违反本条例的规定，施工单位挪用列入建设工程概算的安全生产作业环境及安全施工措施所需费用的，责令限期改正，处挪用费用

20%以上50%以下的罚款;造成损失的,依法承担赔偿责任。

第六十四条 违反本条例的规定,施工单位有下列行为之一的,责令限期改正;逾期未改正的,责令停业整顿,并处5万元以上10万元以下的罚款;造成重大安全事故,构成犯罪的,对直接责任人员,依照刑法有关规定追究刑事责任:

(一)施工前未对有关安全施工的技术要求作出详细说明的;

(二)未根据不同施工阶段和周围环境及季节、气候的变化,在施工现场采取相应的安全施工措施,或者在城市市区内的建设工程的施工现场未实行封闭围挡的;

(三)在尚未竣工的建筑物内设置员工集体宿舍的;

(四)施工现场临时搭建的建筑物不符合安全使用要求的;

(五)未对因建设工程施工可能造成损害的毗邻建筑物、构筑物和地下管线等采取专项防护措施的。

施工单位有前款规定第(四)项、第(五)项行为,造成损失的,依法承担赔偿责任。

第六十五条 违反本条例的规定,施工单位有下列行为之一的,责令限期改正;逾期未改正的,责令停业整顿,并处10万元以上30万元以下的罚款;情节严重的,降低资质等级,直至吊销资质证书;造成重大安全事故,构成犯罪的,对直接责任人员,依照刑法有关规定追究刑事责任;造成损失的,依法承担赔偿责任:

(一)安全防护用具、机械设备、施工机具及配件在进入施工现场前未经查验或者查验不合格即投入使用的;

(二)使用未经验收或者验收不合格的施工起重机械和整体提升脚手架、模板等自升式架设设施的;

(三)委托不具有相应资质的单位承担施工现场安装、拆卸施工起重机械和整体提升脚手架、模板等自升式架设设施的;

(四)在施工组织设计中未编制安全技术措施、施工现场临时用电方案或者专项施工方案的。

第六十六条 违反本条例的规定,施工单位的主要负责人、项目负责人未履行安全生产管理职责的,责令限期改正;逾期未改正的,责令施工单位停业整顿;造成重大安全事故、重大伤亡事故或者其他严重后果,构成犯罪的,依照刑法有关规定追究刑事责任。

作业人员不服管理、违反规章制度和操作规程冒险作业造成重大伤亡事故或者其他严重后果,构成犯罪的,依照刑法有关规定追究刑事责任。

施工单位的主要负责人、项目负责人有前款违法行为,尚不够刑事处罚的,处 2 万元以上 20 万元以下的罚款或者按照管理权限给予撤职处分;自刑罚执行完毕或者受处分之日起,5 年内不得担任任何施工单位的主要负责人、项目负责人。

第六十七条 施工单位取得资质证书后,降低安全生产条件的,责令限期改正;经整改仍未达到与其资质等级相适应的安全生产条件的,责令停业整顿,降低其资质等级直至吊销资质证书。

第六十八条 本条例规定的行政处罚,由建设行政主管部门或者其他有关部门依照法定职权决定。

违反消防安全管理规定的行为,由公安消防机构依法处罚。

有关法律、行政法规对建设工程安全生产违法行为的行政处罚决定机关另有规定的,从其规定。

第八章 附 则

第六十九条 抢险救灾和农民自建低层住宅的安全生产管理,不适用本条例。

第七十条 军事建设工程的安全生产管理,按照中央军事委员会的有关规定执行。

第七十一条 本条例自 2004 年 2 月 1 日起施行。

六、建设工程质量管理条例

（2000 年 1 月 10 日国务院第 25 次常务会议通过，2000 年 1 月 30 日中华人民共和国国务院令（第 279 号）公布，自发布之日起施行。）

第一章　总　　则

第一条　为了加强对建设工程质量的管理，保证建设工程质量，保护人民生命和财产安全，根据《中华人民共和国建筑法》，制定本条例。

第二条　凡在中华人民共和国境内从事建设工程的新建、扩建、改建等有关活动及实施对建设工程质量监督管理的，必须遵守本条例。

本条例所称建设工程，是指土木工程、建筑工程、线路管道和设备安装工程及装修工程。

第三条　建设单位、勘察单位、设计单位、施工单位、工程监理单位依法对建设工程质量负责。

第四条　县级以上人民政府建设行政主管部门和其他有关部门应当加强对建设工程质量的监督管理。

第五条　从事建设工程活动，必须严格执行基本建设程序，坚持先勘察、后设计、再施工的原则。

县级以上人民政府及其有关部门不得超越权限审批建设项目或者擅自简化基本建设程序。

第六条　国家鼓励采用先进的科学技术和管理方法，提高建设工程质量。

第二章　建设单位的质量责任和义务

第七条　建设单位应当将工程发包给具有相应资质等级的单位。

建设单位不得将建设工程肢解发包。

第八条　建设单位应当依法对工程建设项目的勘察、设计、施工、监理以及与工程建设有关的重要设备、材料等的采购进行招标。

第九条　建设单位必须向有关的勘察、设计、施工、工程监理等单位提供与建设工程有关的原始资料。

原始资料必须真实、准确、齐全。

第十条　建设工程发包单位不得迫使承包方以低于成本的价格竞标，不得任意压缩合理工期。

建设单位不得明示或者暗示设计单位或者施工单位违反工程建设强制性标准，降低建设工程质量。

第十一条　建设单位应当将施工图设计文件报县级以上人民政府建设行政主管部门或者其他有关部门审查。施工图设计文件审查的具体办法，由国务院建设行政主管部门会同国务院其他有关部门制定。

施工图设计文件未经审查批准的，不得使用。

第十二条　实行监理的建设工程，建设单位应当委托具有相应资质等级的工程监理单位进行监理，也可以委托具有工程监理相应资质等级并与被监理工程的施工承包单位没有隶属关系或者其他利害关系的该工程的设计单位进行监理。

下列建设工程必须实行监理：

（一）国家重点建设工程；

（二）大中型公用事业工程；

（三）成片开发建设的住宅小区工程；

（四）利用外国政府或者国际组织贷款、援助资金的工程；

（五）国家规定必须实行监理的其他工程。

第十三条　建设单位在领取施工许可证或者开工报告前，应当按照国家有关规定办理工程质量监督手续。

第十四条　按照合同约定，由建设单位采购建筑材料、建筑构配件和设备的，建设单位应当保证建筑材料、建筑构配件和设备符合设计文件和合同要求。

建设单位不得明示或者暗示施工单位使用不合格的建筑材料、建筑构配件和设备。

第十五条　涉及建筑主体和承重结构变动的装修工程，建设单位应当在施工前委托原设计单位或者具有相应资质等级的设计单位提出设计方案;没有设计方案的,不得施工。

房屋建筑使用者在装修过程中,不得擅自变动房屋建筑主体和承重结构。

第十六条 建设单位收到建设工程竣工报告后,应当组织设计、施工、工程监理等有关单位进行竣工验收。

建设工程竣工验收应当具备下列条件:

(一)完成建设工程设计和合同约定的各项内容;

(二)有完整的技术档案和施工管理资料;

(三)有工程使用的主要建筑材料、建筑构配件和设备的进场试验报告;

(四)有勘察、设计、施工、工程监理等单位分别签署的质量合格文件;

(五)有施工单位签署的工程保修书。

建设工程经验收合格的,方可交付使用。

第十七条 建设单位应当严格按照国家有关档案管理的规定,及时收集、整理建设项目各环节的文件资料,建立、健全建设项目档案,并在建设工程竣工验收后,及时向建设行政主管部门或者其他有关部门移交建设项目档案。

第三章 勘察、设计单位的质量责任和义务

第十八条 从事建设工程勘察、设计的单位应当依法取得相应等级的资质证书,并在其资质等级许可的范围内承揽工程。

禁止勘察、设计单位超越其资质等级许可的范围或者以其他勘察、设计单位的名义承揽工程。禁止勘察、设计单位允许其他单位或者个人以本单位的名义承揽工程。

勘察、设计单位不得转包或者违法分包所承揽的工程。

第十九条 勘察、设计单位必须按照工程建设强制性标准进行勘察、设计,并对其勘察、设计的质量负责。

注册建筑师、注册结构工程师等注册执业人员应当在设计文件上签字,对设计文件负责。

第二十条 勘察单位提供的地质、测量、水文等勘察成果必须真实、准确。

第二十一条　设计单位应当根据勘察成果文件进行建设工程设计。

设计文件应当符合国家规定的设计深度要求,注明工程合理使用年限。

第二十二条　设计单位在设计文件中选用的建筑材料、建筑构配件和设备,应当注明规格、型号、性能等技术指标,其质量要求必须符合国家规定的标准。

除有特殊要求的建筑材料、专用设备、工艺生产线等外,设计单位不得指定生产厂、供应商。

第二十三条　设计单位应当就审查合格的施工图设计文件向施工单位作出详细说明。

第二十四条　设计单位应当参与建设工程质量事故分析,并对因设计造成的质量事故,提出相应的技术处理方案。

第四章　施工单位的质量责任和义务

第二十五条　施工单位应当依法取得相应等级的资质证书,并在其资质等级许可的范围内承揽工程。

禁止施工单位超越本单位资质等级许可的业务范围或者以其他施工单位的名义承揽工程。禁止施工单位允许其他单位或者个人以本单位的名义承揽工程。

施工单位不得转包或者违法分包工程。

第二十六条　施工单位对建设工程的施工质量负责。

施工单位应当建立质量责任制,确定工程项目的项目经理、技术负责人和施工管理负责人。

建设工程实行总承包的,总承包单位应当对全部建设工程质量负责;建设工程勘察、设计、施工、设备采购的一项或者多项实行总承包的,总承包单位应当对其承包的建设工程或者采购的设备的质量负责。

第二十七条　总承包单位依法将建设工程分包给其他单位的,分包单位应当按照分包合同的约定对其分包工程的质量向总承包单位负责,总承包单位与分包单位对分包工程的质量承担连带责任。

第二十八条　施工单位必须按照工程设计图纸和施工技术标准施工,不得擅自修改工程设计,不得偷工减料。

施工单位在施工过程中发现设计文件和图纸有差错的,应当及时提出意见和建议。

第二十九条 施工单位必须按照工程设计要求、施工技术标准和合同约定,对建筑材料、建筑构配件、设备和商品混凝土进行检验,检验应当有书面记录和专人签字;未经检验或者检验不合格的,不得使用。

第三十条 施工单位必须建立、健全施工质量的检验制度,严格工序管理,作好隐蔽工程的质量检查和记录。隐蔽工程在隐蔽前,施工单位应当通知建设单位和建设工程质量监督机构。

第三十一条 施工人员对涉及结构安全的试块、试件以及有关材料,应当在建设单位或者工程监理单位监督下现场取样,并送具有相应资质等级的质量检测单位进行检测。

第三十二条 施工单位对施工中出现质量问题的建设工程或者竣工验收不合格的建设工程,应当负责返修。

第三十三条 施工单位应当建立、健全教育培训制度,加强对职工的教育培训;未经教育培训或者考核不合格的人员,不得上岗作业。

第五章 工程监理单位的质量责任和义务

第三十四条 工程监理单位应当依法取得相应等级的资质证书,并在其资质等级许可的范围内承担工程监理业务。

禁止工程监理单位超越本单位资质等级许可的范围或者以其他工程监理单位的名义承担工程监理业务。禁止工程监理单位允许其他单位或者个人以本单位的名义承担工程监理业务。

工程监理单位不得转让工程监理业务。

第三十五条 工程监理单位与被监理工程的施工承包单位以及建筑材料、建筑构配件和设备供应单位有隶属关系或者其他利害关系的,不得承担该项建设工程的监理业务。

第三十六条 工程监理单位应当依照法律、法规以及有关技术标准、设计文件和建设工程承包合同,代表建设单位对施工质量实施监理,并对施工质量承担监理责任。

第三十七条 工程监理单位应当选派具备相应资格的总监理工程师和

监理工程师进驻施工现场。

未经监理工程师签字，建筑材料、建筑构配件和设备不得在工程上使用或者安装，施工单位不得进行下一道工序的施工。未经总监理工程师签字，建设单位不拨付工程款，不进行竣工验收。

第三十八条 监理工程师应当按照工程监理规范的要求，采取旁站、巡视和平行检验等形式，对建设工程实施监理。

第六章 建设工程质量保修

第三十九条 建设工程实行质量保修制度。

建设工程承包单位在向建设单位提交工程竣工验收报告时，应当向建设单位出具质量保修书。质量保修书中应当明确建设工程的保修范围、保修期限和保修责任等。

第四十条 在正常使用条件下，建设工程的最低保修期限为：

（一）基础设施工程、房屋建筑的地基基础工程和主体结构工程，为设计文件规定的该工程的合理使用年限；

（二）屋面防水工程、有防水要求的卫生间、房间和外墙面的防渗漏，为5年；

（三）供热与供冷系统，为2个采暖期、供冷期；

（四）电气管线、给排水管道、设备安装和装修工程，为2年。

其他项目的保修期限由发包方与承包方约定。

建设工程的保修期，自竣工验收合格之日起计算。

第四十一条 建设工程在保修范围和保修期限内发生质量问题的，施工单位应当履行保修义务，并对造成的损失承担赔偿责任。

第四十二条 建设工程在超过合理使用年限后需要继续使用的，产权所有人应当委托具有相应资质等级的勘察、设计单位鉴定，并根据鉴定结果采取加固、维修等措施，重新界定使用期。

第七章 监督管理

第四十三条 国家实行建设工程质量监督管理制度。

国务院建设行政主管部门对全国的建设工程质量实施统一监督管理。

国务院铁路、交通、水利等有关部门按照国务院规定的职责分工,负责对全国的有关专业建设工程质量的监督管理。

县级以上地方人民政府建设行政主管部门对本行政区域内的建设工程质量实施监督管理。县级以上地方人民政府交通、水利等有关部门在各自的职责范围内,负责对本行政区域内的专业建设工程质量的监督管理。

第四十四条 国务院建设行政主管部门和国务院铁路、交通、水利等有关部门应当加强对有关建设工程质量的法律、法规和强制性标准执行情况的监督检查。

第四十五条 国务院发展计划部门按照国务院规定的职责,组织稽察特派员,对国家出资的重大建设项目实施监督检查。

国务院经济贸易主管部门按照国务院规定的职责,对国家重大技术改造项目实施监督检查。

第四十六条 建设工程质量监督管理,可以由建设行政主管部门或者其他有关部门委托的建设工程质量监督机构具体实施。

从事房屋建筑工程和市政基础设施工程质量监督的机构,必须按照国家有关规定经国务院建设行政主管部门或者省、自治区、直辖市人民政府建设行政主管部门考核;从事专业建设工程质量监督的机构,必须按照国家有关规定经国务院有关部门或者省、自治区、直辖市人民政府有关部门考核。经考核合格后,方可实施质量监督。

第四十七条 县级以上地方人民政府建设行政主管部门和其他有关部门应当加强对有关建设工程质量的法律、法规和强制性标准执行情况的监督检查。

第四十八条 县级以上人民政府建设行政主管部门和其他有关部门履行监督检查职责时,有权采取下列措施:

(一)要求被检查的单位提供有关工程质量的文件和资料;

(二)进入被检查单位的施工现场进行检查;

(三)发现有影响工程质量的问题时,责令改正。

第四十九条 建设单位应当自建设工程竣工验收合格之日起15日内,将建设工程竣工验收报告和规划、公安消防、环保等部门出具的认可文件或者准许使用文件报建设行政主管部门或者其他有关部门备案。

建设行政主管部门或者其他有关部门发现建设单位在竣工验收过程中有违反国家有关建设工程质量管理规定行为的，责令停止使用，重新组织竣工验收。

第五十条 有关单位和个人对县级以上人民政府建设行政主管部门和其他有关部门进行的监督检查应当支持与配合，不得拒绝或者阻碍建设工程质量监督检查人员依法执行职务。

第五十一条 供水、供电、供气、公安消防等部门或者单位不得明示或者暗示建设单位、施工单位购买其指定的生产供应单位的建筑材料、建筑构配件和设备。

第五十二条 建设工程发生质量事故，有关单位应当在24小时内向当地建设行政主管部门和其他有关部门报告。对重大质量事故，事故发生地的建设行政主管部门和其他有关部门应当按照事故类别和等级向当地人民政府和上级建设行政主管部门和其他有关部门报告。

特别重大质量事故的调查程序按照国务院有关规定办理。

第五十三条 任何单位和个人对建设工程的质量事故、质量缺陷都有权检举、控告、投诉。

第八章 罚 则

第五十四条 违反本条例规定，建设单位将建设工程发包给不具有相应资质等级的勘察、设计、施工单位或者委托给不具有相应资质等级的工程监理单位的，责令改正，处50万元以上100万元以下的罚款。

第五十五条 违反本条例规定，建设单位将建设工程肢解发包的，责令改正，处工程合同价款百分之零点五以上百分之一以下的罚款；对全部或者部分使用国有资金的项目，并可以暂停项目执行或者暂停资金拨付。

第五十六条 违反本条例规定，建设单位有下列行为之一的，责令改正，处20万元以上50万元以下的罚款：

（一）迫使承包方以低于成本的价格竞标的；

（二）任意压缩合理工期的；

（三）明示或者暗示设计单位或者施工单位违反工程建设强制性标准，降低工程质量的；

（四）施工图设计文件未经审查或者审查不合格，擅自施工的；

（五）建设项目必须实行工程监理而未实行工程监理的；

（六）未按照国家规定办理工程质量监督手续的；

（七）明示或者暗示施工单位使用不合格的建筑材料、建筑构配件和设备的；

（八）未按照国家规定将竣工验收报告、有关认可文件或者准许使用文件报送备案的。

第五十七条 违反本条例规定，建设单位未取得施工许可证或者开工报告未经批准，擅自施工的，责令停止施工，限期改正，处工程合同价款百分之一以上百分之二以下的罚款。

第五十八条 违反本条例规定，建设单位有下列行为之一的，责令改正，处工程合同价款百分之二以上百分之四以下的罚款；造成损失的，依法承担赔偿责任；

（一）未组织竣工验收，擅自交付使用的；

（二）验收不合格，擅自交付使用的；

（三）对不合格的建设工程按照合格工程验收的。

第五十九条 违反本条例规定，建设工程竣工验收后，建设单位未向建设行政主管部门或者其他有关部门移交建设项目档案的，责令改正，处1万元以上10万元以下的罚款。

第六十条 违反本条例规定，勘察、设计、施工、工程监理单位超越本单位资质等级承揽工程的，责令停止违法行为，对勘察、设计单位或者工程监理单位处合同约定的勘察费、设计费或者监理酬金1倍以上2倍以下的罚款；对施工单位处工程合同价款百分之二以上百分之四以下的罚款，可以责令停业整顿，降低资质等级；情节严重的，吊销资质证书；有违法所得的，予以没收。

未取得资质证书承揽工程的，予以取缔，依照前款规定处以罚款；有违法所得的，予以没收。

以欺骗手段取得资质证书承揽工程的，吊销资质证书，依照本条第一款规定处以罚款；有违法所得的，予以没收。

第六十一条 违反本条例规定，勘察、设计、施工、工程监理单位允许其他单位或者个人以本单位名义承揽工程的,责令改正,没收违法所得,对勘察、设计单位和工程监理单位处合同约定的勘察费、设计费和监理酬金1倍以上2倍以下的罚款;对施工单位处工程合同价款百分之二以上百分之四以下的罚款;可以责令停业整顿,降低资质等级;情节严重的,吊销资质证书。

第六十二条 违反本条例规定,承包单位将承包的工程转包或者违法分包的,责令改正,没收违法所得,对勘察、设计单位处合同约定的勘察费、设计费百分之二十五以上百分之五十以下的罚款;对施工单位处工程合同价款百分之零点五以上百分之一以下的罚款;可以责令停业整顿,降低资质等级;情节严重的,吊销资质证书。

工程监理单位转让工程监理业务的,责令改正,没收违法所得,处合同约定的监理酬金百分之二十五以上百分之五十以下的罚款;可以责令停业整顿,降低资质等级;情节严重的,吊销资质证书。

第六十三条 违反本条例规定,有下列行为之一的,责令改正,处10万元以上30万元以下的罚款:

(一)勘察单位未按照工程建设强制性标准进行勘察的;

(二)设计单位未根据勘察成果文件进行工程设计的;

(三)设计单位指定建筑材料、建筑构配件的生产厂、供应商的;

(四)设计单位未按照工程建设强制性标准进行设计的。

有前款所列行为,造成工程质量事故的,责令停业整顿,降低资质等级;情节严重的,吊销资质证书;造成损失的,依法承担赔偿责任。

第六十四条 违反本条例规定,施工单位在施工中偷工减料的,使用不合格的建筑材料、建筑构配件和设备的,或者有不按照工程设计图纸或者施工技术标准施工的其他行为的,责令改正,处工程合同价款百分之二以上百分之四以下的罚款;造成建设工程质量不符合规定的质量标准的,负责返工、修理,并赔偿因此造成的损失;情节严重的,责令停业整顿,降低资质等级或者吊销资质证书。

第六十五条 违反本条例规定,施工单位未对建筑材料、建筑构配件、设备和商品混凝土进行检验,或者未对涉及结构安全的试块、试件以及有关材料取样检测的,责令改正,处10万元以上20万元以下的罚款;情节严重的，责令停业整顿，降低资质等级或者吊销资质证书；造成损失的，依法承担赔偿责任。

第六十六条 违反本条例规定，施工单位不履行保修义务或者拖延履行保修义务的，责令改正，处10万元以上20万元以下的罚款，并对在保修期内因质量缺陷造成的损失承担赔偿责任。

第六十七条 工程监理单位有下列行为之一的，责令改正，处50万元以上100万元以下的罚款，降低资质等级或者吊销资质证书；有违法所得的，予以没收；造成损失的，承担连带赔偿责任：

（一）与建设单位或者施工单位串通，弄虚作假、降低工程质量的；

（二）将不合格的建设工程、建筑材料、建筑构配件和设备按照合格签字的。

第六十八条 违反本条例规定，工程监理单位与被监理工程的施工承包单位以及建筑材料、建筑构配件和设备供应单位有隶属关系或者其他利害关系承担该项建设工程的监理业务的，责令改正，处5万元以上10万元以下的罚款，降低资质等级或者吊销资质证书；有违法所得的，予以没收。

第六十九条 违反本条例规定，涉及建筑主体或者承重结构变动的装修工程，没有设计方案擅自施工的，责令改正，处50万元以上100万元以下的罚款；房屋建筑使用者在装修过程中擅自变动房屋建筑主体和承重结构的，责令改正，处5万元以上10万元以下的罚款。

有前款所列行为，造成损失的，依法承担赔偿责任。

第七十条 发生重大工程质量事故隐瞒不报、谎报或者拖延报告期限的，对直接负责的主管人员和其他责任人员依法给予行政处分。

第七十一条 违反本条例规定，供水、供电、供气、公安消防等部门或者单位明示或者暗示建设单位或者施工单位购买其指定的生产供应单位的建筑材料、建筑构配件和设备的，责令改正。

第七十二条 违反本条例规定，注册建筑师、注册结构工程师、监理工程师等注册执业人员因过错造成质量事故的，责令停止执业1年；造成重大质量事故的，吊销执业资格证书，5年以内不予注册；情节特别恶劣的，终身不予注册。

第七十三条 依照本条例规定，给予单位罚款处罚的，对单位直接负责的主管人员和其他直接责任人员处单位罚款数额百分之五以上百分之十以下的罚款。

第七十四条　建设单位、设计单位、施工单位、工程监理单位违反国家规定,降低工程质量标准,造成重大安全事故,构成犯罪的,对直接责任人员依法追究刑事责任。

第七十五条　本条例规定的责令停业整顿,降低资质等级和吊销资质证书的行政处罚,由颁发资质证书的机关决定;其他行政处罚,由建设行政主管部门或者其他有关部门依照法定职权决定。

依照本条例规定被吊销资质证书的,由工商行政管理部门吊销其营业执照。

第七十六条　国家机关工作人员在建设工程质量监督管理工作中玩忽职守、滥用职权、徇私舞弊,构成犯罪的,依法追究刑事责任;尚不构成犯罪的,依法给予行政处分。

第七十七条　建设、勘察、设计、施工、工程监理单位的工作人员因调动工作、退休等原因离开该单位后,被发现在该单位工作期间违反国家有关建设工程质量管理规定,造成重大工程质量事故的,仍应当依法追究法律责任。

第九章　附　　则

第七十八条　本条例所称肢解发包,是指建设单位将应当由一个承包单位完成的建设工程分解成若干部分发包给不同的承包单位的行为。

本条例所称违法分包,是指下列行为:

(一)总承包单位将建设工程分包给不具备相应资质条件的单位的;

(二)建设工程总承包合同中未有约定,又未经建设单位认可,承包单位将其承包的部分建设工程交由其他单位完成的;

(三)施工总承包单位将建设工程主体结构的施工分包给其他单位的;

(四)分包单位将其承包的建设工程再分包的。

本条例所称转包,是指承包单位承包建设工程后,不履行合同约定的责任和义务,将其承包的全部建设工程转给他人或者将其承包的全部建设工程肢解以后以分包的名义分别转给其他单位承包的行为。

第七十九条 本条例规定的罚款和没收的违法所得,必须全部上缴国库。

第八十条 抢险救灾及其他临时性房屋建筑和农民自建低层住宅的建设活动,不适用本条例。

第八十一条 军事建设工程的管理,按照中央军事委员会的有关规定执行。

第八十二条 本条例自发布之日起施行。